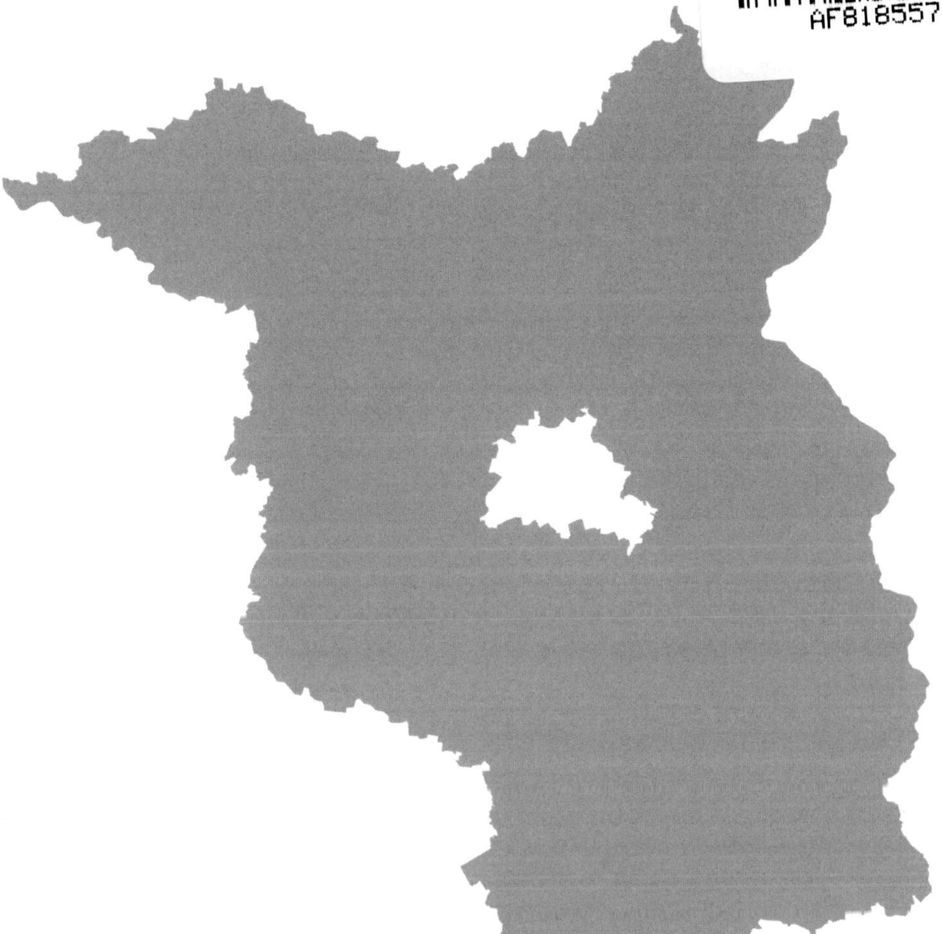

Haushaltswesen, Rechnungsprüfung und Kommunalaufsicht in den Kommunen des Landes Brandenburg

Thomas Lubosch
Daisy Jakob
René Wettstädt

Haushaltswesen, Rechnungsprüfung und Kommunalaufsicht in den Kommunen des Landes Brandenburg

Lehr- und Arbeitsbuch

Schriftenreihe der Brandenburgischen Kommunalakademie
Band 3

Maximilian Verlag
Hamburg

Bibliografische Information der Deutschen Nationalbibliothek
Die Deutsche Nationalbibliothek verzeichnet diese Publikation in der Deutschen Nationalbibliografie; detaillierte bibliografische Daten sind im Internet über http://dnb.d-nb.de abrufbar.

3. Auflage

ISBN 978-3-7869-1434-1

Stadthausbrücke 4, 20355 Hamburg
Ein Unternehmen der TAMMMEDIA
herstellung@koehler-mittler.de

Layout und Produktion: Reemers Publishing Services GmbH, Krefeld
Umschlaggrafik: Nicole Laka, Buchholz i. d. Nordheide
Druck und Bindung: Plump Druck & Medien GmbH
Rolandsecker Weg 33, 53619 Rheinbreitbach

MIX
Papier | Fördert gute Waldnutzung
FSC
www.fsc.org
FSC® C104521

Printed in Germany

Zu diesem Lehr- und Arbeitsbuch wurde für die Dozenten am Studieninstitut für kommunale Verwaltung e. V. ein Lösungsbuch durch den Verfasser erstellt. Dieses dient ausschließlich den Dozenten und darf nicht an die Teilnehmer von BI-, BH-, VZ-, VA- und BIBU-Lehrgängen ausgegeben werden. Soweit Lehrgangsteilnehmer bzw. Käufer des Buches im freien Handel verschiedene Sachverhalte lösen und zur eigenen Überprüfung eine Rückmeldung benötigen, ist die erstellte Lösung an den Verfasser zu senden. Dieser wird dann entsprechende Lösungshinweise bereitstellen bzw. eine individuelle Rückmeldung geben.
Hierfür nutzen Sie bitte die nachfolgende E-Mail-Adresse:
info@BKA brandenburg.de

Zu den Verfassern

Thomas Lubosch, Jahrgang 1958, studierte zunächst Betriebswirtschaftslehre an der Technischen Universität Berlin und nahm anschließend ein Studium der Allgemeinen Verwaltung an der Fachhochschule für Verwaltung und Rechtspflege Berlin auf, das er als Diplom-Verwaltungswirt beendete. Neben seiner Tätigkeit bei der Senatsverwaltung für Justiz in Berlin absolvierte er zusätzlich ein Fachstudium an der Verwaltungsakademie Berlin und schloss dieses Studium dann als Diplom-Kameralist ab.
Zu Beginn der 1990er-Jahre wechselte er in die Kommunalverwaltung des Landes Brandenburg und war zunächst im damaligen Landkreis Angermunde als Abteilungsleiter Organisation, IT und zentrale Beschaffung sowie stellvertretender Hauptamtsleiter tätig. Aufgrund seiner bereits seit mehreren Jahren erfolgten nebenberuflichen Lehrtätigkeit an der Fachhochschule für Verwaltung und Rechtspflege Berlin sowie bei kommunalen Ladungsträgern war er seit Mitte der 1990er-Jahre als Verantwortlicher für den Haushalt (Kämmererfunktion) sowie überwiegend als hauptamtlicher Dozent in den Fächern des öffentlichen Finanzwesens sowie als Lehrkraft für Abgaben- und Gesellschaftsrecht an der Technischen Hochschule Wildau tätig.
Nach seinem Eintritt in den Ruhestand im Jahr 2022 ist Thomas Lubosch weiterhin als Honorardozent bei verschiedenen privaten und öffentlichen Bildungsträgern tätig und wirkt als berufenes Mitglied in Prüfungsausschüssen für Aus- und Fortbildungslehrgänge der Brandenburgischen Kommunalakademie mit.

René Wettstädt, Jahrgang 1974, begann seine Laufbahn in Diensten des Landkreises Kyritz des Landes Brandenburg. Nach erfolgreichem Abschluss der Ausbildung zum Verwaltungsfachangestellten nahm er seine Tätigkeit als Prüfer im Rechnungsprüfungsamt des Landkreises Ostprignitz-Ruppin auf. Ab 1999 folgte ein Studium an der Verwaltungs- und Wirtschaftsakademie Potsdam e.V., das er als ein Jahrgangsbester zum Verwaltungs-Betriebswirt (VWA) beendete.
Als 2006 in der Kreisverwaltung ein neuer Amtsleiter des Rechnungsprüfungsamtes gesucht wurde, konnte er sich aus seiner bereits vierjährigen Stellvertretertätigkeit heraus für dieses Amt erfolgreich bewerben und wurde vom Kreistag bestellt.
Im Jahr 2012 legte er die Prüfung zum Verwaltungsfachwirt erfolgreich ab. Sein anschließendes Studium an der Fachhochschule Südwestfalen schloss er mit dem akademischen Grad des Bachelor of Arts mit Auszeichnung ab. Darauf folgte der akademische Grad des Master of Art mit dem Schwerpunkt Leadership and Public Governance, abgelegt an der Steinbeis Hochschule Berlin.
René Wettstädt engagiert sich seit Jahren in Berufsverbänden, wie dem Brandenburgischen Arbeitskreis der Rechnungsprüfungsämter.
Seit mehr als zwanzig Jahren ist er als nebenamtlicher Dozent auf den Fachgebieten des gemeindlichen Haushaltswesens und der kommunalen Rechnungsprüfung tätig. Bei der Brandenburgischen Kommunalakademie kann er seine Erfahrungen im Aus- und Fort-

bildungsbereich durch die Mitgliedschaften in unterschiedlichen Prüfungsausschüssen einbringen.

Daisy Jakob (LL. B.), geboren 1989, absolvierte den Studiengang „Kommunales Verwaltungsmanagement und Recht“ an der TFH Wildau in Kooperation mit der Brandenburgischen Kommunalakademie. Bereits während des dual konzipierten Studiums wurden die damit verbundenen praktischen Abschnitte vornehmlich im Finanzbereich einer brandenburgischen Landkreisverwaltung absolviert und es folgte nach Abschluss des Bachelor of Laws im Jahr 2012 auch die dortige Tätigkeit in der Kämmerei.
Im Jahr 2015 folgte der Wechsel in eine leitende Position in einer brandenburgischen Gemeindeverwaltung im erweiterten Speckgürtel Berlins. Als Kämmerin und Amtsleiterin Finanzen fielen Aufgaben, wie der Abschluss und die Prüfung der Eröffnungsbilanz, Aufholung bzw. Projektierung der inzwischen angestauten offenen Jahresabschlüsse, Planung der Haushalte, Liquiditätsüberwachung und auch Tagesgeschäfte rund um Steuerveranlagung und Aufgaben der Vollstreckung, in den Verantwortungsbereich der folgenden sieben Jahre. Dabei standen sowohl die Anwendung der gesetzlichen Vorgaben sowie die zugehörigen Rechnungsprüfungsprozesse, aber auch die Umsetzung diverser gesetzlicher oder softwarebasierter Weiterentwicklungen und vor allem die Gremienarbeit zu sämtlichen Themen im Fokus.
Seit 2022 hat sie sich nunmehr der Lehre der finanzwissenschaftlichen Fächer verschrieben und ist nun als hauptamtliche Dozentin für die Brandenburgische Kommunalakademie und Mitglied in diversen Prüfungsausschüssen tätig.

Potsdam, im Sommer 2025
Thomas Lubosch, René Wettstädt, Daisy Jakob

Inhalt

Vorwort zur 3. Auflage

Mit der vorliegenden Auflage erscheint das Buch »Haushaltswesen, Rechnungsprüfung und Kommunalaufsicht in den Kommunen des Landes Brandenburg« ein drittes Mal. Die Resonanz seitens der Dozierenden, die die ersten beiden Auflagen in den Unterrichtsablauf einbezogen haben, und die Rückmeldungen der Teilnehmenden an Fort- und Ausbildungslehrgängen der Brandenburgischen Kommunalakademie und darüber hinaus an anderen Bildungseinrichtungen im Land bis hin zu Hoch- und Fachhochschulen war sehr positiv. Nach kurzer Zeit hat das als Lehrbuch konzipierte Werk auch Eingang in die kommunale Praxis gefunden. Dies bestätigten unsere Bemühungen, den Lesenden auch ein Handbuch für die kommunale Praxis an die Hand gegeben zu haben.

Das vorliegende Lehrbuch in seiner dritten Auflage soll sich dauerhaft im Land Brandenburg etablieren. Dabei geht es auch um die nachhaltige Vermittlung von komplexen Prozessen bei der Beachtung des wirtschaftlichen Handelns von Kommunen und um die Auseinandersetzung mit den Herausforderungen der öffentlichen Finanzwirtschaft jetzt und in der Zukunft.

Diese Auflage berücksichtigt die zum 1. Januar 2025 durch Gesetz zur Modernisierung des Kommunalrechts (KommRModG) in Kraft getretenen Änderungen der Brandenburgischen Kommunalverfassung (BbgKVerf), der kommunalen Haushalts- und Kassenverordnung (KomHKV) sowie der VV Produkt- und Kontenrahmen und spiegelt daher den Rechtsstand zum Erscheinungsdatum wider. Vorrangiges Ziel der Novellierung war es unter anderem, die doppische Haushaltsführung zu modernisieren, die kommunale Eigenverantwortung zu stärken, Anwendungs- und Auslegungsprobleme zu beseitigen und klare und einheitliche Normensprache zu verwenden.

Gegenüber den beiden bisherigen Auflagen spiegelt die überarbeitete Gliederung des Lehrbuchs noch besser die didaktischen und thematischen Anforderungen an eine moderne und zielorientiere Unterrichts- bzw. Lehrgangsgestaltung wider. Dazu gehört auch, dass das Lehrbuch um zwei weitere Kapitel erweitert wurde. Mit den Themen „Prüfungswesen“ und „Kommunalaufsicht“ ist nunmehr die gesamte Bandbreite des kommunalen Haushaltsrechts im Lehrbuch abgebildet.

Die Verfasser danken dem Maximilian Verlag Koehler/Mittler für die andauernde, konstruktive zielführende Zusammenarbeit sowie der Leitung des Zweckverbands Brandenburgische Kommunalakademie, die uns in jeglicher Weise bei der Entstehung und beim Einsatz des Lehrbuches unterstützt hat.

Anmerkungen, Hinweise und Verbesserungsvorschläge nehmen die Verfasser gern unter BKA-Lubosch@web.de entgegen.

Wir wünschen Ihnen auch mit der dritten Auflage viel Erfolg, Wissens- und Erkenntniszuwachs.

1 Das kommunale Haushalts- und Kassenrecht

1.1 Rechtsgrundlagen

Das kommunale Haushalts- und Kassenrecht mit seinen Regelungen in der Kommunalverfassung (BbgKVerf), der Kommunalen Haushalts- und Kassenverordnung (KomHKV) ist Teil des besonderen Verwaltungsrechts.

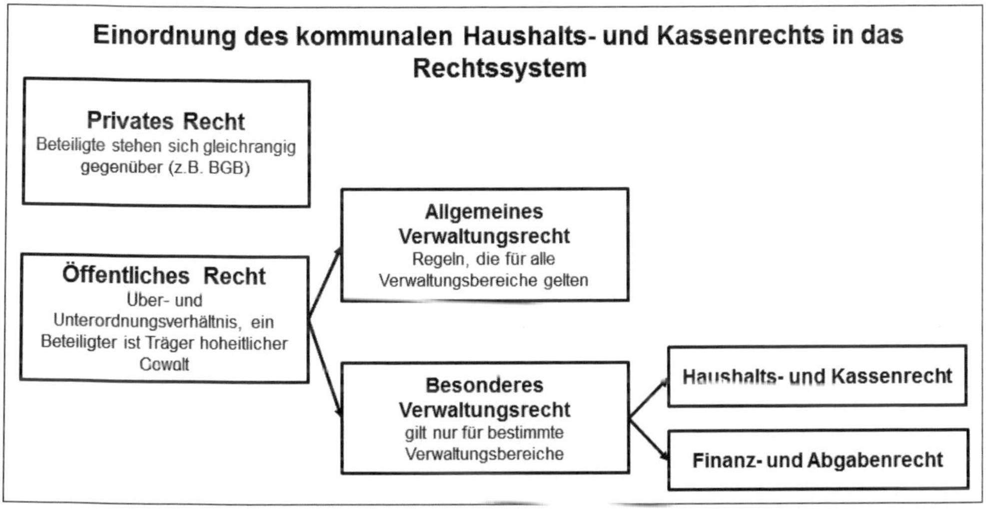

Abbildung 1: Einordnung des kommunalen Haushalts- und Kassenrechts

1.2 Die Kommunale Finanzhoheit

Aus der kommunalen Selbstverwaltung (Art. 28 Abs. 2, 106 Abs. 6, 107 Abs. 7 GG, Art. 97 BbgLV) leitet sich neben einer Vielzahl von Hoheiten, Rechten und Kompetenzen (Planungshoheit, Organisationshoheit, Personalhoheit, Steuerhoheit, Satzungshoheit) auch die kommunale Finanzhoheit ab. Im Gegensatz zur originären Finanzhoheit des Bundes und der Länder, die in Art. 109 Abs. 1 GG geregelt ist, wird die Finanzhoheit der Kommunen aus Art. 28 GG abgeleitet. Man spricht in diesem Zusammenhang auch von einer derivaten Finanzhoheit der Kommunen.

Unter Finanzhoheit versteht man das Recht der Kommunen zur finanziellen Eigenverantwortung. Dieses Recht ist in Art. 28 GG ausdrücklich aufgeführt und fällt somit unter die kommunale Selbstverwaltung. Aus dieser Hoheit leitet sich das Recht der Kommunen ab, eigenständig Abgaben nach den dafür vorgegebenen rechtlichen Grundlagen (Abgabenordnung, KAG etc.) zu erheben und zu verwalten. Daraus folgend besteht das Recht der Kommunen, einen Haushaltsplan aufzustellen und die zur Verfügung stehenden Haushaltsmittel zu bewirtschaften. Zur Finanzhoheit zählt auch das Recht einer angemessenen Finanzausstattung durch Bund und Land. Werden den Kommunen Aufgaben übertragen, müssen sie auch die erforderlichen Finanzmittel zur Verfügung gestellt bekommen (sog. Konnexitätsprinzip – Wer die Musik bestellt, muss sie auch bezahlen).
Demnach ist die angemessene Finanzausstattung der Gemeinden und Gemeindeverbände im Land Brandenburg auch abhängig von der Leistungsfähigkeit des Landes und der Finanzausstattung der Kommunen nach dem Finanzausgleichsgesetz des Landes Brandenburg (BbgFAG) bei der Erfüllung der vielschichtigen Selbstverwaltungsaufgaben, der durch Gesetz oder aufgrund eines Gesetzes bestehenden Aufgaben als pflichtige Selbstverwaltung und Pflichtaufgaben zur Erfüllung nach Weisung (vgl. § 3 BbgKVerf).[1]
Die Finanzhoheit und damit das kommunale Haushaltsrecht unterliegt als Selbstverwaltungsangelegenheit nach § 109 BbgKVerf der Kontrolle der Kommunalaufsichtsbehörde als Rechtsaufsicht.

1.3 Unterscheidung der öffentlichen und privaten Finanzwirtschaft

Öffentliche Finanzwirtschaft ist Tätigkeit des Staates, durch welche dieser die Mittel zur Erfüllung seiner Aufgaben beschafft, verwaltet und verwendet. Sie umfasst die Gesamtheit aller staatlich-ökonomischen Aktivitäten des öffentlich-rechtlichen Gemeinwesens.
Folgende wesentlichen Unterschiede bestehen zwischen der öffentlichen und privaten Finanzwirtschaft:

Öffentliche Finanzwirtschaft	Private Finanzwirtschaft
Verbindlichkeit der Planung Der gemeindliche Haushaltsplan wird durch die Gemeindevertretung beschlossen. Dieser ist nach § 66 Abs. 3 BbgKVerf für die Führung der Haushaltswirtschaft für ein Haushaltsjahr verbindlich. Abweichungen sind im Rahmen strenger Regelungen möglich.	**Anpassung an Marktentwicklungen** In der Privatwirtschaft werden auch Wirtschaftspläne aufgestellt. Dennoch ist es erforderlich, schneller auf Marktentwicklungen zu reagieren. Wirtschaftspläne sind daher an die Marktmechanismen regelmäßig anzupassen.
Finanzmittelbeschaffung Neben den Zuweisungen erhebt die Gemeinde zur Aufgabenerfüllung überwiegend Zwangsabgaben (z.B. Steuern, Gebühren, Beiträge).	**Einnahmenerzielung** Die Privatwirtschaft erwirtschaftet Einnahmen überwiegend durch die Veräußerung von Produkten bzw. Leistungen.

[1] Erdmann u.a., Kommunale Finanzwirtschaft im Land Brandenburg, 4. Aufl. 2014, Wiesbaden, S. 23.

Öffentliche Finanzwirtschaft	Private Finanzwirtschaft
Bedarfsdeckung Die Beschaffung der gemeindlichen Finanzmittel richtet sich nach dem Bedarf der stetigen Aufgabenerfüllung (vgl. §§ 62 Abs. 1, 63 BbgKVerf). Ausschlaggebend dafür ist ein durch die Aufgabenerfüllung bedingter Finanzmittelbedarf (Minimalprinzip).	**Gewinnerzielung** Kennzeichnend für die Privatwirtschaft ist die Gewinnerzielung. (vgl. § 1 ff. HGB) Daher werden Produkte und Leistungen angeboten, die einen größtmöglichen Gewinn versprechen (Maximalprinzip).
Gesamtwirtschaftliches Gleichgewicht Das öffentliche Gemeinwesen hat bei der stetigen Aufgabenerfüllung das gesamt-wirtschaftliche Gleichgewicht zu beachten (vgl. § 62 Abs. 1 BbgKVerf). D.h., sie muss sich konjunkturgerecht (antizyklisch) verhalten (vgl. § 1 StWG).	**Egoistische Ziele** Die Privatwirtschaft hat eine Gewinnmaximierung zum Ziel. Dies führt im Regelfall zu einem Egoismus und Eigennutz. Ziel ist es, den Markt beharrlich auszunutzen.

1.4 Die Kommunalen Erträge

Die Einnahmen der öffentlichen Finanzwirtschaft lassen sich nach den unterschiedlichen Rechtswegen der Ertragserzielung systematisieren.[2]

Öffentlich-rechtliche Rechtsgrundlage	Privatrechtliche Rechtsgrundlage
Abgaben • Steuern • Gebühren (Verwaltungs- und Benutzungsgebühren) • Beiträge andere öffentlich-rechtliche Einnahmen • Finanzzuweisungen (kommunaler Finanzausgleich, Kreis- und Amtsumlage) • Umlagen • Bußgelder • Kostenersätze	• Verkaufserlöse • Mieten, Pachten, Zinsen • Konzessionsabgaben • Kredite

1.4.1 Steuern

Steuern sind Abgaben (Geldleistungen) an den Staat ohne unmittelbare Gegenleistung der öffentlichen Hand (vgl. § 3 AO, § 3 BbgKAG) zur Finanzierung der Daseinsvorsorge und -fürsorge. Die nachfolgende Übersicht gibt einen Überblick über die kommunalen Steuerarten:

[2] Vgl. Erdmann u.a., a.a.O., S. 53.

Gemeindesteuern	
Realsteuern *§ 3 Abs. 2 AO* • Grundsteuer A, B und C (ab 2025) • Gewerbesteuer	**örtliche Verbrauch- und Aufwandsteuern** *§ 105 Abs. 2a GG* z.B.: • Vergnügungssteuer • Hundesteuer • Zweitwohnungssteuer • Sonstige örtliche Steuern

Abbildung 2: Steuern

1.4.2 Gebühren

Gebühren sind nach § 4 BbgKAG Abgaben (Geldleistungen) an den Staat aufgrund öffentlich-rechtlicher Festsetzung (Satzungspflicht § 4 Abs. 2 BbgKAG) mit unmittelbarer Gegenleistung in Form einer besonderen Verwaltungsleistung – Amtshandlung oder sonstige Tätigkeit – (Verwaltungsgebühr § 5 BbgKAG) oder für die Inanspruchnahme einer öffentlichen Einrichtung (Benutzungsgebühr § 6 BbgKAG), deren Nutzung überwiegend dem Vorteil einzelner Personen oder abgrenzbarer Personengruppen dient. Für die Gebührenerhebung gilt der Wirklichkeitsmaßstab und nur in den Fällen, in denen die Kalkulation schwierig oder unmöglich ist, der Wahrscheinlichkeitsmaßstab.
In jedem Fall gilt das Äquivalenzprinzip, wonach die Inanspruchnahme einer Leistung und die Gegenleistung (Abgabe) in einem angemessenen Verhältnis zueinander stehen müssen. So darf die erhobene Gebühr nicht in einem offensichtlichen Missverhältnis zur von der Kommune erbrachten Leistung stehen (vgl. VV zu den §§ 5, 6 BbgKAG).

1.4.3 Beiträge

Beiträge sind Abgaben (Geldleistungen) des Eigentümers (bzw. Erbbauberechtigten) an den Staat für die Möglichkeit der Inanspruchnahme einer öffentlichen Leistung. Sie dienen dem Ersatz des Aufwandes für die Herstellung, Anschaffung, Erweiterung und wesentliche Wertverbesserung einer öffentlichen Einrichtung oder Anlage jedoch ohne Unterhaltungs- und Modernisierungsaufwendungen (vgl. § 8 BbgKAG).
Beitragsarten sind u.a.:

- Herstellungsbeiträge (§ 8 Abs. 1 BbgKAG)
- Erschließungsbeiträge (§ 127 BauGB)
- Besondere Wegebeiträge (9 BbgKAG)
- Sonstige Kostenersätze (§§ 10, 10a BbgKAG)
- Kurbeiträge (§ 11 BbgKAG)

Mit dem Gesetz zur Abschaffung der Beiträge für den Ausbau kommunaler Straßen vom 19.06.2019 hat das Land Brandenburg die Möglichkeit, Beiträge von den Anliegern für den

Ausbau kommunaler Straßen zu erheben, abgeschafft.[3] Diese gesetzliche Vorgabe findet sich in § 8 Abs. 1 Satz 2 BbgKAG wieder. Stattdessen werden die dadurch entstehenden Einnahmeausfälle der Gemeinden durch das Land ersetzt.
Nachfolgende Übersicht zeigt die Unterschiede zwischen Beiträgen und Benutzungsgebühren (Abbildung 3):

Beitrag	**Benutzungsgebühr**
Gegenleistung für wirtschaftlichen Vorteil durch Möglichkeit der Inanspruchnahme einer öffentlichen Einrichtung	Gegenleistung für konkrete Benutzung einer öffentlichen Einrichtung oder Anlage
Abdeckung von Investitionsauszahlungen	Abdeckung sämtlicher betriebswirtschaftlich ansatzfähiger Kosten
Passivierung in der kommunalen Bilanz und ergebniswirksame Auflösung (analog zur Abschreibung des finanzierten Anlagevermögens)	Ertrag aus laufender Verwaltungstätigkeit im Teilergebnishaushalt
einmalige Erhebung bei der Herstellung, Erweiterung oder Verbesserung der öffentlichen Einrichtung oder Anlage	laufende Erhebung bei jeder Benutzung der öffentlichen Einrichtung oder Anlage
i.d.R. keine volle Abdeckung der Investitionsausgaben durch Beiträge; öffentliches Interesse ist durch gemeindlichen Anteil am Finanzvolumen auszuweisen	kostendeckende Kalkulation der Benutzungsgebühren als grundsätzliche Vorgabe des Gesetzgebers, wenn Einrichtung oder Anlage dem Vorteil einzelner Personen oder -gruppen dient
Erhebung i.d.R. nur von Grundstückseigentümern oder Erbbauberechtigten	Erhebung von sämtlichen Benutzern der öffentlichen Einrichtung oder Anlage

Abbildung 3: Abgaben

1.5 Strömungsgrößen im Haushaltswesen[4]

Im kommunalen Haushaltswesen werden unterschiedliche Begriffspaare für den Zugang bzw. den Abgang von Werten verwendet. Hierbei stehen die positiven Strömungsgrößen (Zugänge i.w.S.) den negativen Strömungsgrößen (Abgänge i.w.S.) gegenüber. Diese Grundbegriffe beziehen sich somit auf unterschiedliche Tatbestände, bauen aber aufeinander auf.

[3] https://lbv.brandenburg.de/strassenausbaubeitrage-24704.html.
[4] Nachfolgend aus: Lubosch, Jakob, Vogelsang, Rechnungswesen und Buchführung in den Kommunen des Landes Brandenburg, 3. Aufl. 2024.

Die **Zuordnung** der Begriffspaare zu den jeweiligen Bestandsgrößen ist wie folgt zu erkennen:

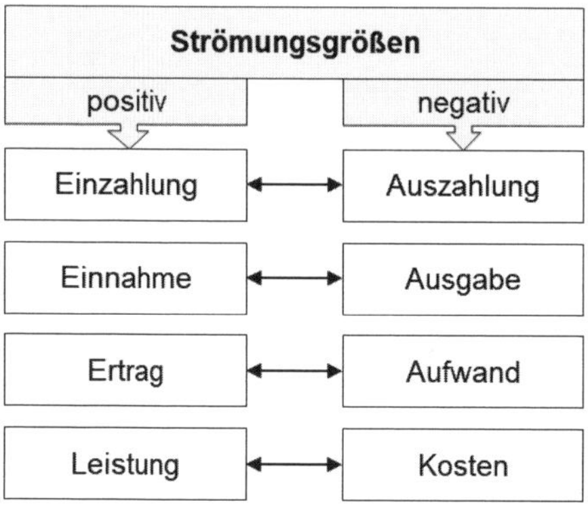

Abbildung 4: Strömungsgrößen

Zu bemerken ist allerdings, dass das Begriffspaar „Einnahme und Ausgabe" zumindest im Rechnungs- und Haushaltswesen der Kommunalverwaltungen des Landes Brandenburg keine bzw. nur noch bei kameralen Betrachtungen und Rechtsnormen, die vor der Einführung der kommunalen Doppik bereits bekannt gemacht waren, Anwendung findet. Bei Verfahren oder Anwendungen, die vom Land oder vom Bund stammen (z.B. Statistiken, Fördermittelbescheide usw.) kommen diese Begriffe immer noch vor, da sowohl im Land als auch im Bund noch das kamerale Rechnungswesen eingesetzt wird.
Die Einsatzfelder der Strömungsgrößen lassen sich in der Kommunalverwaltung auf Grundlage des kommunalen Haushaltswesens und Haushaltsrechts ableitend wie folgt beschreiben:

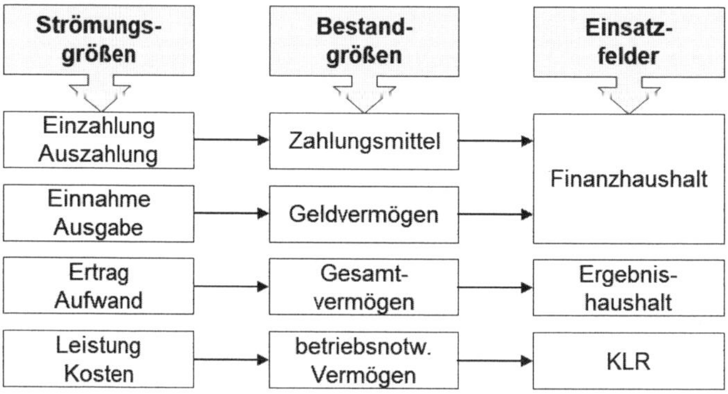

Abbildung 5: Einsatzfelder der Strömungsgrößen

1.5.1 Schmalenbach-Treppe

In der betriebswirtschaftlichen Literatur findet man häufig den Begriff der Schmalenbach-Treppe. Diese von Schmalenbach[5] entwickelten Darstellungen verschaffen einen Überblick über die Unterschiede der oben benannten Strömungsgrößen. Die Abbildung ist so aufgebaut, dass sie sofort sichtbar macht, worin die Unterschiede im Wesentlichen bestehen.

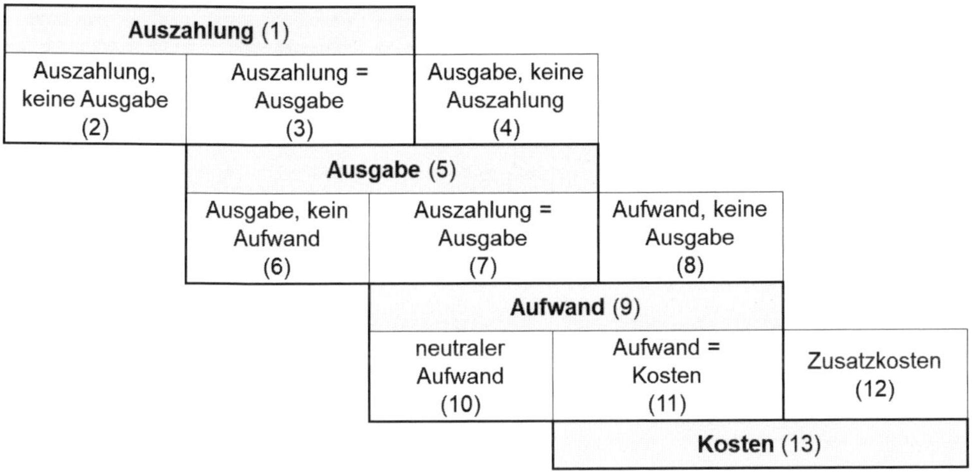

Abbildung 6: Schmalenbach-Treppe – negativer Wertestrom

Erläuterungen

Ziffer	Beschreibung	Beispiel
(1)	Auszahlung	genereller Geldabfluss
(2)	Auszahlung, die keine Ausgabe ist	Bezahlung einer bestehenden Verbindlichkeit aus vorherigen Haushaltsjahren
(3)	Auszahlung = Ausgabe	Einkauf von Büromaterialien in bar
(4)	Ausgabe, die keine Auszahlung ist	Einkauf von Büromaterialien auf Ziel (auf Rechnung)
(5)	Ausgabe	generelle Geldvermögensverringerung
(6)	Ausgabe, die kein Aufwand ist	Kauf von Streugut, aber kein Verbrauch im aktuellen Haushaltsjahr (Lagerung)
(7)	Ausgabe = Aufwand	Kauf und Verbrauch von Streugut im aktuellen Haushaltsjahr
(8)	Aufwand, der keine Ausgabe ist	bilanzielle Abschreibungen, Zuführungen zu Rückstellungen, interne Leistungsverrechnungen (iL)
(9)	Aufwand	genereller Ressourcenverbrauch

[5] Johann Wilhelm Eugen Schmalenbach (1873–1955) war ein deutscher Wirtschaftswissenschaftler und gilt als einer der Begründer der Betriebswirtschaftslehre als akademisches Lehrfach.

Ziffer	Beschreibung	Beispiel
(10)	neutraler Aufwand	Spenden, außerordentlicher Aufwand
(11)	Aufwand = Kosten (Zweckaufwand/Grundkosten)	Ressourceneinsatz
(12)	Zusatzkosten	kalkulatorische Zinsen
(13)	Kosten	siehe Erläuterung auf S. 24

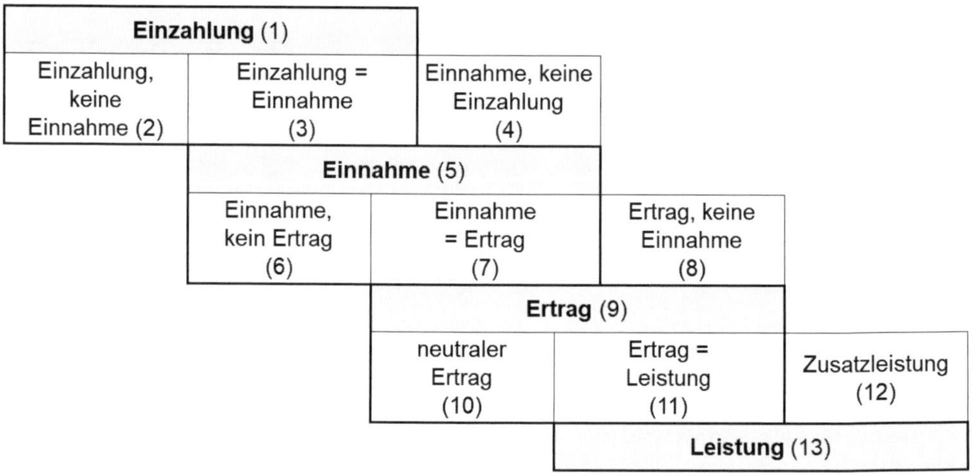

Abbildung 7: Schmalenbach-Treppe – positiver Wertestrom

Erläuterungen

Ziffer	Beschreibung	Beispiel
(1)	Einzahlung	genereller Geldzufluss
(2)	Einzahlung, die keine Einnahme ist	ein Dritter bezahlt Ausgangsrechnung aus vorjährigem Haushaltsjahr
(3)	Einzahlung = Einnahme	Barverkauf von ausrangierten PCs
(4)	Einnahme, die keine Einzahlung ist	Verkauf von ausrangierten PCs auf Ziel (auf Rechnung)
(5)	Einnahme	genereller Geldvermögenszuwachs
(6)	Einnahme, die kein Ertrag ist	Bürger überweist im Voraus eine Abschlagszahlung auf die Grundsteuer, die erst im nächsten Haushaltsjahr fällig wird
(7)	Einnahme = Ertrag	Bürger überweist im aktuellen Haushaltsjahr die fälligen Kitabeiträge
(8)	Ertrag, der keine Einnahme ist	Versand eines Gebührenbescheids für das aktuelle Haushaltsjahr, interne Leistungsverrechnungen (iL)
(9)	Ertrag	genereller Ressourcenzuwachs

Ziffer	Beschreibung	Beispiel
(10)	neutraler Ertrag	Spenden von Bürgern, Gewinn (Ertrag) aus Wertberichtigungen, außerordentlicher Ertrag
(11)	Ertrag = Kosten (Zweckertrag/Grundleistung)	Ressourcenzuwachs
(12)	Zusatzleistung	unentgeltlich abgegebene Leistung des Bürgers (z.B. Einsatzkräfte der freiwilligen Feuerwehr)
(13)	Leistung	siehe Erläuterung auf S. 24

1.5.2 Finanzrechnung (Liquiditätsrechnung)

Die Finanzrechnung verwendet die Begriffe „Einzahlungen" und „Auszahlungen".[6] Hierunter sind die Zahlungsflüsse von Buch- und Bargeld zu verstehen. Unter Buchgeld (auch Giralgeld) versteht man die Forderung gegenüber einem Kreditinstitut auf Bargeld. Es handelt sich hierbei um ein Zahlungsmittel, das die Übertragung von Geld von Konto zu Konto ermöglicht. Bargeld dagegen ist Geld in körperlicher Form, also die Münzen und Banknoten des gesetzlichen Zahlungsmittels. In Deutschland ist der Euro das einzige unbeschränkte gesetzliche Zahlungsmittel.

Einzahlungen und Auszahlungen werden im Finanzhaushalt abgebildet.

<u>Einzahlungen</u>
Unter Einzahlungen versteht man gem. § 2 Nr. 14 KomHKV den Zufluss von Bar- oder Buchgeld, das der Kommune von Dritten (z.B. Lieferanten, Bürger) zufließt. **Einzahlungen erhöhen den Zahlungsmittelbestand** (Kassenbestand zzgl. jederzeit verfügbares Bankguthaben).

<u>Auszahlungen</u>
Unter Auszahlungen versteht man gem. § 2 Nr. 7 KomHKV den Abfluss von Bar- oder Buchgeld, das von der Kommune an Dritte abfließt. Auszahlungen vermindern daher den Zahlungsmittelbestand. Ohne ausreichenden Zahlungsmittelbestand besteht grundsätzlich die Gefahr von Zahlungsschwierigkeiten bis hin zur Insolvenz, auch wenn dies in der Kommune aufgrund der Möglichkeit von **Kassenkreditaufnahmen** sowie weiterer Maßnahmen und Regelungen nur theoretischer Natur sein dürfte.
Zugleich würde aber vor allem auch das **Konnexitätsprinzip** aus Art. 28 GG greifen, wonach Kommunen mit finanziellen Mitteln ausgestattet sein müssen, wenn ihnen der Gesetzgeber Aufgaben zuweist. Das zudem auch noch in § 2 Abs. 5 BbgKVerf verankerte Konnexitätsprinzip schützt somit die Kommunen vor der Übertragung kostenträchtiger Aufgaben, die ihren Finanzspielraum zusätzlich einengen und sie in ihrer durch Art. 28 Abs. 2 GG gewährleisteten Selbstverwaltung einschränken würden.

---

6 In der Kontensystematik (Kontenrahmenplan) für die Kommunen des Landes Brandenburg bilden die Einzahlungen die Kontenklasse 6 und die Auszahlungen die Kontenklasse 7.

Weiterhin sorgt auch noch der **kommunale Finanzausgleich** (KFA) nach Art. 106 Abs. 7 GG dafür, dass Unterschiede in der Finanzausstattung der Kommunen ausgeglichen werden und die Kommunen Schlüsselzuweisungen erhalten.
Auszahlungen vermindern den Zahlungsmittelbestand (Kassenbestand zzgl. jederzeit verfügbares Bankguthaben).

1.5.3 Geldvermögensrechnung

Merksatz 1
Die Begriffe „Einnahmen" und Ausgaben werden im Bereich des Rechnungs- und Haushaltswesens der Kommunalverwaltungen des Landes Brandenburg nicht mehr verwendet. Sie sind Werteströme, die im Bereich der Kameralistik Verwendung finden (Landes- und Bundeshaushalte).

Einnahmen
Einnahmen erhöhen das Geldvermögen der Kommune. Das Geldvermögen ist die Summe aus dem Zahlungsmittelbestand (Bar- und Buchgeld) sowie den Geldforderungen abzüglich der Geldverbindlichkeiten.

Beispiel:
Das Land Brandenburg verkauft ein altes Dienstfahrzeug, egal ob das Fahrzeug sofort bezahlt wird (liquide Mittel erhöhen sich) oder auf Ziel verkauft wird (privatrechtliche Forderungen erhöhen sich).

Ausgaben
Ausgaben vermindern das Geldvermögen (Geldvermögen ist die Summe aus dem Zahlungsmittelbestand zzgl. übrige Forderungen – Bestand an Verbindlichkeiten).

Beispiel:
Das Land Brandenburg kauft ein neues Dienstfahrzeug. Der Wert des Anlagevermögens steigt, egal ob das Fahrzeug sofort bezahlt wird (liquide Mittel verringern sich) oder auf Ziel gekauft wird (Verbindlichkeiten aus Lieferungen und Leistungen erhöhen sich).

1.5.4 Ergebnisrechnung (Gewinn- und Verlustrechnung)

Die Ergebnisrechnung verwendet die Begriffe Erträge und Aufwendungen.[7] Hierunter sind die in Geld ausgedrückten Ressourcenveränderungen in einem Haushaltsjahr zu verstehen.

[7] In der Kontensystematik (Kontenrahmenplan) für die Kommunen des Landes Brandenburg bilden die Erträge die Kontenklasse 4 und die Aufwendungen die Kontenklasse 5.

Erträge
Unter Erträge versteht man gem. § 2 Nr. 15 KomHKV den zahlungswirksamen und nicht-zahlungswirksamen Wertezuwachs. Es handelt sich somit um ein Ressourcenaufkommen der Kommune aufgrund der von ihr erstellten Dienstleistungen.
Erträge erhöhen grundsätzlich das Eigenkapital (in der kommunalen Doppik im Land Brandenburg jedoch nicht das Basisreinvermögen, das nahezu unveränderlich ist).

Aufwendungen
Unter Aufwendungen versteht man gem. § 2 Nr. 5 KomHKV den zahlungswirksamen und nicht zahlungswirksamen Werteverzehr von Gütern und Dienstleistungen. Es handelt sich somit um einen Ressourcenverbrauch von Gütern und Dienstleistungen unabhängig vom Verwaltungszweck.
Aufwendungen vermindern das Eigenkapital (in der kommunalen Doppik im Land Brandenburg jedoch nicht das Basisreinvermögen, das nahezu unveränderlich ist).

Merksatz 2
Erträge und Aufwendungen werden im Ergebnishaushalt abgebildet.

1.5.5 Kostenrechnung

In den für das Rechnungswesen maßgeblichen Rechtsnormen sind die Begriffe „Kosten“[8] und „Leistung“ nicht gesondert aufgeführt bzw. definiert. Wir finden die Begriffe jedoch in verschiedenen Wortkombinationen, wie z.B.:

- Anschaffungs- und Herstellungskosten (vgl. § 38 Abs. 2 und 3 KomHKV)
- Folgekosten (vgl. § 15 KomHKV)
- Kosten- und Leistungsrechnung (vgl. § 17 KomHKV)
- Nebenkosten, Fertigungskosten, Gemeinkosten (vgl. § 38 Abs. 3 KomHKV)
- Kostenbegriffe im Kommunalabgabengesetz (vgl. § 6 KAG)

Leistung
Unter Leistung versteht man ganz allgemein das Ergebnis des betrieblichen Leistungsprozesses. In der Kommunalverwaltung dürften dies in erster Linie die Ergebnisse der kommunalen Aufgaben (vgl. Abbildung 8) sein.

[8] In der Kontensystematik (Kontenrahmenplan) für die Kommunen des Landes Brandenburg ist die Kontenklasse 9 für die Kosten- und Leistungsrechnung vorgesehen.

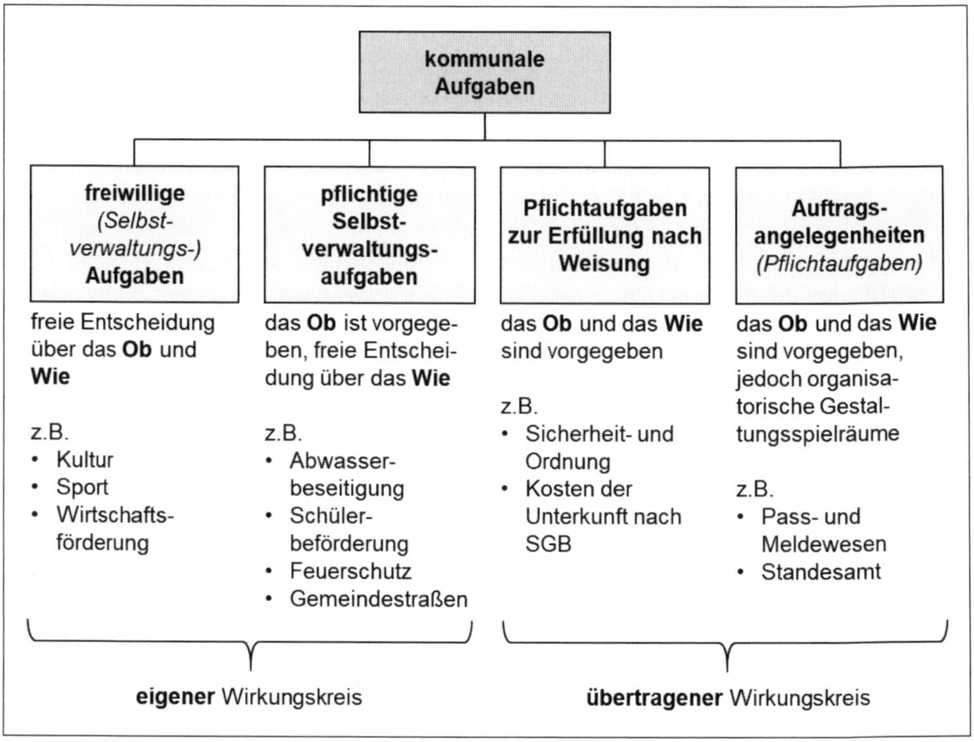

Abbildung 8: Kommunale Aufgaben

Kommunale Leistungen sind somit das Ergebnis verwaltungsmäßiger Tätigkeit (Betriebsleistung) durch Einsatz von Sachgütern und Dienstleistungen (Leistungen abzgl. Kosten = Betriebsergebnis).

Kosten

Kosten bezeichnen den bewerteten Verbrauch von Gütern und Dienstleistungen, der in einer bestimmten Rechnungsperiode für die Erstellung und Verwertung der Verwaltungsleistungen erforderlich ist. Sie stellen somit den Werteverzehr (Ressourcenverbrauch) von Gütern und Leistungen innerhalb eines Haushaltsjahres dar, der bei der Erstellung der Verwaltungsleistung anfällt.

Die für die Kostenrechnung relevanten Kosten einer Rechnungsperiode werden aus den auf den im Haushalts- oder Wirtschaftsplan dargestellten Aufwendungen der entsprechenden Rechnungsperiode (in der Regel das Haushalts- oder Wirtschaftsjahr) bezogen und abgeleitet.

Von diesen Aufwendungen müssen noch die betriebs- und periodenfremden sowie die außerordentlichen Aufwendungen (z.B. Schäden durch Feuer usw.) abgezogen werden. Durch die Hinzurechnung von Zusatzkosten (z.B. kalkulatorische Zinsen und ggf. Mieten) ergeben sich die gebührenfähigen Kosten der Rechnungsperiode. Unter der Rechnungsperiode versteht man das Haushaltsjahr i.S.v. § 65 Abs. 3, 4 BbgKVerf.

Dieser Ressourcenverbrauch muss zwingend mit der Erstellung der betrieblichen Leistung im Zusammenhang stehen (Betriebsnotwendigkeit).

Beispiel:
Eine Friedhofskapelle wird durch einen Brand beschädigt. Das Gebäude war nicht versichert, der Schaden beläuft sich auf 10.000 Euro. Die Bezahlung der Reparaturrechnung stellt eine Auszahlung und einen Aufwand dar, da sowohl Finanzmittel geflossen sind und auch ein Ressourcenverbrauch stattgefunden hat. Gleichwohl stellen diese Aufwendungen keine Kosten im Sinne einer Friedhofsgebührenkalkulation dar, weil sie nicht betriebsnotwendig waren.

1.5.6 Aufwendungen und Kosten bei der Gebührenberechnung

Die Begriffe „Aufwendungen" und „Kosten" unterscheiden sich zunächst durch die unterschiedliche Erfassung des Ressourcenverbrauchs. Die Aufwendungen umfassen die gesamten betrieblichen Verbräuche an Wirtschaftsgütern. Der sachzielbezogene Ressourcenverbrauch muss im Rahmen eines üblichen Leistungserstellungsprozesses anfallen. Somit sind die Ressourcenverbräuche, die nicht sach-, ziel- und periodenbezogen sind oder ordentlichen Charakter haben, kostenunwirksam. Diese werden als neutraler Aufwand bezeichnet.
Die neutralen Aufwendungen lassen sich in drei typische Arten einteilen:

- **betriebsfremde** Aufwendungen, die nicht mit dem Sachziel der Unternehmung in Verbindung stehen (Spenden u.a.)
- **periodenfremde** Aufwendungen, die durch die Leistungserstellung einer anderen Periode verursacht worden sind (z.B. Steuernachzahlungen für Gewerbesteuer)
- **außerordentliche** Aufwendungen, die zwar sachzielbedingt sind, aber wegen ihres einmaligen Charakters nicht als Kosten Verrechnung finden (z.B. außerplanmäßige Abschreibungen). Im Land Brandenburg wird der Begriff der außerordentlichen Aufwendungen abschließend in § 4 Abs. 2 KomHKV definiert.[9]

Nur kostengleiche Aufwendungen können somit in die Gebührenkalkulation einbezogen werden, da sie betriebsbedingt sind. Neutrale Aufwendungen, die also nicht sach-, ziel- und periodenbezogen sind oder ordentlichen Charakter haben, sind von den gesamten Aufwendungen abzuziehen.

[9] Unter außerordentliche Aufwendungen sind nach § 4 Abs. 2 KomHKV Aufwendungen auszuweisen, die auf unvorhersehbaren, seltenen und ungewöhnlichen Vorgängen von wesentlicher finanzieller Bedeutung für die Gemeinde beruhen, sowie Aufwendungen aus der Veräußerung von Grundstücken, grundstücksgleichen Rechten, Bauten und Finanzanlagevermögen.

Kosten können in der Gebührenkalkulation nur angesetzt werden, wenn sie betriebsbedingt sind, d.h. durch die Leistungserstellung verursacht werden. Da nicht alle Aufwendungen auch Kosten sind (vgl. Abbildung 6), darf der neutrale Aufwand im betriebswirtschaftlichen Sinne in der Gebührenkalkulation nicht berücksichtigt werden. Andererseits können Zusatzkosten (z.B. kalkulatorische Zinsen), die keine Aufwendungen sind, in der Gebührenkalkulation berücksichtigt werden. Hierbei ist der Grundsatz der Erforderlichkeit zu beachten.[10]

1.6 Haushaltskreislauf

Die kommunale Haushaltswirtschaft setzt sich aus verschiedenen Phasen entsprechend des zeitlichen Ablaufs zusammen. Zunächst werden die voraussichtlichen Erträge und Aufwendungen, Einzahlungen und Auszahlungen, Investitionen, Verpflichtungsermächtigungen sowie Kreditaufnahmen in der **Planungsphase** in einem Haushaltsplan zusammengestellt. Dies stellt eine Zukunftsprognose dar und wird mit Beschluss der Gemeindevertretung bzw. des Kreistages über die Haushaltssatzung festgeschrieben. Diese Phase findet entsprechend dem Grundsatz der Vorherigkeit vor(„her") Beginn des Haushaltsjahres statt.

Die **Ausführung bzw. Bewirtschaftung** des Haushaltsplanes findet entsprechend dem Grundsatz der Jährlichkeit und zeitlichen Bindung zwischen dem 01.01. und dem 31.12. des Haushaltsjahres statt. Hier werden die anfallenden Geschäftsvorfälle im Rahmen der doppelten Buchführung gebucht. Nach Abschluss des Haushaltsjahres werden die geplanten Haushaltsermächtigungen mit der tatsächlichen Bewirtschaftung gegenübergestellt (Kontrolle/Rückschau).

Daraus wird der **Jahresabschluss** entwickelt und aufgestellt. Der Jahresabschluss stellt das Gegenstück zum Haushaltsplan dar. Hieraus wird deutlich, dass sich die Planung, Bewirtschaftung und Kontrolle eines Haushaltsjahres über insgesamt drei Jahre erstrecken. Der Haushaltskreislauf orientiert sich dabei an der Basis von privatwirtschaftlichen Controllinginstrumenten und soll die Kommunen verstärkt zur bewussten Festschreibung von Zielen und vor allem auch Prüfung bzw. Gegensteuerung nach Überprüfung der Zielerreichung führen.

Herausfordernd bleibt hier festzustellen, dass der Haushaltskreislauf eines Haushaltsjahres sich stets mit dem Kreislauf des vorigen und des kommenden Haushaltsjahres „überlappt". Betrachtet man also ein Kalenderjahr, wird deutlich, dass innerhalb des Kalenderjahres mindestens die Abarbeitung von drei Phasen sichergestellt und bearbeitet werden muss (Bsp.: Im Kalenderjahr 2025 steht mindestens der Jahresabschluss für das Haushaltsjahr 2024 und gleichzeitig die Planung für das Haushaltsjahr 2026 zur Bearbeitung, während ganzjährig im Laufe der Bewirtschaftung die Einhaltung der Vorgaben zu bewerkstelligen ist).

---

10 Rechtsgrundlage für den Grundsatz der Erforderlichkeit ist u.a. der Grundsatz der Sparsamkeit und Wirtschaftlichkeit gem. § 62 Abs. 2 BbgKVerf.

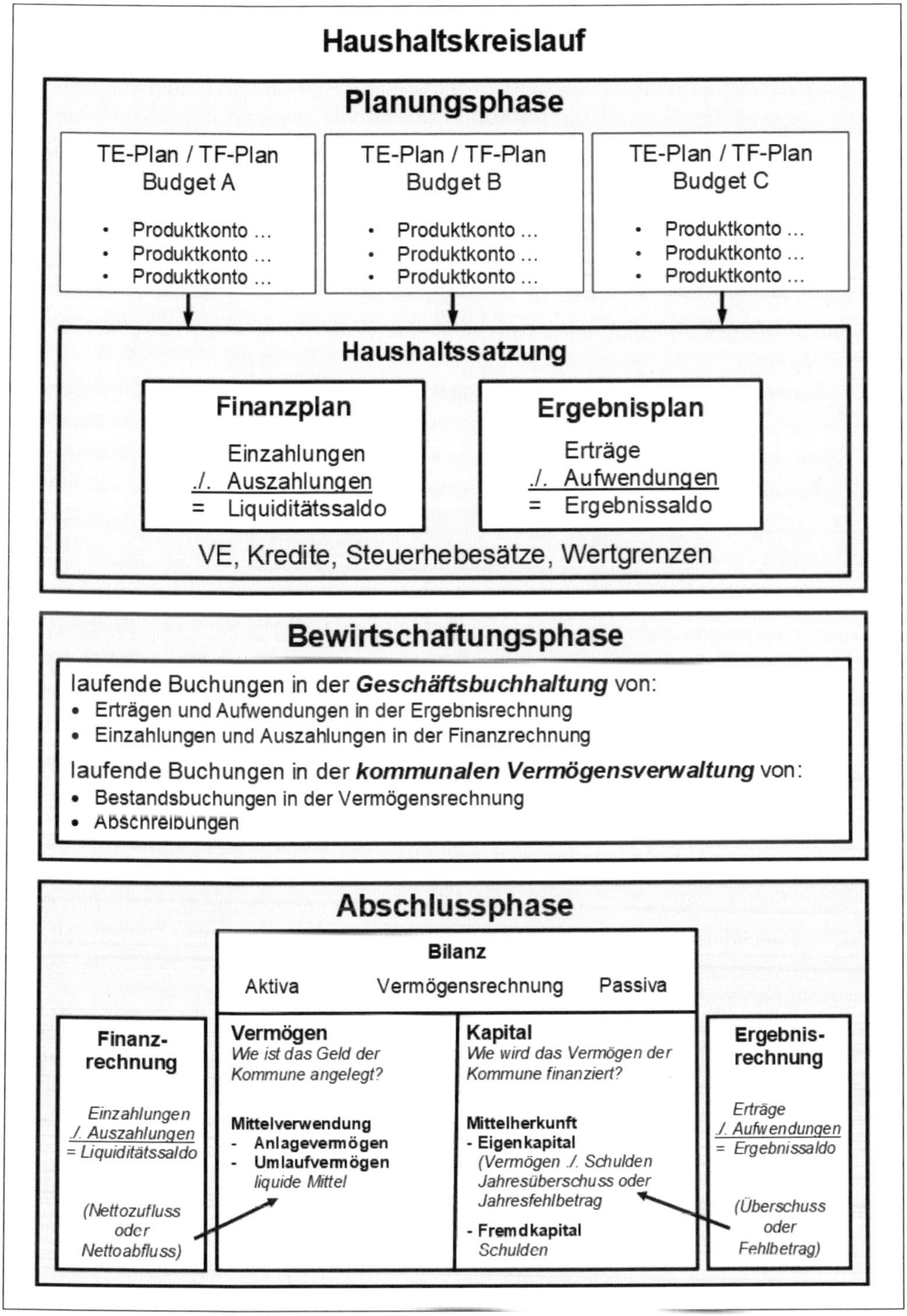

Abbildung 9: Haushaltskreislauf (Übersicht)

Somit existieren in jedem Kalenderjahr alle drei Haushaltsphasen nebeneinander.

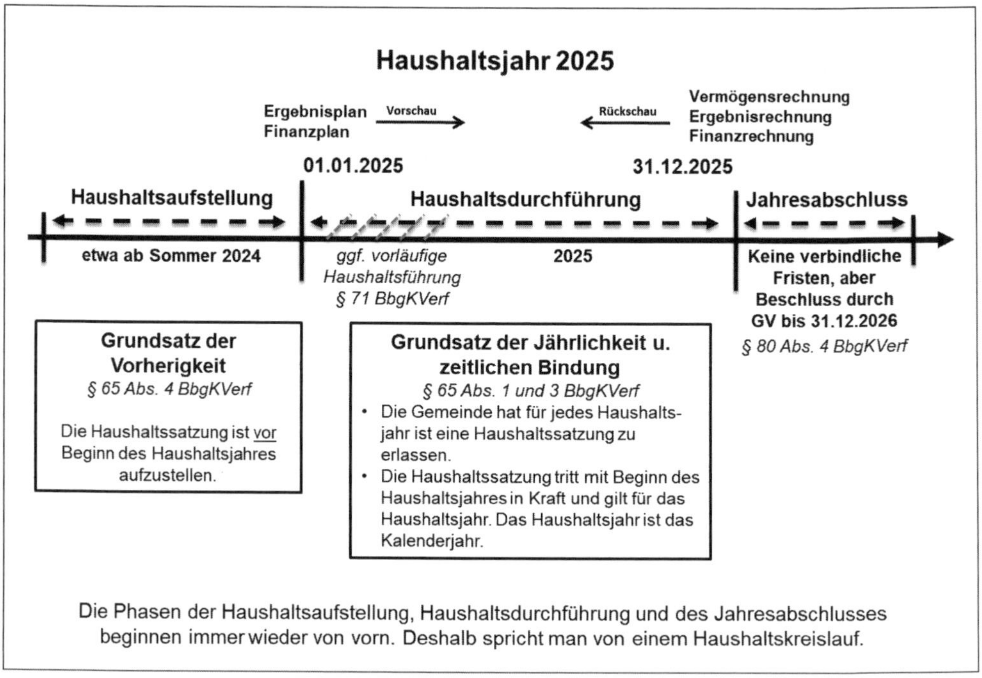

Abbildung 10: Haushaltskreislauf (Ablauf)

2 Das Drei-Komponenten-Modell

Zentraler Ausgangspunkt des neuen kommunalen Haushaltsrechts ist das Drei-Komponenten-Modell (Abbildung 11), bestehend aus einer Vermögens-(Bilanz), Ergebnis- und Finanzrechnung. Im Rahmen der Haushaltsaufstellung werden die beiden Komponenten Ergebnis- und Finanzrechnung um ein jeweiliges Planwerk ergänzt. Eine Plan-Vermögensrechnung wird hingegen nicht erstellt.
Mit diesem Drei-Komponenten-Modell wurde mit der Einführung des doppischen Haushalts-, Kassen- und Rechnungswesens in Brandenburg am 01.01.2011 das kamerale Rechensystem abgelöst. Damit ist der Schritt vom kameralen Geldverbrauchssystem zum doppischen Resourcenverbrauchssystem in den Kommunen gelungen.
Im kommunalen Rechnungswesen wurden bislang nur die Einnahmen und Ausgaben erfasst, die lediglich die Veränderung des Geldvermögens abbildeten.
Mit dem neuen doppischen Rechnungswesen sind jedoch die Aufwendungen und Erträge zentrale Steuerungsinstrumente, da mit ihnen der vollständige Werteverzehr und -zugang abgebildet werden kann.[11]

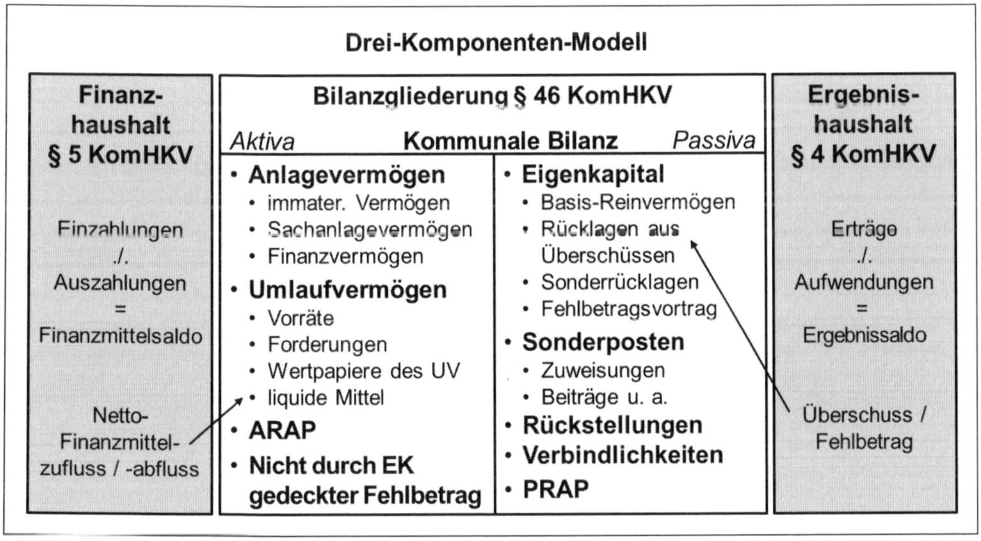

Abbildung 11: Drei-Komponenten-Modell

[11] Vgl. Erdmann u.a., a.a.O., S. 31.

Die nachfolgende Übersicht gibt einen Überblick über die wesentlichen Unterschiede zwischen dem kameralen und doppischen Rechnungswesen.[12]

Verwaltungskameralistik (Landes- und Bundeshaushaltswesen)	kommunale Doppik
Ein-Komponenten-System • Einnahmen und Ausgaben (Veränderung des Geldvermögens)	**Drei-Komponenten-System** • **Einzahlungen und Auszahlungen** tatsächlicher Geldfluss – Finanzhaushalt • Vermögen und Schulden – Bilanz Aktiva – Mittelverwendung Passiva – Mittelherkunft • Erträge und Aufwendungen Veränderung des Eigenkapitals – **Ergebnishaushalt**
kameraler Haushaltsausgleich Einnahmen = Ausgaben	**doppischer Haushaltsausgleich** Erträge = Aufwendungen (Ergebnisrechnung)
Haushaltssystematik Gliederungs- und Gruppierungsplan	**Haushaltssystematik** Produkt- und Kontenrahmen
Pagatorische Planung[13]	Pagatorische und kalkulatorische Planung

2.1 Vermögensrechnung – die kommunale Bilanz

Aus den Ergebnissen der Inventur (die Inventarliste/das Inventar) wird die Vermögensrechnung (die kommunale Bilanz) entwickelt. Sie ist Kernstück des doppischen Rechnungswesens. Alle Vermögensgegenstände der Kommune und ihre Verbindlichkeiten werden zum 31.12. eines Haushaltsjahres – Bilanzstichtag – (vgl. § 46 KomHKV) dargestellt. Diese spiegeln sich auch im kommunalen Haushaltsplan u.a. durch Abschreibungen wider. Daneben zeigt die Bilanz die Konsequenzen für das Vermögen, die Schulden sowie das Eigenkapital aus den Ergebnissen der kommunalen Haushaltswirtschaft auf.
Bei der Eröffnungsbilanz – die erste Bilanz einer Kommune zum 01.01. des Haushaltsjahres – ergibt die rein rechnerische Differenz von Vermögen und Schulden das sogenannte Basisreinvermögen. Es unterscheidet sich jedoch vom Eigenkapital eines privaten Unternehmens dadurch, dass hier kein eingezahltes Stammkapital o.Ä. abgebildet wird, sondern lediglich die Summe der Aktiva, denen keine Verbindlichkeiten auf der Passivseite gegenüberstehen.[14] Für die Aufstellung der Eröffnungsbilanz galten im kommunalen

12 Vgl. Schuster, Neue kommunale Rechnungsprüfung, GemH 2006, S. 214.

13 Pagatorik erfasst nur die Einnahmen und Ausgaben, ohne die zahlungsunwirksamen Vorgänge (wie Abschreibungen) zu berücksichtigen.

14 Vgl. Erdmann u.a., a.a.O., S. 32 f.

Haushaltsrecht gesonderte Vorschriften. Zwischenzeitlich gibt es keine Kommunen im Land Brandenburg mehr, die noch keine geprüfte Eröffnungsbilanz vorweisen konnten. Die entsprechenden Rechtsnormen wurden im Zuge der Neufassung der BbgKVerf 2024 ersatzlos gestrichen.

Auf der **Aktivseite** (vgl. § 46 Abs. 3 KomHKV) wird das Vermögen mit den zum Bilanzstichtag ermittelten Buchwerten aufgeführt. Dabei wird die Frage beantwortet: *„Welches Vermögen steht im Eigentum der Kommune?“* (Mittelverwendung).

Auf der **Passivseite** (vgl. § 46 Abs. 4 KomHKV) werden die Verpflichtungen der Kommune in der Gegenwart und für die Zukunft sowie das Eigenkapital der Gemeinde dargestellt. Dabei wird die Frage beantwortet: *„Wie wird das Vermögen der Kommune finanziert?“* (Mittelherkunft). Dazu gehören auch die Sonderposten gem. § 47 Abs. 4 KomHKV – siehe dazu auch Kapitel 4.3.2, S. 79 – und die Bildung von Rückstellungen für zukünftige Verpflichtungen der Kommune nach § 36 KomHKV, z.B. für Pensionsverpflichtungen.

Beide Bilanzseiten werden durch aktive und passive Rechnungsabgrenzungsposten (ARAP/PRAP) gem. § 42 KomHKV begrenzt. Hierbei werden die Aufwendungen und Erträge, die für nachfolgende Haushaltsjahre (nach dem Bilanzstichtag) generiert werden, aber schon im alten/laufenden Haushaltsjahr zahlungswirksam sind, dargestellt (siehe dazu Kapitel 5.2.4., S. 54).

Die Gliederung der beiden Bilanzseiten erfolgt nach der Fristigkeit.

Auf der Aktivseite wird deshalb zwischen langfristig gebundenem Vermögen (Anlagevermögen) und kurzfristigem Vermögen (Umlaufvermögen) unterschieden. Auf der Passivseite werden zunächst das Eigenkapital und dann das Fremdkapital (Verbindlichkeiten) aufgelistet. Eine Bilanz ist stets ausgeglichen, da auf den beiden Seiten der Bilanz wertmäßig der gleiche Sachverhalt abgebildet und nur nach Mittelherkunft und -verwendung unterschieden wird.

Die Gliederung der kommunalen Bilanz ergibt sich aus § 46 KomHKV. Die Untersetzung der einzelnen Bilanzpositionen ergibt sich aus den Konten der Kontenklassen 0 bis 3.[15]

Aus den Ergebnissen der Inventur entwickelt sich das Inventar (vgl. § 32 KomHKV). Das Inventar wird in Staffelform aufgestellt. Die Vermögensrechnung (Bilanz) wird auf der Grundlage des Inventars entwickelt, indem dessen Positionen zusammengefasst, bewertet und in Kontenform gegenübergestellt werden (vgl. § 46 Abs. 1 KomHKV). Die Differenz aus Vermögen und Schulden bildet das Eigenkapital.

---

15 Vgl. VV Produkt- und Kontenrahmen, Kontierungsplan 1 und 2, aktive und passive Bestandskonten.

Für die Stadt Prenzwalde ergibt sich zum 31.12.2025 folgende Bilanz:

Aktiva	**Vermögensrechnung** *in Euro*		**Passiva**
Anlagevermögen		**Eigenkapital**	
Immaterielles Vermögen	100.000	Basisreinvermögen	13.000.000
Unbebaute Grundstücke	5.200.000	Rücklagen	1.700.000
Bebaute Grundstücke	13.000.000		
Infrastrukturvermögen	14.000.000	**Sonderposten**	9.000.000
Kunstgegenstände	700.000		
BGA	600.000	**Rückstellungen**	10.000.000
Beteiligungen	500.000		
		Fremdkapital	
Umlaufvermögen		Verbindlichkeiten aus Kredit	1.000.000
Vorräte	100.000	Verbindlichkeiten a. L. u. L	1.670.000
öfftl.-rechtl. Forderungen	340.000	**Passive RAP**	30.000
liquide Mittel	1.800.000		
Aktive RAP	60.000		
Gesamt	**36.400.000**	**Gesamt**	**36.400.000**

Prenzwalde, den 31.12.2025

Hauptverwaltungsbeamter

Abbildung 12: Vermögensrechnung

2.2 Ergebnisrechnung/Ergebnishaushalt(-plan)

Der im Drei-Komponenten-System dargestellten Ergebnisrechnung steht in der Planungsphase der Ergebnishaushalt entsprechend § 66 Abs. 2 BbgKVerf, § 4 KomHKV gegenüber. Im Ergebnisplan werden Erträge und Aufwendungen unabhängig vom tatsächlichen Zahlungsmittelzufluss oder -abfluss geplant. Daher werden die Erträge und Aufwendungen in dem Haushaltsjahr abgebildet, dem sie wirtschaftlich zuzurechnen sind (vgl. § 13 Abs. 2 KomHKV). Sie tragen daher dem Grundsatz der Periodengerechtigkeit Rechnung. Die Ergebnisrechnung ist vergleichbar mit der kaufmännischen Gewinn- und Verlustrechnung nach § 275 HGB.
Der Ergebnishaushalt zeigt durch seine Strukturierung die Quellen und Ursachen des Ressourcenaufkommens bzw. Ressourcenverbrauchs. Der Ergebnishaushalt(-plan) stellt das Gegenstück zur Ergebnisrechnung (Rückschau) im Jahresabschluss dar. Der in der Ergebnisrechnung ermittelte Jahresüberschuss oder Jahresfehlbetrag geht in die Bilanz ein und zeigt damit unmittelbar die Veränderungen des Eigenkapitals im Laufe des Haushaltsjahres.[16]

[16] Vgl. Erdmann u.a., a.a.O., S. 32.

Ergebnishaushalt	
Erträge	**Aufwendungen**
Ressourcenaufkommen bzw. **Wertezuwachs** innerhalb eines Haushaltsjahres	Ressourcenverbrauch bzw. **Werteverzehr** innerhalb eines Haushaltsjahres
Der Haushalt ist ausgeglichen, wenn die Erträge gleich oder größer den Aufwendungen sind (§ 63 Abs. 3 BbgKVerf).	
Überschuss erhöht das Eigenkapital in der Vermögensrechnung (Substanzaufbau).	**Fehlbedarf vermindert** das Eigenkapital in der Vermögensrechnung (Substanzabbau).
Gliederung in ordentlichen und außerordentlichen Bereich	

Mit dem Ergebnisplan und dem Nachweis von Erträgen und Aufwendungen wird unter anderem das Ziel der generationsübergreifenden Gerechtigkeit sowie der Sicherung des Vermögensbestandes (statt Geldbestand) verfolgt. Ziel ist es dabei, dass eine Generation nicht zu Lasten nachfolgender Generationen mehr verbraucht als sie erwirtschaftet. Die Differenz aus Erträgen und Aufwendungen wirkt direkt auf die Höhe des Eigenkapitals. Um das Eigenkapital dauerhaft zu erhalten, haben die Kommunen nach § 62 Abs. 4 BbgKVerf den Ergebnisplan auszugleichen, um bereits während der Planungsphase der intergenerativen Gerechtigkeit zu dienen.

Die ordentlichen Erträge und Aufwendungen sind im § 4 Abs. 1 Nr. 1–22 KomHKV aufgeführt. Diese Gliederung deckt sich mit dem verbindlich vorgeschriebenen Aufbau des Ergebnishaushaltes entsprechend der Anlage 5.3. (vgl. VV Produkt- und Kontenrahmen) der verbindlichen Muster. Hierbei handelt es sich um Erträge und Aufwendungen, welche regelmäßig anfallen.

Die außerordentlichen Erträge und Aufwendungen sind in § 4 Abs. 1 Nr. 23–26 KomHKV aufgeführt. Eine konkrete Abgrenzungsregelung von ordentlichen und außerordentlichen Erträgen und Aufwendungen ergibt sich aus § 4 Abs. 2 KomHKV. Danach handelt es sich um außerordentliche Erträge und Aufwendungen, wenn sie sich auf Geschäftsvorgänge beziehen, die unvorhersehbar, selten und ungewöhnlich und von wesentlicher finanzieller Bedeutung für die Kommune sind (vgl. § 4 Abs. 2 Satz 1 KomHKV). Als Beispiel werden Buchgewinne und Buchverluste im Rahmen von Vermögensveräußerungen (keine Grundstücke, Bauten, grundstücksgleichen Rechte und Finanzanlagevermögen) sowie Naturkatastrophen aufgeführt. Diesem Bereich werden damit alle Vorgänge zugeordnet, welche für den normalen Verwaltungsablauf nicht üblich sind. Die Größenordnung, ab der Aufwendungen und Erträge für die Gemeinde von wesentlicher Bedeutung sind, ist in der Haushaltssatzung festzusetzen (vgl. § 65 Abs. 2 Nr. 7, siehe dazu auch Kapitel 7). Erträge und Aufwendungen aus dem Kauf/Verkauf von Grundstücken, Bauten, grundstücksgleichen Rechten und Finanzanlagenvermögen gelten jedoch unabhängig vom Wert als außerordentlich (vgl. § 4 Abs. 2 KomHKV).

Die Form des Ergebnishaushaltes ist im Muster 5.3 der verbindlichen Haushaltsmuster vorgeschrieben.[17] Der Aufbau des Musters richtet sich dabei nach den Vorgaben des § 4 KomHKV.

---

[17] Vgl. VV Produkt- und Kontenrahmen KomHKV, a.a.O., Nr. 5.3.

Darüber hinaus entsprechen die dargestellten Zeilen den Kontenbereichen des kommunalen Kontenrahmenplanes (Kontenklasse 4 und 5, vgl. VV Produkt- und Kontenrahmen Nr. 4.4.3.).

Ergebnishaushalt und mittelfristige Ergebnisplanung Haushaltsjahr 20.. - in EUR -							
	Ertrags- und Aufwandsarten	**Ergebnis des Vorvorjahres**	**Ansatz des Vorjahres**	**Ansatz des Haushaltsjahres (Planjahr)**	**Planjahr + 1**	**Planjahr + 2**	**Planjahr + 3**
1.	Steuern und ähnliche Abgaben						
2.	Zuwendungen und allgemeine Umlagen						
3.	sonstige Transfererträge						
4.	öffentlich-rechtliche Leistungsentgelte						
5.	privatrechtliche Leistungsentgelte						
6.	Kostenerstattungen und Kostenumlagen						
7.	Sonstige ordentliche Erträge						
8.	aktivierte Eigenleistungen						
9.	Bestandsveränderungen						
10.	Erträge aus laufender Verwaltungstätigkeit						
11.	Personalaufwendungen						
12.	Versorgungsaufwendungen						
13.	Aufwendungen für Sach- und Dienstleistungen						
14.	Abschreibungen						
15.	Transferaufwendungen						
16.	sonstige ordentliche Aufwendungen						
17.	Aufwendungen aus laufender Verwaltungstätigkeit						
18.	**Ergebis der laufenden Verwaltungstätigkeit (10-17)**						
19.	Zinsen und sonstige Finanzerträge						
20.	Zinsen und sonstige Finanzaufwendungen						
21.	**Finanzergebnis (19-20)**						
22.	**ordentliches Jahresergebnis (18+21)**						
23.	außerordentliche Aufwedungen						
24.	außerordentliche Erträge						
25.	**außerordentliches Jahresergebnis (23-24)**						
26.	**Gesamtergebnis (22+25)**						

Abbildung 13: Ergebnishaushalt

Im Kopf des Ergebnishaushaltes werden entsprechend § 11 Abs. 1 KomHKV insgesamt sechs Haushaltsjahre dargestellt. Dies soll nachfolgend an einem Beispiel, ausgehend vom Haushaltsplan 2025, dargestellt werden.
In Spalte 3 findet sich der Ansatz des Haushaltsjahres (Planjahr). Hierbei handelt es sich um das Haushaltsjahr, für welches der Haushaltsplan aufgestellt werden soll, also 2025. In der Spalte 2 findet sich das laufende Haushaltsjahr (Vorjahr). Da entsprechend dem Grundsatz der Vorherigkeit im laufenden Haushaltsjahr der Haushaltsplan für das Folgejahr (einen zukünftigen Zeitraum) aufgestellt werden muss, handelt es sich hier um das Jahr 2024.
Das Ergebnis des Vorvorjahres (Spalte 1) ist damit das nach § 80 Abs. 2 BbgKVerf festgestellte Jahresergebnis 2023. Nach § 74 Abs. 1 BbgKVerf i.V.m. § 11 Abs. 1 KomHKV hat die Kommune ihrer Haushaltswirtschaft eine fünfjährige mittelfristige Ergebnis- und Finanzplanung zugrunde zu legen und ihre Haushaltsplanung daran auszurichten. Das erste Planungsjahr der Ergebnis- und Finanzplanung ist das laufende Haushaltsjahr, also das Jahr 2024.
Das zweite Jahr der mittelfristigen Ergebnis- und Finanzplanung ist damit das Planjahr in Spalte 3. Darüber hinaus werden drei weitere Haushaltsjahre in den Spalten 4 bis 6 geplant und dargestellt. Grund für diese Vorausschau ist, dass die langfristige Sicherung der stetigen Aufgabenerfüllung in einer ordnungsgemäßen Haushaltswirtschaft nach § 62 Abs. 1 BbgKVerf über einen längeren Zeitraum erfolgen muss.
Eine strukturierte Prüfung der Zuordnung von Geschäftsvorfällen zu den einzelnen Punkten des § 4 KomHKV sowie den entsprechenden Zeilen des Musters für den Ergebnisplan kann mittels des nachfolgenden Schemas erfolgen:

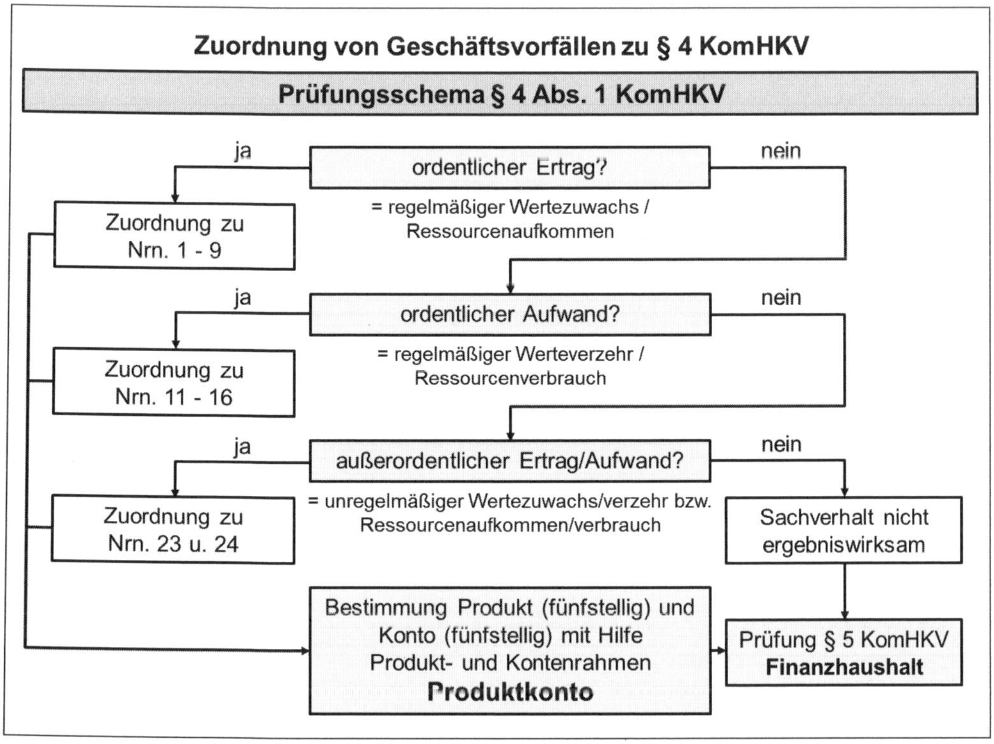

Abbildung 14: Zuordnung von Geschäftsvorfällen zu § 4 KomHKV

Beispielhafte Darstellung eines Ergebnishaushalts nach § 4 KomHKV[18]

Ergebnishaushalt und mittelfristige Ergebnisplanung Haushaltsjahr 2025 - in EUR -							
	Ertrags- und Aufwandsarten	**Ergebnis 2023**	**Ansatz 2024**	**Ansatz 2025**	**Planjahr 2026**	**Planjahr 2027**	**Planjahr 2028**
1.	Steuern und ähnliche Abgaben	7.130.523,96	6.841.800	7.356.800	7.724.600	8.110.800	8.354.100
2.	Zuwendungen und allgemeine Umlagen	8.977.559,50	8.697.500	9.352.200	9.819.800	10.310.800	10.620.100
3.	sonstige Transfererträge	141.781,36	148.400	159.600	167.600	176.000	181.300
4.	öffentlich-rechtliche Leistungs-entgelte	864.609,12	829.600	892.000	936.600	983.400	1.012.900
5.	privatrechtliche Leistungsentgelte	137.778,84	132.200	142.100	149.200	156.700	161.400
6.	Kostenerstattungen und Kostenumlagen	166.878,00	182.500	196.200	206.000	216.300	222.800
7.	Sonstige ordentliche Erträge	151.119,00	145.000	155.900	163.700	171.900	177.100
8.	aktivierte Eigenleistungen	53.524,48	51.200	55.000	57.800	60.700	62.500
9.	Bestandsveränderungen	14.069,70	13.500	14.500	15.200	16.000	16.500
10.	Erträge aus laufender Verwaltungstätigkeit	17.637.843,96	17.041.700	18.324.300	19.240.500	20.202.600	20.808.700
11.	Personalaufwendungen	7.924.405,84	7.677.200	8.255.100	8.667.900	9.101.300	9.374.300
12.	Versorgungsaufwendungen	1.116.193,82	1.168.300	1.256.200	1.319.000	1.385.000	1.426.600
13.	Aufwendungen für Sach- und Dienstleistungen	3.609.039,84	2.887.200	3.104.500	3.259.700	3.422.700	3.525.400
14.	Abschreibungen	885.140,46	849.300	913.200	958.900	1.006.800	1.037.000
15.	Transferaufwendungen	4.159.239,84	4.548.600	4.891.000	5.135.600	5.392.400	5.554.200
16.	sonstige ordentliche Aufwendungen	36.685,44	35.200	37.800	39.700	41.700	43.000
17.	Aufwendungen aus laufender Verwaltungstätigkeit	17.730.705,24	17.165.800	18.457.800	19.380.800	20.349.900	20.960.500
18	**Ergebis der laufenden Verwaltungstätigkeit (10-17)**	-92.861,28	124.100	133.500	140.300	147.300	-151.800
19.	Zinsen und sonstige Finanzerträge	54.294,16	82.800	89.000	93.500	98.100	101.000
20.	Zinsen und sonstige Finanzaufwendungen	10.607,04	11.600	12.500	13.100	13.800	14.100
21.	**Finanzergebnis (19-20)**	43.687,12	71.200	76.500	80.400	84.300	86.900
22.	**ordentliches Jahresergebnis (18+21)**	-49.174,16	-52.900	-57.000	-59.900	-63.000	-64.900
23.	außerordentliche Erträge	66.075,48	63.400	68.200	71.700	75.300	77.600
24.	außerordentliche Aufwendungen	9.509,76	10.400	11.200	11.800	12.300	12.700
25.	**außerordentliches Jahresergebnis (23-24)**	56.565,72	53.000	57.000	59.900	63.000	64.900
26.	**Gesamtergebnis (22+25)**	7.391,56	100	0	0	0	0

Abbildung 15: Ergebnisplan

[18] Das dargestellte Beispiel stellt einen Auszug des Ergebnisplanes einer Kommune der Größenklasse 6 (10.000 bis 25.000 Einwohner) dar.

2.3 Finanzrechnung/Finanzhaushalt(-plan)

Der im Drei-Komponenten-Modell dargestellten Finanzrechnung steht in der Planungsphase der Finanzhaushalt entsprechend § 66 Abs. 1 Nr. 2 BbgKVerf, § 5 KomHKV gegenüber. Im Finanzhaushalt werden Einzahlungen und Auszahlungen geplant. D.h., hier erfolgt eine Darstellung von tatsächlichen Finanzmittelbewegungen und damit eine Vorausschau der Veränderungen der liquiden Mittel nach § 46 Abs. 3 Nr. 2.4. KomHKV. Der Finanzhaushalt stellt das Gegenstück zur Finanzrechnung (Rückschau) im Jahresabschluss dar. Die Pflicht zur Aufstellung des Finanzhaushaltes ergibt sich insbesondere aus den Besonderheiten der öffentlichen Haushaltspläne und der Rechenschaftslegung und knüpft an die Rechnungslegungsvorschriften der §§ 264 Abs. 1, 297 Abs. 1 HGB (vgl. DRS II – *Cash-Flow-Statement*/Kapitalflussrechnung) an.
In Brandenburg sind sämtliche Ein- und Auszahlungen mit Hilfe der sogenannten direkten Methode zu buchen. Dies geschieht durch eine Verknüpfung der Finanz- und Ergebniskonten.
Durch die Abbildung aller Finanzströme ist es jederzeit möglich, ein tatsächliches Bild der Finanzlage der Kommune zu erhalten und Informationen für eine effiziente Liquiditätsplanung zur Verfügung zu haben.[19]
Der Finanzhaushalt hat im Wesentlichen nachfolgende Funktionen:[20]

- Zeitraumbezogene Darstellung aller Finanzströme als Steuerungsinstrument für das Finanzmanagement
- Darstellung der Finanzierungsquellen zur Abbildung der Finanzierungsmöglichkeiten aus eigenen Mitteln
- Darstellung der Veränderung des Zahlungsmittelbestandes im Verlaufe eines Haushaltsjahres
- Bedienung der Finanzstatistik
- Ermächtigung für investive Ein- und Auszahlungen

Finanzhaushalt	
Einzahlungen	Auszahlungen
Erhöhung des Zahlungsmittelbestandes innerhalb eines Haushaltsjahres	**Verringerung** des Zahlungsmittelbestandes innerhalb eines Haushaltsjahres
Nettozufluss **erhöht** die liquiden Mittel in der Vermögensrechnung.	Nettoabfluss **vermindert** die liquiden Mittel in der Vermögensrechnung.
Gliederung in laufende Verwaltungstätigkeit, Investitionstätigkeit, Finanzierungstätigkeit und aus der Inanspruchnahme von Liquiditätsreserven	

19 Vgl. Erdmann u.a., a.a.O., S. 81.
20 Vgl. Erdmann u.a., a.a.O., S. 82.

Im Finanzhaushalt werden, bezogen auf ein Haushaltsjahr, fünf verschiedene Konstellationen bei der Veranschlagung berücksichtigt.[21]

1. Zahlungen, die gleichzeitig Aufwand oder Ertrag im laufenden Haushaltsjahr darstellen
   Hier stimmen die Zahlungsmittelflüsse mit den Erträgen und Aufwendungen überein. Dies wird der Regelfall bei den Einzahlungen und Auszahlungen aus lfd. Verwaltungstätigkeit sein.

2. Zahlungen, die nicht gleichzeitig Aufwand oder Ertrag darstellen
   Hier ist insbesondere der Zahlungsverkehr aus Investitionstätigkeit zu nennen. Dieser wird durch Erträge und Aufwendungen erst in den folgenden Jahren ergebniswirksam (Abschreibungen, ertragswirksame Auflösung von Zuweisungen).

3. Zahlungen, aber Aufwand oder Ertrag nicht in der gleichen Rechenperiode (Rechnungsabgrenzungsposten)
   Hier sind insbesondere die Fälle der Periodenabgrenzung nach § 42 KomHKV zu nennen, bei denen der Leistungszeitraum und der Zahlungszeitpunkt auf verschiedene Haushaltsjahre fallen. Man spricht in diesem Fall von einer transitorischen Rechnungsabgrenzung.

4. Aufwand oder Ertrag im laufenden Haushaltsjahr, aber Zahlung nicht in der gleichen Rechenperiode (Rechnungsabgrenzungsposten)
   Hier sind insbesondere Geschäftsvorfälle zu nennen, deren Zahlungseingänge/-ausgänge aufgrund von verspäteten Rechnungseingängen/-ausgängen am Schluss eines Haushaltsjahres anfallen. In diesen Fällen handelt es sich um die sogenannte antizipative Rechnungsabgrenzung.

5. keine Zahlungen, aber Aufwand oder Ertrag
   Hier sind insbesondere die Abschreibungen, die ertragswirksame Auflösung von investiven Zuwendungen sowie die Bildung von Rückstellungen zu nennen.

Entsprechend § 5 Nr. 1–16 KomHKV ist der Finanzhaushalt in Einzahlungen und Auszahlungen aus laufender Verwaltungstätigkeit gegliedert. Der Aufbau ist mit Ausnahme der aktivierten Eigenleistungen und bilanziellen Abschreibungen identisch mit den ordentlichen Gliederungsvorschriften des Ergebnishaushaltes. Darüber hinaus werden auch die Planansätze überwiegend deckungsgleich sein. Entsprechende Ausnahmen können sich insbesondere aus der periodengerechten Zuordnung nach § 42 KomHKV ergeben. Darüber hinaus wird der Zahlungsverkehr aus Investitionstätigkeit nach § 5 Abs. 1 Nr. 18–32 KomHKV dargestellt. Hier werden insbesondere die Auszahlungen für Investitionen z.B. im Rahmen von Baumaßnahmen oder dem Erwerb von Anlagegütern erfasst und

[21] Vgl. Grimberg Gemeindehaushaltsrecht Sachsen-Anhalt, Kommentierung zu § 3, S. 59, Wiesbaden 2011.

gleichzeitig die zur Finanzierung erhaltenen Investitionszuwendungen und Beiträge dargestellt. Gleichzeitig werden auch Vermögensveräußerungen in diesem Bereich abgebildet. Damit dient der Finanzhaushalt als Ermächtigungsgrundlage für Investitionen.
Des Weiteren wird entsprechend § 5 Nr. 36–42 KomHKV die Finanzierungstätigkeit im Finanzhaushalt abgebildet. Hierzu zählt die Aufnahme und Tilgung von Krediten. Diese beiden Vorgänge stellen einen reinen Geldmittelfluss dar und verändern in der Vermögensrechnung neben den liquiden Mitteln die Verbindlichkeiten auf der Passivseite. Die Zinsen, welche für einen Kredit zu zahlen sind, stellen dagegen auch einen Werteverzehr für die Gemeinde dar und sind als laufende Auszahlung und ordentlicher Aufwand zu veranschlagen. Das gilt auch für Zinserträge und Zinseinzahlungen.
Bei der Aufnahme von Krediten sind insbesondere die Voraussetzungen des § 76 Abs. 1 BbgKVerf zu beachten. Danach ist eine Kreditaufnahme nur für Investitionen, Investitionsförderungsmaßnahmen und zur Umschuldung möglich. Darüber hinaus ist diese nur zulässig, soweit eine andere Finanzierung nicht möglich ist oder wirtschaftlich unzweckmäßig wäre.[22]
Kredite zur Liquiditätssicherung[23] nach § 78 Abs. 1 BbgKVerf dienen ausschließlich dazu, dass die Gemeinde die rechtzeitige Leistung ihrer Auszahlungen sicherstellen kann. Sie kann dazu kurzfristige Kassenkredite aufnehmen, soweit dafür keine anderen Mittel zur Verfügung stehen. Ein derartiger Beschluss ist der Kommunalaufsichtsbehörde unverzüglich anzuzeigen. Bei diesen Kassenkrediten handelt es sich im Gegensatz zu den Investitionskrediten nicht um Kredite im kommunalrechtlichen Sinne.
Daher werden Kassenkredite nicht im Finanzhaushalt veranschlagt, sondern nur zum Jahresabschluss in der Finanzrechnung und in der Bilanz gem. § 46 Abs. 4 Nr. 4.3. KomHKV nachgewiesen. Der Grund hierfür ist, dass die Inanspruchnahme im laufenden Haushaltsjahr erheblich schwanken kann und abhängig von bestimmten Zahlungsterminen ist (z.B. Steuerfälligkeiten, Gehaltszahlungen etc.). Ein Ansatz ist daher nicht planbar. Vielmehr wird *von der Gemeindevertretung durch Beschluss* ein Höchstbetrag festgesetzt (vgl. § 78 Abs. 1 Satz 2).
Mit dem Finanzhaushalt und dem Nachweis von Einzahlungen und Auszahlungen wird damit die Entwicklung des Zahlungsmittelbestandes vollständig nachvollziehbar. Er dient der Kommune als Ermächtigungsgrundlage für Investitionen und stellt den dafür erforderlichen Kreditbedarf dar.
Die Liquiditätsreserven müssen nicht mehr gesondert ausgewiesen werden, da sie Bestandteil der Finanzmittel sind. Die in den Nummern 43–47 geregelte getrennte Darstellung der Entwicklung des eigenen und des fremden Finanzmittelbestandes ist jedoch erforderlich, um die tatsächliche Finanzlage der Gemeinde abzubilden und mit der Bilanz abgleichen zu können[24].
Die Form des Finanzhaushaltes ist im verbindlichen Haushaltsmuster Nr. 5.4 vorgeschrieben.[25]

---

22 Vgl. auch Grundsatz der Finanzmittelbeschaffung.

23 Der Kassenkredit der Kommune.

24 Vgl. Rundschreiben zur Neufassung der KomHKV und VV Produkt- und Kontenrahmen des MIK Brandenburg vom 20.12.2024.

25 Vgl. VV zum Produkt – und Kontenrahmen Nr. 5.4.

Finanzhaushalt und mittelfristige Finanzplanung
Haushaltsjahr 20..
- in EUR -

	Ein- und Auszahlungsarten	**Ergebnis des Vorvorjahres**	**Ansatz des Vorjahres**	**Ansatz des Haushaltsjahres (Planjahr)**	**Planjahr + 1**	**Planjahr + 2**	**Planjahr + 3**
1.	Steuern und ähnliche Abgaben						
2.	Zuwendungen und allgemeine Umlagen						
3.	Sonstige Transfereinzahlungen						
4.	Öffentlich-rechtliche Leistungsentgelte						
5.	Privatrechtliche Leistungsentgelte						
6.	Kostenerstattungen und Kostenumlagen						
7.	Sonstige Einzahlungen						
8.	Zinsen und sonstigen Finanzeinzahlungen						
9.	Einzahlungen aus laufender Verwaltungstätigkeit						
10.	Personalauszahlungen						
11.	Versorgungsauszahlungen						
12.	Aufzahlungen für Sach- und Dienstleistungen						
13.	Transferauszahlungen						
14.	Sonstige Auszahlungen						
15.	Zinsen und sonstigen Finanzauszahlungen						
16.	Auszahlungen aus laufender Verwaltungstätigkeit						
17.	**Saldo aus laufender Verwaltungstätigkeit (9-16)**						
18.	Einzahlungen aus Investitionszuwendungen						
19.	Einzahlungen aus Beiträgen und Entgelten						
20.	Einzahlungen aus der Veräußerung von immateriellen Vermögensgegenständen						
21.	Einzahlungen aus der Veräußerung von Grundstücken, grundstücksgleichen Rechten und Gebäuden						
22.	Einzahlungen aus der Veräußerung von übrigem Sachanlagevermögen						
23.	Einzahlungen aus der Veräußerung von Finanzanlagevermögen						
24.	Sonstige Einzahlungen aus Investitionstätigkeit						
25.	Einzahlungen aus Investitionstätigkeit						

Ein- und Auszahlungsarten	Ergebnis des Vorvorjahres	Ansatz des Vorjahres	Ansatz des Haushaltsjahres (Planjahr)	Planjahr + 1	Planjahr + 2	Planjahr + 3
26. Auszahlungen für Baumaßnahmen 27. Auszahlungen von aktivierbaren Zuwendungen für Investitionen 28. Auszahlungen für den Erwerb von immateriellen Vermögensgegenständen 29. Auszahlungen für den Erwerb von Grundstücken, grundstücksgleichen Rechten und Gebäuden 30. Auszahlungen für den Erwerb von übrigem Sachanlagevermögen 31. Auszahlungen für den Erwerb von Finanzanlagevermögen 32. Sonstige Auszahlungen aus Investitionstätigkeit						
33. Auszahlungen aus Investitionstätigkeit						
34. **Saldo aus Investitionstätigkeit (25-33)**						
35. **Finanzmittelüberschuss/ Finanzmittelfehlbetrag (17+34)**						
36. Einzahlungen aus der Aufnahme von Krediten für Investitionen 37. Sonstige Einzahlungen aus Finanzierungstätigkeit (ohne Kassenkredite)						
38. Einzahlungen aus der Finanzierungstätigkeit						
39. Auszahlungen für die Tilgung von Krediten für Investitionen 40. Sonstige Auszahlungen aus der Finanzierungstätigkeit (ohne Kassenkredite)						
41. Auszahlungen aus der Finanzierungstätigkeit						
42. **Saldo aus der Finanzierungstätigkeit (38-41)**						
43. **Veränderung des Bestandes an Finanzmitteln (35+42)**						
44. Bestand an eigenen Finanzmitteln zu Beginn des Haushaltsjahres						
45. **Bestand an eigenen Finanzmitteln am Ende des Haushaltsjahres (43+44)**						
46. Bestand an fremden Finanzmitteln am Ende des Haushaltsjahres						
47. **Gesamtbestand an Finanzmitteln am Ende des Haushaltsjahres (45+46)**						

Abbildung 16: Finanzhaushalt

Der Kopfaufbau des Finanzhaushaltes folgt nach § 11 Abs. 1 KomHKV dem Ergebnishaushalt. Daneben wird auch der Bereich der laufenden Einzahlungen und Auszahlungen analog dargestellt und entspricht wiederum den Kontenbereichen des Kontenrahmens (Kontenklasse 6 und 7). Darüber hinaus erfolgt eine Ergänzung des Finanzplanes gegenüber dem Ergebnisplan um den Bereich der Investitions- und Finanzierungstätigkeit und der Inanspruchnahme von Liquiditätsreserven.
Eine strukturierte Prüfung der Zuordnung von Geschäftsvorfällen zu den einzelnen Punkten des § 5 KomHKV sowie den entsprechenden Zeilen des Musters für den Ergebnisplan kann mittels des nachfolgenden Schemas erfolgen:

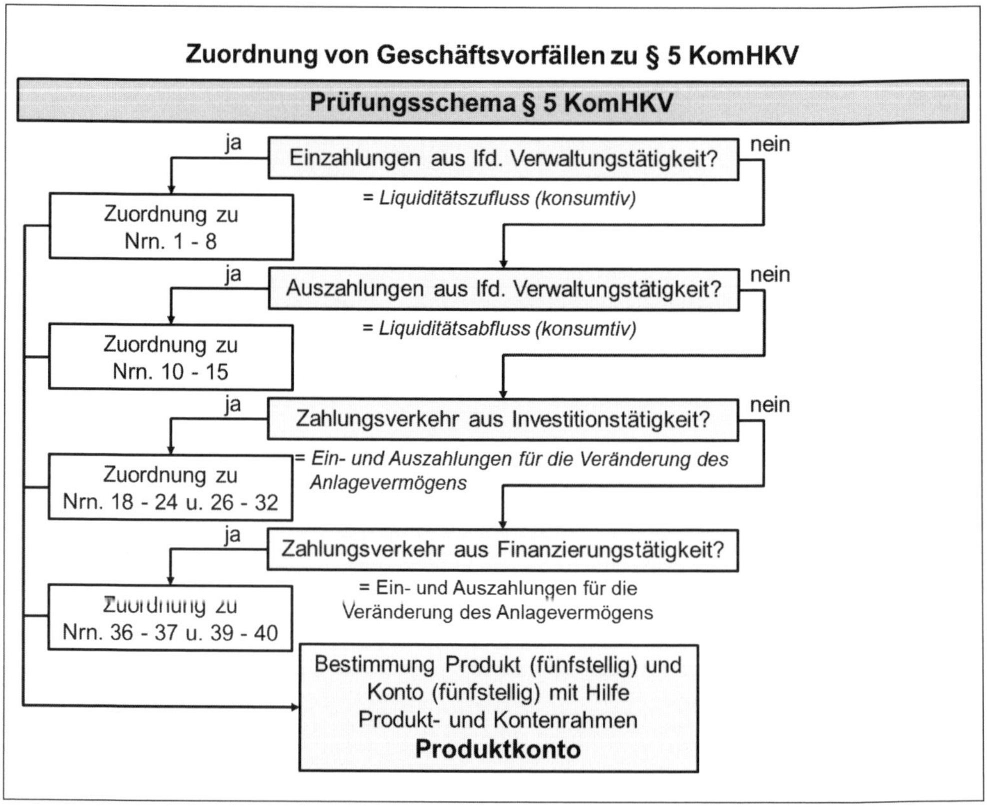

Abbildung 17: Zuordnung von Geschäftsvorfällen zu § 5 KomHKV

3 Haushalts- und Planungsgrundsätze

Die kommunale Haushaltswirtschaft ist streng reguliert. Die Regelungen dazu finden sich in der Brandenburgischen Kommunalverfassung (BbgKVerf) sowie in der kommunalen Haushalts- und Kassenverordnung (KomHKV). Sie kommen u.a. durch Grundsätze zum Ausdruck und unterteilen sich in die allgemeinen Haushaltsgrundsätze und in Planungsgrundsätze.
Die Bewirtschaftungsgrundsätze werden in Kapitel 8 ab Seite 150 beschrieben.

ausgewählte Allgemeine Haushaltsgrundsätze	
Grundsatz der Sicherung der stetigen Aufgabenerfüllung	§ 62 Abs. 1 Satz 1 BbgKVerf
Grundsatz des gesamtwirtschaftlichen Gleichgewichts	§ 62 Abs. 1 Satz 2 BbgKVerf
Grundsatz der Sparsamkeit und Wirtschaftlichkeit	§ 62 Abs. 2 BbgKVerf, §§ 15, 17 KomHKV
Grundsatz der doppelten Buchführung (GoB)	§ 63 Abs. 3 BbgKVerf
Grundsatz des Haushaltsausgleichs, der Aufstellung eines Haushaltssicherungskonzeptes	§ 62 Abs. 6 BbgKVerf, § 23 KomHKV
Grundsatz der Beschaffung von Erträgen und Einzahlungen (Kredite)	§ 63 Abs. 2 BbgKVerf
Grundsatz der Öffentlichkeit	§ 69 Abs. 5 BbgKVerf
ausgewählte Planungsgrundsätze	
Grundsatz der Vollständigkeit und der Haushaltseinheit	§ 66 Abs. 1 BbgKVerf i.V.m. § 13 Abs. 1 KomHKV
Grundsatz der Brutto- bzw. Einzelveranschlagung	§ 13 Abs. 1 KomHKV
Grundsatz der Jährlichkeit	§ 65 Abs. 1 BbgKVerf
Grundsatz der zeitlichen Bindung	§ 65 Abs. 3, 4 BbgKVerf
Grundsatz der sachlichen Bindung	§ 66 Abs. 3 BbgKVerf, § 26 KomHKV
Grundsatz der Vorherigkeit	§§ 65 Abs. 1, 3, 69 Abs. 4 BbgKVerf
Grundsatz der periodengerechten Zuordnung	§ 13 Abs. 2 KomHKV
Grundsatz der Haushaltswahrheit und -klarheit	§§ 6, 7, 9 und 13 KomHKV

3.1 Ausgewählte Allgemeine Haushaltsgrundsätze

Nachfolgend werden ausgewählte allgemeine Haushaltsgrundsätze dargestellt. Die hierzu angeführten Erläuterungen beschränken sich dabei auf das Wesentliche.

3.1.1 Grundsatz der Sicherung der stetigen Aufgabenerfüllung

Rechtsgrundlage § 62 Abs. 1 Satz 1 BbgKVerf
Nach diesem Grundsatz hat die Kommune ihre Haushaltswirtschaft so zu planen und zu führen, dass die stetige Erfüllung ihrer Aufgaben gesichert ist. Dies stellt den **obersten Haushaltsgrundsatz** dar. Die Kommune muss sicherstellen, dass sie ihre Aufgaben dauerhaft wahrnehmen kann. Daraus folgt weiterhin, dass die Haushaltsplanung auch mittelfristig (§ 74 BbgKVerf, § 11 KomHKV), also für einen längerfristigen Zeitraum erfolgen muss, um frühzeitig negativen Entwicklungen gegenzusteuern. Nach Neufassung der haushaltsrechtlichen Vorschriften ist die Bedeutung der mittelfristigen Haushaltsplanung verstärkt worden, so dass sie jetzt auch auf der Ebene des Ergebnis- und Finanzhaushaltes sowie der Teilhaushalte für drei auf das Haushaltsjahr folgende Jahre abgebildet werden muss.[26] Dadurch soll sichergestellt werden, dass Entscheidungen nicht zu Lasten zukünftiger Generationen gefällt werden bzw. Bewusstsein dafür besteht, was Entscheidungen für diese mit sich bringen.
Nach § 2 BbgKVerf ist die Kommune in ihrem Gebiet für die Erfüllung aller Aufgaben zuständig (sog. Allzuständigkeit). Sie hat dabei die Aufgaben des eigenen Wirkungskreises (z.B. Wasserversorgung und -entsorgung, Bestattungswesen, Brandschutz, Energieversorgung, Kultur) sowie übertragene Aufgaben zu erfüllen. Dabei ist zu beachten, dass im Sinne von § 2 BbgKVerf die Erfüllung der Pflichtaufgaben den freiwilligen Aufgaben i.d.R. vorgeht.

3.1.2 Grundsatz der Beachtung des gesamtwirtschaftlichen Gleichgewichts

Rechtsgrundlage § 62 Abs. 1 Satz 2 BbgKVerf
Im Rahmen der Sicherstellung der stetigen Aufgabenerfüllung ist den Erfordernissen des gesamtwirtschaftlichen Gleichgewichts grundsätzlich Rechnung zu tragen. Danach müssen die Kommunen sich antizyklisch verhalten, d.h., sie handeln entgegen dem Konjunkturzyklus unter Beachtung des **magischen Vierecks** nach § 1 StWG. Stellen sich Dynamiken hinsichtlich einzelner der Kenngrößen ein, ist diesen entsprechend entgegenzuwirken. Dabei darf aber gleichsam nicht vernachlässigt und muss abgewogen werden, welche Wechselwirkungen zwangsläufig durch entsprechende Maßnahmen einsetzen.

---

26 Vgl. Erdmann u.a., a.a.O., S. 133.

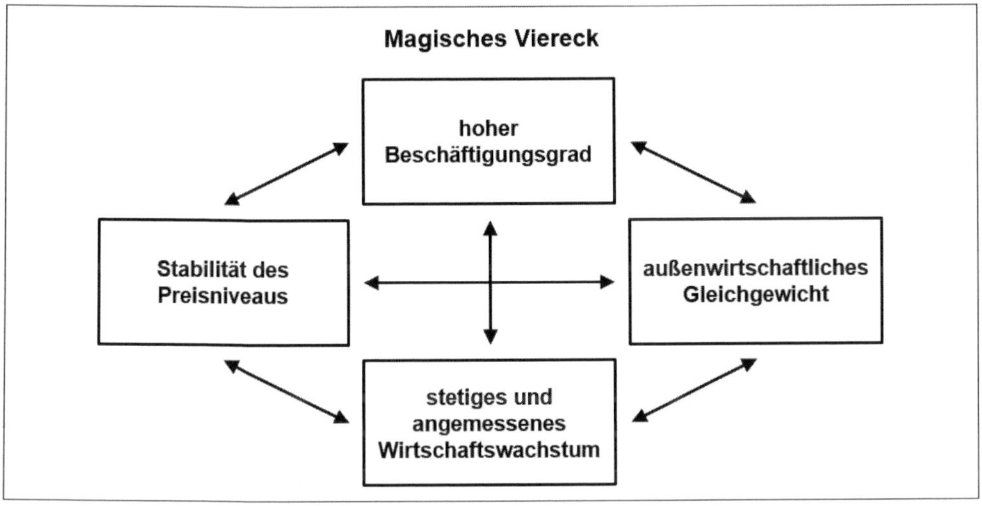

Abbildung 18: Magisches Viereck

Neben Bund und Ländern findet die Vorschrift des § 1 StWG auch für die Kommunen Anwendung (§ 16 Abs. 1 StWG). Aus der Formulierung „Dabei" in § 62 Abs. 1 Satz 2 BbgKVerf wird deutlich, dass die Sicherung der stetigen Aufgabenerfüllung immer Vorrang hat. Gleichzeitig soll die Verantwortung aller öffentlichen Akteure verankert und unterstrichen werden, gesamtwirtschaftliche Entwicklungen zu berücksichtigen und sich als einflussnehmende bzw. vor allem bestenfalls sichernde Akteure im Gefüge wahrzunehmen. Das kann grob bedeuten, dass in wirtschaftlich „schwächelnden" Zeiten insbesondere öffentliche Akteure als Auftraggeber gefragt sind oder auch Impulse zu setzen (ggf. auch Fördermittelprogramme von Bund und Ländern zur Motivation bzw. als Impulsgeber für Investitionsprogramme auf kommunaler Ebene – siehe u.a. Konjunkturpakete I und II).

3.1.3 Grundsatz der Sparsamkeit und Wirtschaftlichkeit

Rechtsgrundlage § 62 Abs. 2 BbgKVerf, i.V.m. §§ 15, 17 KomHKV

3.1.3.1 Wirtschaftlichkeit

Nach § 62 Abs. 2 BbgKVerf ist die Haushaltswirtschaft sparsam und wirtschaftlich zu führen. Dabei handelt es sich um eine „Muss-Vorschrift". Unter dem Gesichtspunkt der **Wirtschaftlichkeit** ist insbesondere das Aufwands- und Ertragsverhältnis verschiedener Maßnahmen zu beachten.

Die Wirtschaftlichkeit wird an nachstehenden Prinzipien (Abbildung 19) verdeutlicht:

Ökonomische Prinzipien	
Minimalprinzip	**Maximalprinzip**
mit geringstem Mitteleinsatz ein gegebenes Ziel erreichen	mit gegebenen Mitteln den größtmöglichen Erfolg erreichen

Abbildung 19: Ökonomische Prinzipien

Neben den Anschaffungs- und Herstellungskosten sind zwingend auch die Folgekosten zu berücksichtigen. Bevor Investitionen von erheblicher finanzieller Bedeutung beschlossen werden, soll nach § 15 Abs. 1 KomHKV unter mehreren in Betracht kommenden Möglichkeiten durch Wirtschaftlichkeitsvergleich, mindestens durch einen Vergleich der Anschaffungs- und Herstellungskosten sowie der sorgfältig geschätzten Folgekosten, die für die Gemeinde wirtschaftlichste Lösung ermittelt werden. Die Kontrolle der Wirtschaftlichkeit des Verwaltungshandelns erfolgt über die Kosten- und Leistungsrechnung nach § 17 KomHKV.

Das Ministerium des Innern hat für die Gemeinden und Gemeindeverbände des Landes Brandenburg einen Leitfaden für die Erstellung von Wirtschaftlichkeitsuntersuchungen herausgegeben.[27]

Mit diesem Leitfaden wird den Gemeinden und Gemeindeverbänden eine Orientierung an die Hand gegeben, bei welchen Maßnahmen eine Wirtschaftlichkeitsuntersuchung durchzuführen ist und welche Mindestanforderungen an eine solche gestellt werden. Hierdurch soll ein einheitliches und strukturiertes Herangehen bei der Durchführung und Prüfung von Wirtschaftlichkeitsuntersuchungen ermöglicht werden.

Eine Wirtschaftlichkeitsuntersuchung wird überwiegend einzelfallbezogen durchgeführt. Sie dient dazu, die Vorteilhaftigkeit einer Maßnahme festzustellen und bildet i.d.R. die Grundlage für die Entscheidungen über das „Ob“ und das „Wie“ einer Maßnahme.

Bei der Durchführung einer Wirtschaftlichkeitsuntersuchung ist immer auf deren Wirtschaftlichkeit selbst zu achten. Aufwand und Nutzen der Wirtschaftlichkeitsuntersuchung müssen analog § 17 Abs. 1 Satz 2 KomHKV in einem angemessenen Verhältnis zueinander stehen. Der Einsatz einer Wirtschaftlichkeitsuntersuchung kann zu unterschiedlichen Zeitpunkten oder Phasen notwendig sein. Grundsätzlich ist sie z. B. bei der Planung, Durchführung und zur abschließenden Erfolgskontrolle bei Investitionen nach § 15 KomHKV durchzuführen.

Kostenvergleichsrechnung (statische Wirtschaftlichkeitsuntersuchung)

Die Kostenvergleichsrechnung ist das sinnvollste und i.d.R. einfachste anwendbare Verfahren beim Vergleich von Alternativen oder von Ersatzmöglichkeiten und beschränkt sich auf den reinen Kostenvergleich. Ziel ist es, die Kosten der alternativen Lösungsmöglichkeiten miteinander zu messen und daraus die kostengünstigste Variante zu bestimmen. Dieses Verfahren wird vorrangig bei der Anschaffung von Wirtschaftsgütern, die in das Anlagenverzeichnis aufgenommen werden (z.B. Fahrzeuge, PC-Technik, Ausstattung etc.) angewandt.

Unterschiedliche qualitative Ergebnisse bzw. Leistungen oder Auslastungsgrade müssen durch Zusatzrechnungen (z.B. Kosten je Leistungseinheit) einbezogen werden. Die Berechnung bezieht sich beim statischen Verfahren auf nur eine Periode (i.d.R. ein Kalenderjahr). Eine Vergleichbarkeit dieser Kosten wird dadurch erreicht, dass die Kosten der gesamten Lebensdauer in laufende jährliche Kosten umgerechnet werden. Die Kapitalkosten sind ggf. in Form von Abschreibungen und (kalkulatorischen) Zinsen mit einzubeziehen.

[27] Leitfaden für die Erstellung von Wirtschaftlichkeitsuntersuchungen, Bearbeitungsstand: 15.05.2012.

Die Abschreibungen im Rahmen von Wirtschaftlichkeitsuntersuchungen werden auf der Grundlage der geplanten Anschaffungs- oder Herstellungskosten gem. § 39 KomHKV ermittelt. Die Erläuterungen zu Anschaffungs- und Herstellungskosten finden sich in § 38 KomHKV.

Kapitalwertmethoden (dynamische Wirtschaftlichkeitsuntersuchung)[28]
Bei der Kapitalwertmethode werden alle Einzahlungen und Auszahlungen, die im Zusammenhang mit einer Investition stehen, erfasst. Dazu gehören neben den investiven Auszahlungen bezüglich der Anschaffungs- bzw. Herstellungskosten auch die Auszahlungen, die sich aus den Folgekosten, wie Personal- und Sachkosten, ergeben. Gemeinkosten sind i.d.R. zahlungsunwirksam und werden häufig als Pauschalwerte angesetzt (z.B. Personalgemeinkosten).
Dem stehen laufende Einzahlungen sowie die einmaligen Einzahlungen, z.B. aus Veräußerungserlösen, gegenüber. Es sind neben den investiven Zahlungen somit auch alle zahlungswirksamen Erträge und Aufwendungen in Höhe der tatsächlichen Ein- und Auszahlungen zu erfassen.
Die Methode geht davon aus, dass die Einzahlungen und Auszahlungen im Zeitablauf nach ihrer Höhe und ihrem zeitlichen Anfall unterschiedlich sein können. Eine Einzahlung ist danach umso weniger wert, je weiter sie in der Zukunft liegt und eine Auszahlung umso belastender, je näher sie am Berechnungszeitpunkt liegt.
Bei der Kapitalwertmethode werden daher alle Einzahlungen und Auszahlungen auf den Zeitpunkt zu Beginn der Investition abgezinst und dadurch ihr Barwert ermittelt. Mit dem **Barwert** werden die Alternativen vergleichbar gemacht. Die Differenz der Einzahlungsbarwerte und der Auszahlungsbarwerte wird als der **Kapitalwert** einer Investition bezeichnet. Eine Investition ist dann als wirtschaftlich bzw. rentierlich zu bezeichnen, wenn der Kapitalwert gleich null oder positiv ist. Beim Vergleich von zwei Alternativen ist die Alternative vorteilhafter, die den höheren Kapitalwert hat. Können nur negative Kapitalwerte verglichen werden, ist die Alternative mit dem betragsmäßig niedrigeren negativen Kapitalwert wirtschaftlicher.
Der Abzinsungsfaktor zur Berechnung der Barwerte berechnet sich nach dem Kalkulationszinssatz, der der geforderten Mindestverzinsung der Investition entsprechen sollte. Der Kapitalwert der Investition wird gebildet, indem vom berechneten Barwert der Rückflüsse die Anschaffungsauszahlung abgezogen wird. Für die Berechnung der Bar- und Kapitalwerte stehen auch spezielle Softwareprogramme zur Verfügung bzw. sind modularer Bestandteil der in den Kommunen eingesetzten HKR-Programme.
Die Kapitalwertmethode ist bei Investitionsmaßnahmen vorrangig dann anzuwenden, wenn

- die Einzahlungen und Auszahlungen zu unterschiedlichen Zeitpunkten erfolgen.
- die Zahlungsströme bei den betrachteten Alternativen unterschiedlich hoch sind.
- mehrjährige Betrachtungen vorzunehmen sind.

---

28 Vgl. Nr. 6.3 des Leitfadens für die Erstellung von Wirtschaftlichkeitsuntersuchungen, a.a.O.

Kapitalwertmethode mit Nutzwertanalyse[29]

Die **Nutzwertanalyse** ist dann anzuwenden, wenn Lösungsmöglichkeiten im Hinblick auf nicht in Geld messbare („nichtmonetäre") Vor- und Nachteile untersucht und bewertet werden sollen (z.B. Standortentscheidung einer kommunalen Investition).
Wenn komplexere Entscheidungen anstehen oder die Maßnahme eine erhebliche Bedeutung hat, sollte die Kapitalwertmethode mit der Nutzwertanalyse zu einer umfassenderen Kosten-Nutzen-Analyse kombiniert werden. Eine alleinige Nutzwertanalyse ohne eine zusätzliche monetäre Bewertung ist häufig wenig aussagekräftig und somit nicht ausreichend.
Der Einsatz der Nutzwertanalyse bietet sich an, wenn bei den in Betracht kommenden Alternativen auch die nichtmonetären Gesichtspunkte zu berücksichtigen sind. Bei der Nutzwertanalyse werden alle Informationen ohne monetäre Bewertung quantifizierbar gemacht. Aus der Gewichtung der einzelnen Wertungskriterien und deren Bewertung ergibt sich dann der jeweilige Teilnutzwert. Die Summe der Teilnutzwerte ergibt den Gesamtnutzwert der Alternative. Von allen untersuchten Alternativen ist die mit dem höchsten Gesamtnutzwert auszuwählen.
Die Nutzwertanalyse sollte für alle relevanten Alternativen in folgenden Arbeitsschritten durchgeführt werden:

- Bestimmung der Wertungskriterien
- Ordnung und Gewichtung der Wertungskriterien
- Bestimmung des Bewertungsmaßstabes
- Bewertung der Alternativen hinsichtlich der Erfüllung der Kriterien
- Berechnung des Gesamtnutzwertes
- Feststellung der Geeignetheit

3.1.3.2 Sparsamkeit

Unter dem Gesichtspunkt der **Sparsamkeit** sollen für die Erfüllung der kommunalen Aufgaben möglichst geringe Haushaltsmittel verbraucht werden, ohne dabei den Grundsatz der Wirtschaftlichkeit zu gefährden. Unter dem Begriff der Sparsamkeit versteht man im Allgemeinen die Beschränkung der Auszahlungen/Aufwendungen auf das unbedingt notwendige Maß.[30] Dabei darf die Erfüllung der Aufgaben nach dem Grundsatz der stetigen Aufgabenerfüllung nicht in Frage gestellt werden. Die Messung der Sparsamkeit ist allerdings schwierig und wird kaum in Messwerten erfolgen. Vielmehr ist die Sparsamkeit an die Nützlichkeit des Mitteleinsatzes geknüpft.
Sparsamkeit und Wirtschaftlichkeit stehen entsprechend dem Wortlaut des § 62 Abs. 2 BbgKVerf gleichrangig nebeneinander. Dieser Haushaltsgrundsatz spiegelt sich u.a. auch in der Vergabepraxis nach § 28 KomHKV wider.

---

[29] Vgl. Nr. 6.4 des Leitfadens für die Erstellung von Wirtschaftlichkeitsuntersuchungen, a.a.O.
[30] Vgl. Walter, APF 1987, S. 146.

3.1.4 Grundsatz des Haushaltsausgleichs/Aufstellung eines Haushaltssicherungskonzeptes

Rechtsgrundlage § 62 Abs. 6 BbgKVerf i.V.m. § 23 KomHKV
Oberster Haushaltsgrundsatz ist nach § 62 Abs. 1 Satz 1 BbgKVerf die Sicherstellung der stetigen Erfüllung der gemeindlichen Aufgaben.
Die Brandenburgische Kommunalverfassung sowie die Aufsichtsbehörden stellen insbesondere darauf ab, dass die dauernde Leistungsfähigkeit der Gemeinde gesichert ist. Maßstab hierfür ist der Haushaltsausgleich. Diese Verpflichtung gilt unabhängig vom kommunalen Selbstverwaltungsrecht nach Art. 28 Abs. 2 GG.
Der Grundsatz des Haushaltsausgleichs nach § 62 Abs. 6 BbgKVerf ist eine **„Muss-Vorschrift"**, der Haushalt ist somit in jedem Jahr in Erträgen und Aufwendungen (Ergebnishaushalt/-rechnung) auszugleichen. Dies gilt sowohl für die Planungs- als auch Rechnungsphase sowie für die mittelfristige Ergebnis- und Finanzplanung nach § 74 BbgKVerf.

<table>
<tr><th colspan="7">Ergebnishaushalt und mittelfristige Ergebnisplanung
Haushaltsjahr 20..
- in EUR -</th></tr>
<tr><th>Ertrags- und Aufwandsarten</th><th>Ergebnis des Vorvorjahres</th><th>Ansatz des Vorjahres</th><th>Ansatz des Haushaltsjahres (Planjahr)</th><th>Planjahr + 1</th><th>Planjahr + 2</th><th>Planjahr + 3</th></tr>
<tr><td>1. Steuern und ähnliche Abgaben
↓
9. Bestandsveränderung</td><td></td><td></td><td></td><td></td><td>↑</td><td></td></tr>
<tr><td>10. Erträge aus laufender Verwaltungstätigkeit</td><td></td><td></td><td></td><td colspan="3" rowspan="2">Integration der mittelfristigen Ergebnis- und Finanzplanung § 74 BbgKVerf</td></tr>
<tr><td>11. Personalaufwendungen
↓
16. Sonstige ordentliche Aufwendungen</td><td></td><td></td><td></td></tr>
<tr><td>17. Aufwendungen aus laufender Verwaltungstätigkeit</td><td></td><td></td><td></td><td></td><td></td><td></td></tr>
<tr><td>18. Ergebnis der laufenden Verwaltungstätigkeit (10-17)</td><td></td><td></td><td></td><td></td><td></td><td></td></tr>
<tr><td>19. Zinsen und sonstige Finanzerträge
20. Zinsen und sonstige Finanzaufwendungen</td><td></td><td></td><td></td><td></td><td></td><td></td></tr>
<tr><td>21. Finanzergebnis</td><td></td><td></td><td></td><td></td><td></td><td></td></tr>
<tr><td>22. Ordentliches Ergebnis (Zeilen 18 + 21)</td><td></td><td></td><td></td><td></td><td></td><td></td></tr>
<tr><td>23. außerordentliche Erträge
24. außerordentliche Aufwendungen</td><td></td><td></td><td></td><td></td><td></td><td></td></tr>
<tr><td>25. außerordentliches Jahresergebnis (23-24)</td><td></td><td></td><td></td><td></td><td></td><td></td></tr>
<tr><td>26. Gesamtergebnis (22+25)</td><td></td><td></td><td></td><td></td><td></td><td></td></tr>
</table>

Abbildung 20: Mittelfristige Ergebnis- und Finanzplanung

Kann der Haushaltsausgleich entgegen den Grundsätzen des § 62 Abs. 6 BbgKVerf trotz Ausnutzung aller Einsparmöglichkeiten nicht erreicht werden, ist ein **Haushaltssicherungskonzept** nach § 68 BbgKVerf aufzustellen. Der verbleibende Fehlbetrag ist im Jahresabschluss als Fehlbetrag aus ordentlichem/außerordentlichem Ergebnis vorzutragen. Dieses dient dem Ziel, die künftige dauernde Leistungsfähigkeit der Kommune zu erreichen.
Der Verordnungsgeber sieht in § 23 KomHKV ein abgestuftes Verfahren zur Herstellung des Haushaltsausgleiches vor.[31] Der Ausgleich kann somit mehrstufig erreicht werden. Insofern ist der Ausgleich auch erreicht, wenn zwar der Ergebnishaushalt des Planjahres ein Defizit ausweist, dieses aber durch Rücklagen, die durch positive Ergebnisse in Vorjahren unter dem Eigenkapital zu bilden waren, aufgefangen werden kann.

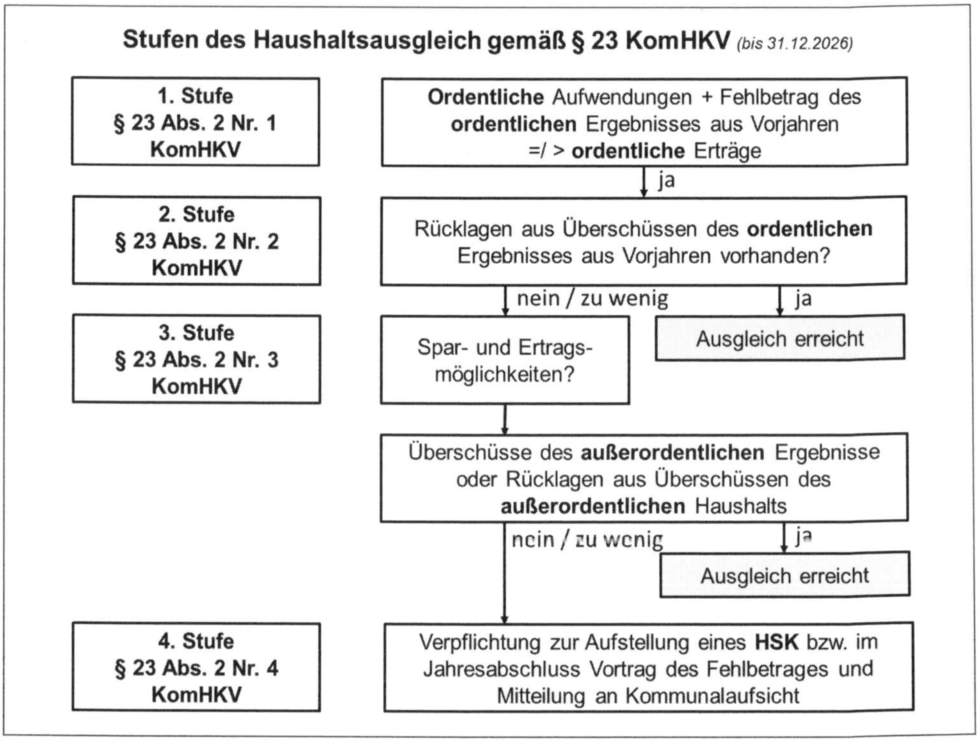

Abbildung 21: Stufen des Haushaltsausgleichs

Können Fehlbeträge trotz Ausnutzung aller Spar- und Ertragserzielungsmöglichkeiten nicht vermieden werden, ist ein Fehlbetrag vorzutragen. Ist das Eigenkapital durch Fehlbeträge vollständig aufgebraucht, so ist der das Eigenkapital übersteigende Betrag am Schluss der Bilanz unter dem Gliederungspunkt 4 *„nicht durch Eigenkapital gedeckter Fehlbetrag"* auf der Aktivseite der Bilanz auszuweisen (vgl. § 46 Abs. 5 KomHKV). Ein angemessener Abbau dieser bilanziellen Überschuldung durch erwirtschaftete Überschüsse ist derzeit durch den Verordnungsgeber nicht vorgesehen.

[31] Vgl. Erdmann u.a., a.a.O., S. 141.

3.1.5 Grundsätze der Beschaffung von Erträgen und Einzahlungen

Rechtsgrundlage § 63 Abs. 2 BbgKVerf

Für einen Minister ist es sehr verführerisch, ein derartiges Mittel (das Schuldenmachen) zu benutzen, das ihn in den Stand setzt, während seiner Verwaltung den großen Mann zu spielen, ohne das Volk mit Steuern zu überladen oder eine sofortige Unzufriedenheit gegen sich zu erregen.
Die Praxis des Schuldenmachens wird daher fast unfehlbar von jeder Regierung missbraucht werden.

David Hume, schottischer Philosoph, Ökonom und Historiker (1711–1776)

Nach den Grundsätzen der Einnahmebeschaffung erhebt die Gemeinde Abgaben (Steuern, Gebühren, Beiträge) nach den gesetzlichen Vorschriften (vgl. § 63 Abs. 1 BbgKVerf i.V.m. §§ 3, 4, 8–11 KAG).
Gesetzliche Vorschriften sind z.B. die Steuergesetze (Grundsteuergesetz, Gewerbesteuergesetz), das Kommunalabgabengesetz (KAG) oder sonstige Rechtsnormen, wie Gebühren- und Beitragssatzungen der Kommunen.
Des Weiteren hat die Kommune die zur Erfüllung ihrer Aufgaben erforderlichen Finanzmittel zu beschaffen. Dies stellt das sog. Bedarfsdeckungsprinzip dar, wonach die Erträge/Einzahlungen den Aufwendungen/Auszahlungen folgen.
Dabei hat die Kommune die nachfolgende **Rangfolge** (Subsidiaritätsprinzip – Nachrangigkeit) zu beachten:

Die Gemeinde finanziert sich
1. vorrangig aus sonstigen Finanzmitteln
   alle Finanzmittel außer Entgelte, Steuern und Kredite, wie z.B. Mieten, Pachten, Verkaufserlöse, Zinsen, Zuweisungen und Zuschüsse
2. soweit vertretbar und geboten aus Entgelten für ihre Leistungen, wie z.B. *Gebühren, Beiträge, Eintrittsgelder*
3. Im Übrigen aus Steuern, z.B. *Grundsteuer A und B, Gewerbesteuer, Hundesteuer, Vergnügungssteuer*

Durch die Rangfolge soll unterstrichen werden, dass die Refinanzierung vorrangig durch diejenigen erfolgen soll, die eine Leistung in Anspruch nehmen bzw. den Bedarf unmittelbar wecken. Erst nachrangig darf der Aspekt der Inanspruchnahme in den Hintergrund rücken und soll die Allgemeinheit durch Steuern belastet werden. Die Steuern dienen insgesamt als Restfinanzierung der Bedarfe und Leistungen, die bspw. aus sozialverträglichen Gründen nicht oder nicht vollends durch Nr. 1 und Nr. 2 gedeckt werden können. Insofern steht Steuern charakteristisch zwar keine unmittelbare Leistung, aber die Gesamtheit aller durch die Kommune erfüllten Aufgaben und Leistungen gegenüber.

3.1.6 Grundsatz der Öffentlichkeit

Rechtsgrundlage § 69 Abs. 5 BbgKVerf
Der Grundsatz der Öffentlichkeit regelt die Beteiligung der Bürger und Einwohner einer Kommune an deren Finanzwirtschaft. Nach § 36, 39 BbgKVerf ist eine Beschlussfassung und entsprechend auch die Beratungen der Gemeindevertretung über die Haushaltssatzung öffentlich. Dies gilt auch für die Sitzung der Fachausschüsse nach § 44 BbgKVerf, es sei denn, das öffentliche Wohl oder das berechtigte Interesse Einzelner wird beeinträchtigt. Nach § 69 Abs. 5 BbgKVerf ist die Haushaltssatzung zu veröffentlichen bzw. die Einsichtnahme zu gewährleisten. Enthält die Satzung genehmigungspflichtige Teile, so ist diese erst nach Erteilung zu veröffentlichen. Dass dieser Veröffentlichung besonderes Gewicht beizumessen ist, wird unterstrichen, da die Satzung vor Bekanntmachung bzw. Veröffentlichung nicht wirksam werden kann.

3.2 Ausgewählte Planungsgrundsätze

Nachfolgend werden ausgewählte Planungsgrundsätze erläutert. Die Erläuterungen beschränken sich dabei auf das Wesentliche.

3.2.1 Grundsatz der Vollständigkeit und der Haushaltseinheit

Rechtsgrundlage § 66 Abs. 1 BbgKVerf i.V.m. § 13 Abs. 1 KomHKV
Der Grundsatz der **Vollständigkeit** nach § 66 Abs. 1 BbgKVerf i.V.m. § 13 Abs. 1 KomHKV besagt, dass der Haushaltsplan **alle** anfallenden Erträge, Aufwendungen, Einzahlungen, Auszahlungen und Verpflichtungsermächtigungen enthält. Diese Regelungen knüpfen an die Aufgabenerfüllung der Gemeinde an, denn im Haushaltsplan sollen alle finanzwirtschaftlichen Auswirkungen abgebildet und zusammenhängend dargestellt werden.[32] Eine Ausnahme von diesem Grundsatz stellen nach § 18 KomHKV fremde Finanzmittel dar. Diese werden nicht im Haushaltsplan der Kommune nachgewiesen. Insbesondere Aufwendungen und Auszahlungen, die nicht enthalten sind, entbehrt es somit grundsätzlich an erforderlicher Ermächtigungsgrundlage.
Der Grundsatz der **Haushaltseinheit** besagt, dass die Kommune alle Erträge, Aufwendungen, Einzahlungen und Auszahlungen in nur **einem Haushaltsplan** nachweist. Schattenhaushalte oder gar schwarze Kassen sind damit strengstens verboten. Auch das Splitten von Bestandteilen im Haushaltsverfahren oder etwa das regionale Unterteilen ist unzulässig. Es soll dem Gremium ein umfassendes Bild zu den Auswirkungen ihrer Entscheidungen in Bezug auf die stetige Aufgabenerfüllung ermöglicht, aber zum Teil auch abgerungen werden.

32 Vgl. Erdmann u.a., a.a.O., S. 149.

Ausgenommen hiervon sind das Beteiligungsvermögen[33] nach § 92 BbgKVerf sowie Treuhandstiftungen[34] nach § 90 BbgKVerf. Diese stellen eigene Wirtschaftspläne auf.

3.2.2 Grundsatz der Bruttoveranschlagung

Rechtsgrundlage § 13 Abs. 1 KomHKV

Der Grundsatz der Bruttoveranschlagung nach § 13 Abs. 1 KomHKV (strenges Saldierungs-/Verrechnungsverbot) erfordert eine getrennte Veranschlagung von Erträgen und Aufwendungen im Ergebnisplan und von Einzahlungen und Auszahlungen im Finanzplan. Eine Verrechnung ist unzulässig. Es soll verhindert werden, dass Sachverhalte unvollständig abgebildet werden oder gar völlig aus dem Haushalt „gekürzt" werden könnten (z.B. 100%-Förderung zu einer Anschaffung XY). Dies dient dem Ziel, den Haushaltsplan klar und übersichtlich zu gestalten.

Der Grundsatz der Bruttoveranschlagung gilt auch für die Vermögensrechnung. Gemäß § 35 Abs. 1, 2 KomHKV sind die Positionen der Aktiv- und Passivseite der Bilanz vollständig und unverrechnet abzubilden.

Ausnahmeregelungen zur Bruttoveranschlagung ergeben sich abschließend aus § 26 Abs. 4 und 5 KomHKV. Danach werden gem. § 26 Abs. 4 Rückzahlungen zu viel eingegangener Beträge bei den Erträgen und Einzahlungen abgesetzt, wenn die Rückzahlung im gleichen Haushaltsjahr erfolgt. Abgaben[35], abgabeähnliche Erträge und allgemeine Zuweisungen, die durch die Kommune zurückzuzahlen sind, sind nicht als Aufwand zu behandeln, sondern müssen von den Erträgen abgesetzt werden. Dies gilt auch, wenn sie sich auf Erträge der Vorjahre beziehen.

Diese Regelung kommt bspw. regelmäßig in Bezug auf Gewerbesteuern zur Anwendung. Hier erfolgen Festsetzungen oder Korrekturen häufig in späteren Jahren, wenn die tatsächlichen Ergebnisse der Gewerbetreibenden durch die Finanzämter (sachgemäß) erst wesentlich nach Abschluss der Geschäftsjahre festgestellt werden oder sich in Betriebsprüfungen andere Umstände ergeben.

Eine weitere Besonderheit nach § 38 Abs. 2 KomHKV sind die im Rahmen der Anschaffung oder Herstellung von Vermögensgegenständen gewährten Rabatte, Preisnachlässe, Boni und Skontierungen. Dabei handelt es sich nicht um Erträge bzw. Einzahlungen, sondern um Kaufpreisminderungen, welche abzusetzen sind. Damit mindern diese auch die Investitionsauszahlungen.[36]

---

33 Hierzu zählen die kommunalen Unternehmen, wie z.B. Eigenbetriebe und Eigengesellschaften.

34 Treuhandstiftungen sind nicht rechtsfähige Stiftungen.

35 Vgl. § 1 KAG Bbg, Steuern, Gebühren und Beiträge.

36 Vgl. BewertL Bbg, a.a.O., Nr. 2.4.1.

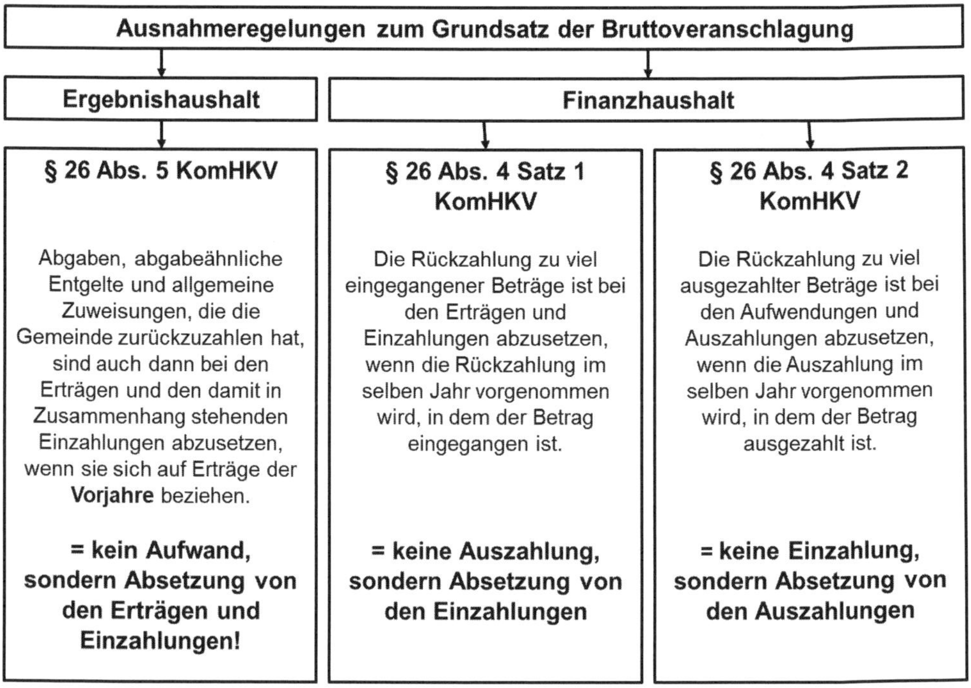

Abbildung 22: Ausnahmen zur Bruttoveranschlagung

Ein Rabatt wird vor Abschluss eines Vertrages zwischen dem Käufer und Verkäufer vereinbart. D.h., die Rechnung enthält bereits den um den Rabatt geminderten Betrag. Der Skonto stellt hingegen eine nachträgliche Kaufpreisminderung dar, welche den Kunden veranlassen soll, eine gute Zahlungsmoral durch Zahlung innerhalb einer bestimmten Frist zu beweisen (z.B. Rechnungsbetrag abzgl. 3 v.H. Skonto bei Zahlung innerhalb von sieben Tagen).
Die Inzahlungnahme von Vermögensgegenständen ist davon deutlich abzugrenzen und von der Formulierung aus § 38 Abs. 2 KomHKV nicht erfasst. Diese sind nicht als Rabatt zu behandeln, sondern stellen als Veräußerung ein eigenständiges Rechtsgeschäft dar und müssen entsprechend des Grundsatzes der Bruttoveranschlagung auch in der Buchhaltung eigenständig abgebildet werden.

3.2.3 Grundsatz der Jährlichkeit[37]

Rechtsgrundlage § 65 Abs. 1 BbgKVerf
Entsprechend § 65 Abs. 1 BbgKVerf haben die Kommunen für jedes Haushaltsjahr eine Haushaltssatzung zu erlassen. Im Gegensatz zu anderen gemeindlichen Satzungen ist

[37] Vielfach erfolgt auch eine gemeinsame Darstellung als Grundsatz der Jährlichkeit und zeitlichen Bindung.

damit eine jährliche Beschlussfassung der Vertretung über die Haushaltssatzung nach § 69 Abs. 4 i.V.m. § 28 Abs. 1 Nr. 15 BbgKVerf erforderlich.

3.2.4 Grundsatz der zeitlichen Bindung

Rechtsgrundlage § 65 Abs. 3 BbgKVerf
Nach § 65 Abs. 3 BbgKVerf tritt die Haushaltssatzung mit Beginn des Haushaltsjahres in Kraft und gilt für das Haushaltsjahr. Das Haushaltsjahr ist dabei zwingend das Kalenderjahr. Die Haushaltssatzung gilt folglich nur vom 01.01. bis 31.12. Durch diese zeitliche Bindung der Haushaltssatzung auf ein Kalenderjahr gelten die im Haushaltsplan enthaltenen Haushaltsermächtigungen auch nur für ein Jahr.
In den Kommunen entsteht daher vielfach das sog. „Dezemberfieber". D.h., in der Praxis besteht das Ziel, die Haushaltsansätze vollständig bis zum Kassen- bzw. Anordnungsschluss (je nach örtlicher Regelung z.B. Dienstanweisung zum Jahresabschluss) auszuschöpfen. Um dabei unwirtschaftliches Handeln zu vermeiden, hat der Gesetzgeber unter anderem als Ausnahme zum Grundsatz der zeitlichen Bindung die Möglichkeiten zur Übertragung von Haushaltsermächtigungen nach § 21 KomHKV geschaffen (siehe dazu auch Kapitel 8.1.4 – Mittelübertragungen, S. 163 ff.).
Macht die Kommune von der Möglichkeit des sogenannten Doppelhaushaltes Gebrauch, greift § 65 Abs. 4 BbgKVerf. Die Ansätze sind auch in diesem Fall getrennt nach Haushaltsjahren auszuweisen und entsprechend an das jeweilig ausgewiesene Jahr gebunden.

3.2.5 Grundsatz der Vorherigkeit

Rechtsgrundlage §§ 65 Abs. 1 und 3, 69 Abs. 4 BbgKVerf
Aus dem Grundsatz der Jährlichkeit und zeitlichen Bindung resultiert, dass die Aufstellungsphase der Haushaltssatzung noch im alten Haushaltsjahr, also vor Beginn des neuen Haushaltsjahres, abgeschlossen sein muss. Somit soll die Haushaltssatzung spätestens einen Monat vor Beginn des neuen Haushaltsjahres der Kommunalaufsichtsbehörde vorgelegt werden (vgl. § 69 Abs. 4 Satz 2 BbgKVerf). Die neue Haushaltssatzung kann damit bereits im laufenden Haushaltsjahr für das neue Haushaltsjahr öffentlich bekannt gemacht werden und rechtzeitig am 01.01. in Kraft treten. Gelingt dies nicht, befindet sich die Kommune in der vorläufigen Haushaltsführung nach § 71 BbgKVerf (siehe dazu Kapitel 7.3 – Vorläufige Haushaltsführung, S. 143 ff.).

3.2.6 Grundsatz der periodengerechten Veranschlagung und Buchung

Rechtsgrundlage § 13 Abs. 2 KomHKV
Ausgangspunkt ist der Grundsatz der Jährlichkeit nach § 65 Abs. 1 u. 3 BbgKVerf, wonach die Rechnungsperiode (Haushaltsjahr) das Kalenderjahr, also der 01.01. bis 31.12., darstellt.

Der Veranschlagungsgrundsatz der periodengerechten Zuordnung von Finanzvorfällen ist geregelt in § 13 Abs. 2 Satz 1 KomHKV. Dabei kommen im Ergebnis- und Finanzplan unterschiedliche Veranschlagungsregeln zum Einsatz.[38]

Der Ergebnisplan weist durch Erträge und Aufwendungen ein Ressourcenaufkommen bzw. einen Ressourcenverbrauch nach. Entsprechend dem Grundsatz sind Erträge und Aufwendungen in dem Haushaltsjahr zu veranschlagen, in dem sie verursacht wurden und wirtschaftlich zuzurechnen sind **(sog. Verursachungsprinzip im Ergebnishaushalt)**, unabhängig vom Zeitpunkt der tatsächlichen Zahlung. Für die Veranschlagung ist ausschließlich der Leistungszeitpunkt bzw. Leistungszeitraum maßgeblich.

Im Finanzplan wird hingegen durch Einzahlungen und Auszahlungen der Geldmittelfluss in einer Kommune dargestellt. Die Einzahlungen und Auszahlungen sind daher in dem Haushaltsjahr zu veranschlagen, in welchem sie kassenwirksam werden **(sog. Kassenwirksamkeitsprinzip im Finanzplan, vgl. § 13 Abs. 2 Satz 2 KomHKV)**.

In welchem Jahr erfolgt die Zahlung? = Veranschlagung im Finanz-HH
*In welchem Jahr liegt der **Grund** der Zahlung? = Veranschlagung im **Ergebnis-HH***

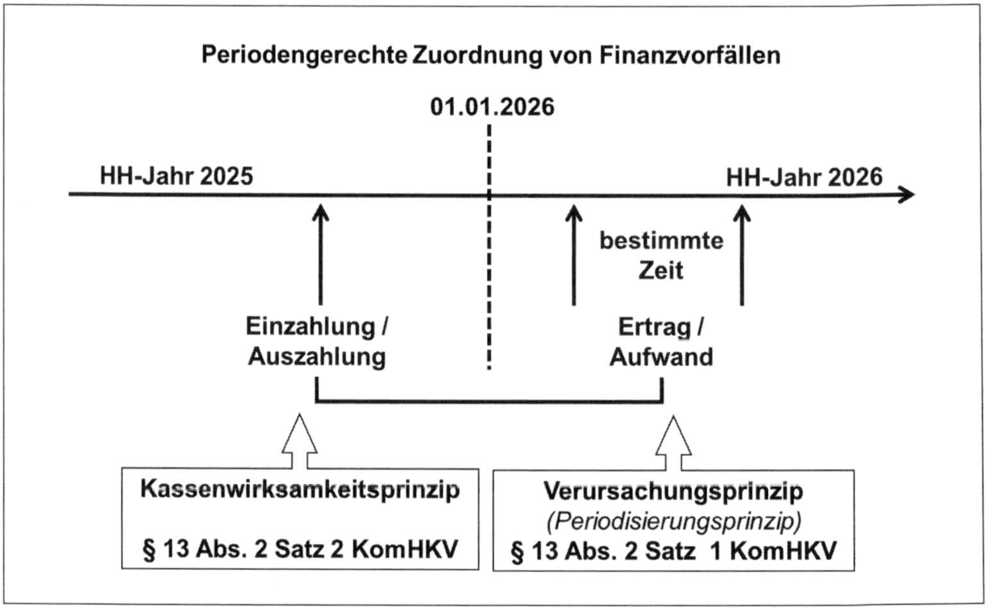

Abbildung 23: Periodengerechte Zuordnung von Finanzvorfällen

---

[38] Vgl. hierzu u.a. auch den Themenkomplex der Rechnungsabgrenzung in der Buchführung.

3.2.7 Grundsatz der Haushaltsklarheit und Haushaltswahrheit

Rechtsgrundlagen: §§ 6, 7, 9 und 13 KomHKV
Der Grundsatz der **Haushaltsklarheit** besagt, dass das Zahlenwerk verständlich und übersichtlich gestaltet werden muss, so dass die Gemeindevertreter und Dritte, z.B. Bürger, Unternehmen und Institutionen, sich in kurzer Zeit einen Überblick über die kommunale Finanzwirtschaft verschaffen können.[39] Dazu dienen v.a. die den Teilhaushalten beizufügenden Produktbeschreibungen. Weiterhin sind dem Haushaltsplan Erläuterungen zu einzelnen Haushaltspositionen, Anlagen und ein Vorbericht beizufügen (vgl. §§ 3, 9, KomHKV).
Der Grundsatz der **Haushaltswahrheit** nach § 13 Abs. 2 Satz 3 KomHKV besagt, dass die Erträge und Einzahlungen bzw. Aufwendungen und Auszahlungen zu errechnen sind. Sofern dies nicht möglich ist, sind die Ansätze sorgfältig zu schätzen. Scheinansätze oder willkürliche Ansätze z.B. zur Herbeiführung des Haushaltsausgleichs sind folglich verboten.

[39] Vgl. auch § 30 Abs. 1 KomHKV.

4 Investitionen und Kredite

4.1 Veranschlagung von Investitionen im Finanzhaushalt

In der Praxis kommt der Investitionstätigkeit der Kommune eine zentrale Bedeutung zu. Daneben sind die Auswirkungen der Investitionstätigkeit auf den Haushaltsplan sowohl im laufenden Jahr als auch in den Folgejahren erheblich.
Bei einer Investition handelt es sich um die Veränderung des Anlagevermögens. Entsprechend § 2 Nr. 4 KomHKV zählen zum Anlagevermögen die Vermögensgegenstände, die dazu bestimmt sind, der dauerhaften Aufgabenerfüllung der Kommune zu dienen. Bei einer Nutzung zur dauerhaften Aufgabenerfüllung wird unterstellt, dass die Vermögensgegenstände nicht zur Veräußerung bestimmt sind und sie dem Verwaltungsbetrieb über mehrere Jahre dienen sollen, mindestens länger als ein Jahr.[40] Des Weiteren müssen die Vermögensgegenstände nach § 35 Abs. 1 Satz 2 KomHKV im wirtschaftlichen Eigentum der Kommune stehen. Das wirtschaftliche Eigentum geht i.d.R. über das rechtliche Eigentum hinaus (vgl. BewertL Bbg Nr. 2.8). So fallen unter das wirtschaftliche Eigentum auch Vermögensgenstände, deren Eigentumsverhältnisse z.B. bei Grundstücken noch ungeklärt sind.[41] Immaterielle Vermögensgegenstände des Anlagevermögens, die nicht entgeltlich erworben wurden, dürfen nach § 35 Abs. 1 Satz 3 KomHKV jedoch nicht aktiviert werden.[42]
Wird nun ein entsprechender Zuwachs im Anlagevermögen generiert, entsteht prinzipiell noch kein Werteverlust, da i.d.R. wertgleich Geld gegen Anlagevermögen „getauscht" wird. Bei einem investiven Vorfall findet somit zunächst nur Geldfluss, aber zum Zeitpunkt der Beschaffung noch keine für den Ergebnishaushalt relevante Wertveränderung statt. Diese setzt erst bei Nutzung und entsprechender Abnutzung der Vermögensgegenstände ein. Dieser Werteverlust ist dann entsprechend abseits des Beschaffungsvorgangs über den Zeitraum der eigentlichen Nutzungsfähigkeit im Ergebnishaushalt abzubilden (sog. Abschreibungen) und auch entsprechend in den Zeitraum der Nutzbarkeit verlagert zu refinanzieren.
Der Bereich des Anlagevermögens stellt wortmäßig i.d.R. die größte Bilanzposition mit teilweise über einem 90-v.H.-Anteil am Gesamtvermögen einer Kommune dar. Somit kommt dem Anlagevermögen in der gemeindlichen Praxis eine besondere Bedeutung bei der Steuerung kommunaler Haushalte zu.

---

40 Grimberg/Bernhardt/Mutschler/Stockel-Veltmann, Neues Kommunales Haushaltsrecht LSA, Witten 2006, S. 275.

41 Vgl. BewertL, a.a.O., Nr. 2.8.

42 Z. B. selbst erstellte Software.

Das Anlagevermögen wird vom Umlaufvermögen abgegrenzt, welches im Umkehrschluss nach § 2 Nr. 43 KomHKV nicht zur dauerhaften Aufgabenerfüllung dienen soll und damit als sog. kurzfristiges Vermögen klassifiziert wird. Hier werden bspw. zur Veräußerung vorgesehene Grundstücke zugeordnet, da der Wille zur dauerhaften Nutzung in der Kommune nicht besteht.[43]
Die bilanzielle Mindestuntergliederung des Anlagevermögens richtet sich nach § 46 Abs. 3 Nr. 1 KomHKV. Danach erfolgt eine Untergliederung des Anlagevermögens in das immaterielle Vermögen, das Sachanlagevermögen sowie das Finanzanlagevermögen.
Zum **immateriellen** Vermögen zählen Vermögensgegenstände, welche nicht körperlich fassbar sind. Hierzu zählen bspw.

- Lizenzen,
- Softwareprogramme,
- Namensrechte u.a.

Das **Finanzanlagevermögen** umfasst insbesondere

- die **kommunalen Beteiligungen** (z.B. an der Stadtwerke GmbH, an Zweckverbänden)
- die **Rechte an Eigenbetrieben** (z.B. die Eigenbetriebe und Eigengesellschaften, Kommunale Wohnungsbaugesellschaften mit 100%-igem kommunalem Eigentum gem. §§ 92 Abs. 1 Nr. 1 i. V. m. 93 BbgKVerf)
- Anteile an **verbundenen Unternehmen** (z.B. Unternehmen in privater Rechtsform gem. § 92 Abs. 1 Nr. 3 BbgKVerf)
- Wertpapiere (z.B. Aktien, Schuldverschreibungen),
- und Ausleihungen im Sinne von § 2 Nr. 6 KomHKV[44]

Den wertmäßig bedeutendsten Bereich stellt jedoch das **Sachanlagevermögen** dar. Unter dieser Position werden materielle Vermögensgegenstände dargestellt. Die Mindestgliederung des Sachanlagevermögens ergibt sich aus § 46 Abs. 3 Nr. 1. 2. KomHKV. Hiernach ist folgende Gliederung vorgeschrieben (Abbildung 24):

		Kontengruppe
1.2.1.	Unbebaute Grundstücke und grundstücksgleiche Rechte	02
1.2.2.	Bebaute Grundstücke und grundstücksgleiche Rechte	03
1.2.3.	Grundstücke und Bauten des Infrastrukturvermögen und sonstiger Sonderflächen	04
1.2.4.	Bauten auf fremdem Grund und Boden	05
1.2.5.	Kunstgegenstände und Kulturdenkmäler	06
1.2.6.	Fahrzeuge, Maschinen und technische Anlagen	07
1.2.7.	Betriebs- und Geschäftsausstattung	08
1.2.8.	Geleistete Anzahlungen und Anlagen im Bau	09

Abbildung 24: Gliederung Vermögen

[43] Vgl. Konto 1510.
[44] Forderungen, die durch die Hingabe von Kapital erworben werden.

Die Zuordnungsvorschriften zum Kontenrahmen unterteilen diese Grobgliederung in verschiedene Konten und geben Erläuterungen zu deren Inhalt. Die Konten werden für das immaterielle Vermögen und das Sachanlagevermögen der Kontenklasse 0 zugeordnet, während das Finanzanlagevermögen der Kontenklasse 1 zugeordnet wird.

Beispiel Kontenklasse 0 *(Auszug):*

Kontenklasse	Kontengruppe	Kontenart	Konto	Bezeichnung
0				**Immaterielles Vermögen und Sachanlagevermögen**
	07			**Fahrzeuge, Maschinen und technische Anlagen**
		071		**Fahrzeuge**
			0711	**Fahrzeuge**
				Fahrzeuge dienen der Beförderung von Personen und Waren. Hierzu zählen die vom Fahrzeugbau hergestellten Erzeugnisse, wie etwa Anhänger und Sattelanhänger, Kraftwagen, Luft- und Raumfahrzeuge, Nutzfahrzeuge, Schiffe
		072		**Maschinen**
			0721	**Maschinen**
				Sonstige Ausrüstungen, hierzu zählen insbesondere: Maschinen für die Erzeugung und Nutzung von mechanischer Energie ohne Motoren für Ackerschlepper und für Luft- und Straßenfahrzeuge Sonstige Maschinen, Maschinen für die Land- und Forstwirtschaft, Werkzeugmaschinen und Teile dafür
		073		**Technische Anlagen**
			0731	**Technische Anlagen**
				Büromaschinen, EDV-Einrichtungen, Geräte der Elektrizitätserzeugung und -verteilung, Medizin-, Mess-, Steuerungs- und Regelungstechnik, Optik, Rundfunk-, Fernseh- und Nachrichtentechnik
		074		**Betriebsvorrichtungen**
			0741	**Betriebsvorrichtungen**
				Eigenständige Betriebsvorrichtungen, die sich nicht unmittelbar einem Gebäude zuordnen lassen. Zur Definition von Betriebsvorrichtungen vgl. Nr. 3.1.2.6 Bewertungsleitfaden Brandenburg
	08			**Betriebs- und Geschäftsausstattung,**
		082		**Betriebs- und Geschäftsausstattung**
			0821	**Betriebs- und Geschäftsausstattung**
				Einrichtungsgegenstände von Büros und Werkstätten. Auch Werkzeuge der kommunalen Grünpflege, Spielsachen in Kindertagesstätten, Geschirr in Altentagesstätten usw.
			0822	**Geringwertige Wirtschaftsgüter**
		083		**Nutzpflanzungen und Nutztiere**
			0831	**Nutzpflanzungen und Nutztiere**
				Zucht- und Milchvieh, Zugtiere usw., Obst- und Rebanlagen sowie sonstige Baumbestände und Sträucher, die wiederholt Erzeugnisse liefern sowie von institutionellen Einheiten kontrolliert, verwaltet und bewirtschaftet werden. Heranwachsende Nutztiere und Nutzpflanzungen werden nur einbezogen, wenn sie für die eigene Nutzung bestimmt sind.

Abbildung 25: Auszug finanzstatistische Zuordnungsvorschriften (KKl 0)

Dabei ist zu berücksichtigen, dass die jeweiligen Bilanzkonten erst im Rahmen der Bewirtschaftung eines dann gültigen Haushaltsplans zum Tragen kommen. Da die Bilanz nicht Bestandteil des Haushaltsplans ist, ist im Rahmen der Planung der Teil des Geschäftsvorfalls zu berücksichtigen, der im Finanz- und/oder Ergebnishaushalt Einzug hält. Die Entscheidung, ob ein Geschäftsvorfall bei Umsetzung zu einem Zuwachs im Anlagevermögen führt, ist diesbezüglich maßgeblich, um einen investiven Vorfall zu erkennen. Ist dies der Fall, so ist im Haushaltsplan ein investiver Ansatz im Finanzhaushalt und damit zwingend die Darstellung über die Kontengruppe 68 o. 78 erforderlich. Nur wenn dort ein entsprechender Ansatz veranschlagt wurde, besteht die Ermächtigungsgrundlage den Geschäftsvorfall auszulösen. Nach Abwicklung erfolgt dann in der Phase der Bewirtschaftung die Verbuchung auf den Finanz- sowie zuvor gelisteten Bilanzkonten, um den Zahlfluss sowie gleichzeitigen Vermögenszuwachs auszuweisen. Diese ist jedoch nur zulässig, wenn im Rahmen der Haushaltsplanung Sorge für den erforderlichen Haushaltsansatz auf dem einschlägigen Finanzkonto getragen wurde.

Beispiel Kontengruppe 78 *(Auszug):*

Kontenklasse	Kontengruppe	Kontenart	Konto	Bezeichnung
7				**Auszahlungen**
	78			**Auszahlungen aus Investitionstätigkeit**
		781		**Zuweisungen und Zuschüsse für Investitionen**
		782		**Auszahlungen für den Erwerb von Grundstücken, grundstücksgleichen Rechten und Gebäuden**
		783		**Auszahlungen für den Erwerb von beweglichen Vermögensgegenständen und immateriellen**
			7831	Auszahlungen für den Erwerb von beweglichen Vermögensgegenständen
			7832	Auszahlungen für den Erwerb von geringwertigen beweglichen Vermögensgegenständen
			7833	Auszahlungen für die Ablösung von Dauerlasten
			7834	Auszahlungen für den Erwerb von immateriellen Vermögensgegenständen des Anlagevermögens
		784		**Auszahlungen für den Erwerb von Finanzanlagen**
		785		**Baumaßnahmen**
		786		**Deckungsreserve zur Deckung über- und außerplanmäßiger investiver Auszahlungen**
		787		**Mittelzuführung an Treuhandvermöge**

Abbildung 26: Auszug finanzstatistische Zuordnungsvorschriften (KGr 78)

Bis zur Ebene des Kontos[45] ist diese Gliederung verbindlich. In der Praxis hat sich eine weitere Untergliederung durchgesetzt (vgl. VV Produkt- und Kontenrahmen Nr. 1.2.) um u.a. interkommunale Vergleiche für bestimmte Vermögensbereiche zu ermöglichen bzw. zu vereinfachen. So verwenden viele Kommunen im Land Brandenburg eine sechsstellige Untergliederung der Konten durch die Aufnahme von Unterkonten.
Nach § 38 Abs. 1 KomHKV sind Vermögensgegenstände höchstens mit den Anschaffungs- oder Herstellungskosten vermindert um die Abschreibungen zu bewerten. Vereinfacht dargestellt handelt es sich bei Anschaffungskosten um den Erwerb eines Anlagegutes, während die Herstellung eines Vermögensgegenstandes Herstellungskosten verursacht.

[45] Vgl. VV Produkt- und Kontenrahmen, a.a.O.

4.1.1 Anschaffungskosten

Die Ermittlung der Wertansätze der Anschaffungskosten ist in § 37 Abs. 2 geregelt. Danach sind Anschaffungskosten die Aufwendungen,[46] die geleistet werden, um einen Vermögensgegenstand zu erwerben und ihn in einen betriebsbereiten Zustand zu versetzen, soweit sie dem Vermögensgegenstand einzeln zugeordnet werden können. Daneben zählen auch die Nebenkosten sowie die nachträglichen Anschaffungskosten zu den Anschaffungskosten des Vermögensgegenstandes. Minderungen des Anschaffungspreises sind abzusetzen. Der Bewertungsleitfaden des Landes Brandenburg unter Punkt 2.4.1 ff. führt dazu näher aus:[47]

Anschaffungskosten
in der Regel handelt es sich hierbei um den Kaufpreis

Anschaffungsnebenkosten
hierzu zählen beispielsweise Notarkosten beim Grunderwerb, Kosten zur Änderung des Grundbuches, die Grunderwerbsteuer, Überführungs- und Zulassungskosten beim Erwerb von Fahrzeugen, Transportversicherungen, Frachtkosten, Montagekosten

Anschaffungspreisminderungen
Skonto, Boni und Rabatte, Kaufpreisminderungen aufgrund von Mängelrügen

nachträgliche Anschaffungskosten
entstehen erst nach Inbetriebnahme des Vermögensgegenstandes und müssen mit diesem in einem ursächlichen Zusammenhang stehen, hierzu zählen z.B. Wertverbesserungen aufgrund von Zusatzmodulen und Erweiterungen, Steigerung der Benutzbarkeit, spätere Erschließungskosten
Nachträgliche Anschaffungskosten erhöhen den Buchwert des bestehenden Anlagegutes und verändern damit die Abschreibungssumme. Fallen die nachträglichen Anschaffungskosten erst in einem dem Anschaffungsjahr folgenden Haushaltsjahr an, so sind diese so zu behandeln, als wären sie zum 01.01. dieses späteren Haushaltsjahres entstanden (Abschreibung eines kompletten Jahres).[48]
Grundsätzlich verlängern nachträgliche Anschaffungskosten i.d.R. nicht die Nutzungsdauer eines Vermögensgegenstandes, sondern werden über die ursprüngliche Nutzungsdauer abgeschrieben. Ausnahmen bilden nachträgliche Anschaffungskosten, die zu wesentlichen Wertverbesserungen führen. Hier kann von einer Ausdehnung der Nutzungsdauer über die ursprünglich angesetzte Nutzungsdauer hinaus ausgegangen werden. Dies gilt analog für erhaltene investive Zuweisungen und Zuschüsse, welche nach § 35 Abs. 3 KomHKV ertragswirksam aufzulösen sind.

---

[46] Der Verordnungsgeber nutzt hier als Begrifflichkeit „Aufwendungen". Tatsächlich handelt es sich bei dem Erwerb oder auch bei der Herstellung eines Vermögensgegenstandes zunächst nur um „Auszahlungen". Aufwendungen entstehen erst mit der Nutzung des Vermögensgegenstandes und werden in Form von Abschreibungen abgebildet.

[47] BewertL Bbg, a.a.O., Nr. 2.4.1 ff.

[48] BewertL Bbg, a.a.O., Nr. 2.4.3.

4.1.2 Herstellungskosten

Nach § 38 Abs. 3 KomHKV sind Herstellungskosten die Aufwendungen, die durch den Verbrauch von Gütern und die Inanspruchnahme von Diensten für

- die Herstellung eines Vermögensgegenstandes,
- seine Erweiterung oder
- für eine über seinen ursprünglichen Zustand hinausgehende wesentliche Verbesserung entstehen.

Eine besondere Schwierigkeit in der Praxis stellt hierbei insbesondere die Abgrenzung zwischen (nachträglichen) Herstellungskosten und Unterhaltungsaufwand dar. Der Bewertungsleitfaden des Landes Brandenburg gibt hierzu eine Orientierung und Kalkulationsvorgabe (vgl. BewertLBbg Nr.2.4.3.2.). Danach gelten drei wertverbessernde Maßnahmen als Investition, wenn sie in einem zeitlichen Zusammenhang stehen und zu einer wesentlichen Wertverbesserung des Vermögensgegenstandes führen.[49]

4.1.3 Schenkung

Einen Sonderfall stellt die Schenkung eines Vermögensgegenstandes dar. Da die Kommune von diesem Vermögensgegenstand wirtschaftlicher Eigentümer wird, ist dieser entsprechend § 35 Abs. 1 KomHKV in die kommunale Vermögensrechnung (Bilanz) nach § 46 KomHKV aufzunehmen. Als Anschaffungskosten sind hier sog. Zeitwerte heranzuziehen. Daneben ist in gleicher Höhe ein entsprechender Sonderposten (Passivierung einer Zuwendung) in die Vermögensrechnung aufzunehmen und über die Nutzungsdauer des geschenkten Vermögensgegenstandes gem. § 35 Abs. 3 KomHKV ertragswirksam aufzulösen.[50] Dadurch werden die durch den geschenkten Vermögensgegenstand verursachten Abschreibungen durch entsprechende Erträge zu 100 v.H. neutralisiert und belasten nicht den Haushaltsausgleich nach § 62 Abs. 6 BbgKVerf.

4.1.4 Spenden[51]

Gemäß § 516 BGB liegt eine Schenkung vor, wenn ein Vermögensvorteil aus dem Vermögen des Schenkers auf das Vermögen des Beschenkten übertragen wird, ohne dass der Schenker dafür eine Gegenleistung erhält. Bei einer zweckgebundenen Spende handelt es sich nach § 525 BGB um eine Schenkung unter Auflage. Die Auflage besteht hier in der Zweckbindung der Spende.

---

49 Vgl. BewertL Bbg, a.a.O., Nr. 2.4.3.2.

50 Vgl. KomHKV – Kommentar – KomHR Bbg.

51 Vgl.: https://mik.brandenburg.de/mik/de/kommunales/haushaltsrecht/faq/.

Gemeinden können von Privatpersonen Spenden für eine Einrichtung der Kommune oder für einen konkreten (meist investiven) Zweck erhalten. Grundsätzlich können Gemeinden entscheiden, wie derartige Spenden verwendet werden sollen (konsumtiv oder investiv), sofern der Verwendungszweck nicht konkret vorgegeben ist. In diesem Fall muss zunächst davon ausgegangen werden, dass die Spende für laufende Zwecke verwendet wird, es sei denn, dass eine investive Maßnahme nachfolgend beschlossen wird.
Je nach Verwendungszweck ist die Spende auch im Haushaltsrecht unterschiedlich abzubilden. Wenn sie investiv verwendet wird bzw. werden muss, ist die Einzahlung als investiv einzustufen und anschließend über einen Sonderposten gemäß § 35 Abs. 3 KomHKV ertragswirksam aufzulösen (Einzahlung 68, Auflösung sukzessive via 45, parallel zur Abschreibung des bezuschussten Vermögensgegenstandes). Ist die Spende hingegen nicht einem investiven Zweck vorbehalten, ist sie unmittelbar in voller Höhe als Ertrag und konsumtive Einzahlung (41, 61) im Haushaltsjahr darzustellen.

4.1.5 Mittelanmeldungen für Investitionen

In der Praxis sind die Fachbereiche im Rahmen der Haushaltsplanung aufgefordert, entsprechende Mittelanmeldungen[52] mit dem Investitionsbedarf sowie den notwendigen Verpflichtungsermächtigungen zu erstellen.
Wie zuvor bereits erläutert ist der Ansatz rechtlich betrachtet mindestens auf dem einschlägigen Finanzkonto (nicht auf dem Bilanzkonto) erforderlich. Zum Teil wickeln Softwareanbieter dieses Erfordernis umgekehrt ab, indem zwar in der Software das Bilanzkonto angesprochen wird, dieses aber im Hintergrund mit dem entsprechenden Auszahlungskonto verknüpft ist.
Im Rahmen der Mittelanmeldung müssen die erforderlichen Auszahlungen getrennt nach Jahren entsprechend Kassenwirksamkeitsprinzip veranschlagt werden. Um Erfordernisse wie Verschiebungen oder gar notwendige Verpflichtungserklärungen zu erkennen, verlangen die Kämmereien den Fachämtern auch häufig Erläuterungen zu den Vorhaben ab. Über diese Erläuterungen der Vorhaben kann zum Teil auch das Vorliegen der Voraussetzungen insbesondere aus § 15 Abs. 2 KomHKV abgeprüft werden.
Demnach sollen Auszahlungen und Verpflichtungsermächtigungen für Baumaßnahmen erst veranschlagt werden, wenn Kostenberechnungen und Erläuterungen vorliegen, aus denen die Art der Ausführung, die gesamten Investitionskosten sowie die voraussichtlichen Jahresraten und ein Bauzeitplan im Einzelnen ersichtlich sind. Hierbei handelt es sich um eine Soll-Regelung. Soll-Regelungen kennzeichnen sich dadurch, dass sie im Regelfall als verbindlich anzusehen sind und nur in begründeten Einzelfällen abgewichen werden darf. Dazu stellt Satz 3 noch klar, dass die genannten Unterlagen jedoch auch in den Ausnahmefällen spätestens zum Beginn der Baumaßnahmen vorliegen müssen.

52 Das dargestellte Muster wird in ähnlicher Form durch Kommunen genutzt.

Haushaltsplanung Stadt Prenzwalde
Mittelanforderung für Investitionen des Haushaltsjahres ....

Bezeichnung der Maßnahme:

Produktkonto:

verfügungsberechtigter Fachbereich:

Von der Investition betroffenes Bestandskonto:

Deckungskreis:

	Jahr	*Mittelanmeldung*
Gesamtausgabebedarf der Maßnahme		
bisher insgesamt in Vorjahren bereitgestellt		
Ansatz Vorjahr		
Rechnungsergebnis		
Ansatz Planjahr		
Verpflichtungsermächtigung Planjahr*		
Ansatz 1. Folgejahr		
Verpflichtungsermächtigung 1. Folgejahr		
Ansatz 2. Folgejahr		
Verpflichtungsermächtigung 2. Folgejahr		
Ansatz 3. Folgejahr		
Verpflichtungsermächtigung 3. Folgejahr		

* Die Kassenwirksamkeit der VE ist unter Begründung anzugeben.

Begründung:

Prenzwalde, den

Planstufe: verfügungsberechtigter Fachbereich **Unterschrift Fachbereichsleiter**

Abbildung 27: Mittelanforderung für Investitionen

4.2 Verpflichtungsermächtigungen

Grundsätzlich wird das Veranschlagungsverfahren bei Investitionsmaßnahmen in zwei unterschiedliche Fallkonstellationen unterschieden:

Beträge, die im Haushaltsjahr kassenwirksam werden...	Verträge bzw. Bauaufträge/Vergaben, die in künftigen Haushaltsjahren kassenwirksam werden...
= Auszahlungsansatz	**= Verpflichtungsermächtigung**
Gesamtermächtigung	

Verpflichtungsermächtigungen sind nach § 75 Abs. 1 BbgKVerf i.V.m. § 14 KomHKV Ermächtigungen zum Eingehen von Verpflichtungen, die künftige Haushaltsjahre mit Auszahlungen für Investitionen und Investitionsförderungsmaßnahmen belasten.
Für eine Verpflichtungsermächtigung müssen folgende Voraussetzungen erfüllt sein:

- Investition bzw. Investitionsförderungsmaßnahme
- Eingehen einer Verpflichtung im Planjahr (z.B. durch einen Auftrag, Kaufvertrag oder Bauvertrag)
- (Investive) Auszahlung aus der Verpflichtung in späteren Haushaltsjahren als das Planjahr

Da Verpflichtungsermächtigungen nur für Investitionsmaßnahmen vorgesehen sind, ist eine Veranschlagung nur im Finanzhaushalt möglich.
Entsprechend § 75 Abs. 2 BbgKVerf dürfen die Verpflichtungsermächtigungen zu Lasten der dem Haushaltsjahr folgenden drei Jahre veranschlagt werden, erforderlichenfalls bis zum Abschluss einer Maßnahme. Die Verpflichtungsermächtigungen sind nach § 14 Abs. 1 KomHKV maßnahmebezogen im Teilfinanzhaushalt zu veranschlagen. Dabei ist anzugeben, wie sich die Belastungen auf die künftigen Haushaltsjahre verteilen. Die Gesamtsumme aller Verpflichtungsermächtigungen des jeweiligen Haushaltsjahres wird in § 4 der Haushaltssatzung festgesetzt (vgl. verbindliches Haushaltsmuster Nr. 5.1.).[53]
Darstellung der Veranschlagung einer Verpflichtungsermächtigung und der daraus resultierenden Auszahlungen:

[53] Vgl. VV Produkt- und Kontenrahmen Nr. 5.1., a.a.O., Nr. 5.1.

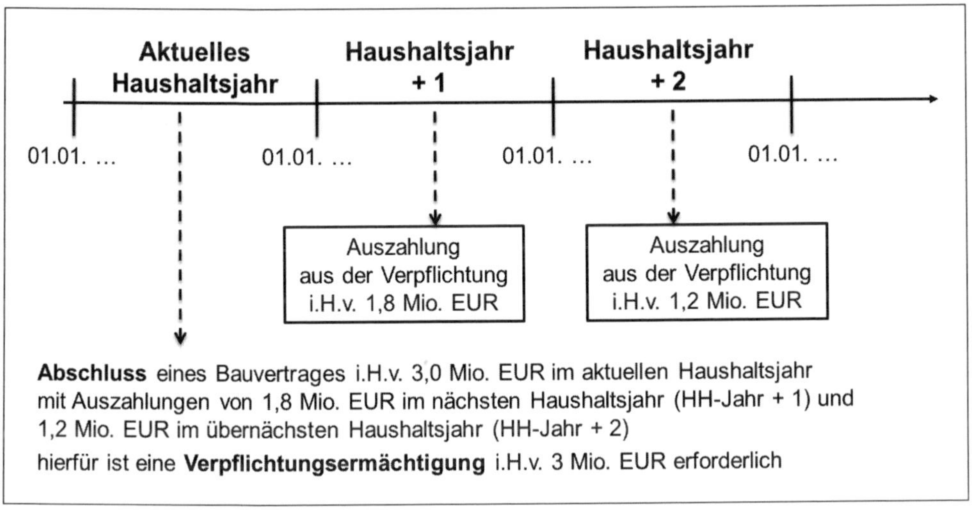

Abbildung 28: Verpflichtungsermächtigung

Entsprechend § 75 Abs. 2 BbgKVerf dürfen die Verpflichtungsermächtigungen zu Lasten der dem Haushaltsjahr folgenden drei Jahre veranschlagt werden, erforderlichenfalls bis zum Abschluss einer Maßnahme. Die Verpflichtungsermächtigungen sind nach § 14 KomHKV maßnahmenbezogen im Teilfinanzhaushalt zu veranschlagen. Dabei ist anzugeben, wie sich die Belastungen auf die künftigen Haushaltsjahre verteilen. Die Gesamtsumme aller Verpflichtungsermächtigungen des jeweiligen Haushaltsjahres wird in § 4 der Haushaltssatzung festgesetzt (vgl. verbindliches Haushaltsmuster Nr. 5.1.).[54] Da die Verpflichtungsermächtigung also Bestandteil des Haushaltsplans und der Satzung sein müssen, müssen sie bereits entsprechend vorab im Planverfahren berücksichtigt worden sein. Sie müssen also effektiv im Vorjahr zum Planjahr angemeldet bzw. eingeplant worden sein, um dann im Planjahr auch Aufträge auslosen zu können. Ändern sich die zeitlichen Abläufe bzw. müssen oder sollen bei derartigen Maßnahmen geändert werden, sollte eine Prüfung aus haushaltsrechtlicher Sicht erfolgen, ob sich Erfordernisse in Bezug auf den Haushalt ergeben.

Beispiele zur Veranschlagung von Verpflichtungsermächtigungen

Die Stadt Prenzwalde plant den Bau eines neuen Fußballstadions (3 Mio. Gesamtvolumen) mit Auszahlungen von jeweils 1 Mio. EUR in den Jahren 2026, 2027 und 2028. Es ist vorgesehen, einen Gesamtauftrag an einen Generalbauunternehmer im Jahr 2025 zu vergeben.

Teilfinanzhaushalt Investitionstätigkeit	Ansatz 2025	Ansatz 2026	VE 2026	Ansatz 2027	Ansatz 2028	Ansatz 2029
Auszahlungen für Baumaßnahmen in EUR *Konto 7851 - Hochbau*	0 Mio.	1 Mio.	2 Mio.*	1 Mio.	1 Mio.	0 Mio.

* *Die Verpflichtungsermächtigung im Jahr 2025 i.H.v. 2 Mio. EUR wird mit jeweils 1 Mio. EUR in den Jahren 2027 und 2028 kassenwirksam.*

54 Vgl. VV Produkt- und Kontenrahmen Nr. 5.1., a.a.O., Nr. 5.1.

Wird der Gesamtauftrag bereits im Jahr 2024 vergeben, damit mit der Maßnahme im Jahr 2025 ohne weitere Verzögerungen begonnen werden kann, muss die Verpflichtungsermächtigung sogar in voller Höhe bereits im Jahr 2024 abgebildet worden sein.

Teilfinanzhaushalt Investitionstätigkeit	Ansatz 2024	Ansatz 2025	VE 2025	Ansatz 2026	Ansatz 2026	Ansatz 2026
Auszahlungen für Baumaßnahmen in EUR *Konto 7851 - Hochbau*	0 Mio.	0 Mio.	3 Mio.*	1 Mio.	1 Mio.	1 Mio.

* *Die Verpflichtungsermächtigung im Jahr 2025 i.H.v. 3 Mio. EUR wird mit jeweils 1 Mio. EUR in den Jahren 2026, 2027 und 2028 kassenwirksam.*

In den folgenden Haushaltsjahren müssten dann nur noch die aus der Verpflichtungsermächtigung erforderlichen Auszahlungsansätze fortgeschrieben werden.

Teilfinanzhaushalt Investitionstätigkeit	Ansatz 2025	Ansatz 2026	VE 2026	Ansatz 2027	Ansatz 2028	Ansatz 2029
Auszahlungen für Baumaßnahmen in EUR *Konto 7851 - Hochbau*	0 Mio.	1 Mio.	2 Mio.*	1 Mio.	1 Mio.	0 Mio.

4.3 Abschreibung von Vermögensgegenständen

Die Kommunen benötigen zur kommunalen Aufgabenerfüllung eine Vielzahl von Anlagevermögen.

Dazu gehören laut § 2 Nr. 1 KomHKV die Teile des Vermögens, die der Gemeinde langfristig zur laufenden Aufgabenerfüllung dienen. Im § 46 Abs. 3 Nr. 1 KomHKV werden die einzelnen Positionen des Anlagevermögens in der kommunalen Vermögensrechnung dargestellt. Hierzu zählen insbesondere die bebauten und unbebauten Grundstücke, das Infrastrukturvermögen sowie die Betriebs- und Geschäftsausstattung. Die Vermögensgegenstände des Anlagevermögens können aufgrund von technischem, natürlichem, moralischem oder außerordentlichem Verschleiß nur für eine bestimmte Dauer genutzt werden. Diese Abnutzung der Vermögensgegenstände bzw. deren Anschaffungs- und Herstellungskosten (vgl. § 38 KomHKV) wird buchhalterisch durch die Abschreibung (in Geld ausgedrückter Werteverzehr durch Abnutzung als Aufwand) abgebildet und im Haushaltsplan der Gemeinde veranschlagt. Die Abschreibung mindert den Wert des Anlagevermögens in der kommunalen Vermögensrechnung in der Periode, in der der Werteverlust auch wirtschaftlich entstanden ist. Als Rechtsgrundlagen zur Ermittlung der Abschreibungen dient § 39 KomHKV. Man kann zusammenfassen: Investive Einzahlungen und Auszahlungen führen in Form von Abschreibungen (Aufwendungen) bzw. durch die ertragswirksame Auflösung der investiven Zuweisungen, Zuwendungen und Beiträge (Erträge) jeweils in den Jahren der Nutzung im Ergebnisplan zu Auswirkungen. So sollen die Geschäftsvor-

fälle während der Investition im Finanzhaushalt und erst nach der eigentlichen Investition anteilig im Ergebnishaushalt der periodengerechten Abbildung entsprechen.
Die Abschreibungen haben im kommunalen Haushaltswesen eine besondere Bedeutung. Sie sind als Aufwand/Kosten Bestandteil in der Kalkulation von Gebühren ebenso wie z.B. Kosten für Bürobedarf, Personal etc. Über den Grundsatz des Haushaltsausgleichs müssen damit auch die im Ergebnisplan veranschlagten Abschreibungen erwirtschaftet werden. So müssen in den Jahren, in denen die Nutzung und der Werteverzehr des Vermögensgegenstandes liegt, diesen Aufwendungen auch Erträge gegenübergestellt werden. Da es sich dabei dann um z.B. Steuern oder Gebühren handelt, steht hinter diesen aber auch eine Einzahlung, während die Abschreibung zu keiner Auszahlung führt. Ziel ist es dabei also parallel im Finanzhaushalt, diese über die Nutzungsdauer der einzelnen Vermögensgegenstände anzusparen, damit sie im Anschluss für Neuinvestitionen zur Verfügung stehen (siehe Abbildung 29). Dies ist der sog. Abschreibungskreislauf.[55]

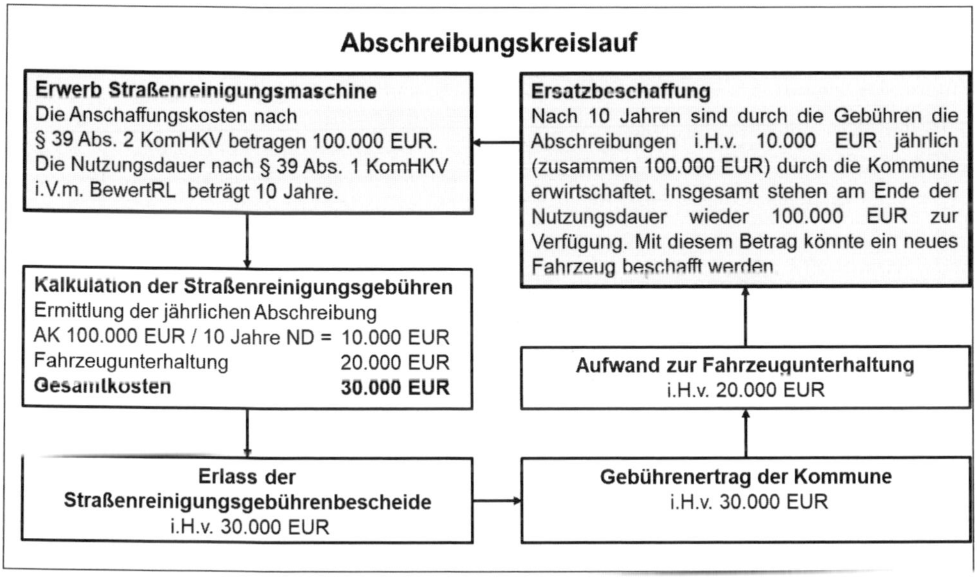

Abbildung 29: Abschreibungskreislauf

Die planmäßige Abschreibung erfolgt nach § 39 Abs. 1 Satz 2 KomHKV im Regelfall in gleichen Jahresraten, also linear. Daneben ist in absoluten Ausnahmefällen noch die degressive (fallende Beträge) und Leistungsabschreibung (nach Maßgabe der Leistungsabgabe) zugelassen. Durch die lineare Abschreibung belasten die investiven Auszahlungen im Finanzplan über die Nutzungsdauer des Vermögensgegenstandes den Ergebnisplan und damit den Haushaltsausgleich der Gemeinden (vgl. § 62 Abs. 6 BbgKVerf). D.h., jede Investition belastet auch den Haushaltsausgleich, nur zeitversetzt.

[55] Das dargestellte Modell berücksichtigt keine Preissteigerungen im Laufe der Nutzungsdauer (Inflation). Des Weiteren wird unterstellt, dass die festgesetzten Gebühren auch in voller Höhe kassenwirksam werden. Dies ist jedoch selten der Fall (schlechtes Zahlungsverhalten, Niederschlagung, Erlass).

Daraus folgt, dass die Kommunen für jeden Vermögensgegenstand eine wirtschaftliche betriebsgewöhnliche Nutzungsdauer definieren müssen (vgl. § 39 Abs. 1 Satz 4 KomHKV). Hierbei liegt die Einschätzung der Gemeinde im Fokus und die wirtschaftliche Nutzungsdauer von abnutzbaren Vermögensgegenständen ist von der Gemeinde unter Beachtung von Erfahrungswerten und/oder tatsächlichen Gegebenheiten (technische u. technologische Fortschritte) selbstständig zu ermitteln und festzusetzen. Der Bewertungsleitfaden des Landes Brandenburg mit der sogenannten AfA–Liste[56] (Anlage 10 BewertL Bbg) sowie die Schreiben des Bundesministeriums der Finanzen stehen den Gemeinden weiterhin als Orientierungshilfe zur Verfügung und können genutzt werden.

Anlage 10 BewertL (Abschreibungstabelle)

Stand: September 2009 Auszug

Bezeichnung	Nutzungs-dauer	Abschr.-Satz
Feuerlöschfahrzeug	8	12,5
Feuerlöschgeräte	8	12,5
Feuerlöschgeräte (Handdrucklöschpistole)	6	16,67
Feuerlöschgeräte (Handfeuerlöschgerät)	6	16,67
Feuermeldeanlagen	10	10
Feuerwehrgerätehäuser, massiv	80	1,25
Feuerwehrgerätehäuser, teilmassiv	40	2,5
Feuerwehrleitern (mechanisch)	15	6,67
Feuerwehrschränke	10	10
Feuerwehrschutzanzug (Gas-Säure-Kontaminations-Schutzanzug)	3	33,33
Filmentwicklungsmaschinen	10	10
Filteranlage	15	6,67
Flip-Chart	5	20
Flüssigkeitssauger	10	10
Flutlichtanlage	20	5
Frankiermaschinen	6	16,67
Friedhofsbagger	8	12,5
Friedhofskapellen	80	1,25

Seite 5 von 18

Abbildung 30: AfA-Tabelle (Auszug)

Zu beachten ist, dass planmäßige Abschreibungen nur bei Vermögensgegenständen des Anlagevermögens erfolgen, deren Nutzung zeitlich begrenzt ist. (vgl. § 39 Abs.1 Satz 1 KomHKV) Eine Besonderheit gilt dabei für nicht abnutzbare Vermögensgegenstände wie z. B. Grundstücke, Kunstgegenstände und Nutztiere. Diese unterliegen keiner regelmäßigen Abnutzung bzw. Werteverzehr und werden daher nicht planmäßig abgeschrieben. Dennoch

56 Abschreibung für Abnutzung (AfA).

können diese Vermögensgegenstände aufgrund besonderer Umstände außerplanmäßig abgeschrieben werden.
Die planmäßige Abschreibung erfolgt zudem im Jahr der erstmaligen Nutzung bzw. Inbetriebnahme zeitanteilig, d.h. ratierlich. Nach § 39 Abs. 2 Satz 1 KomHKV erfolgt die planmäßige Abschreibung ab dem Monat der Anschaffung oder Herstellung. Das heißt, der Monat der Anschaffung für bewegliche Vermögensgegenstände oder Herstellung für unbewegliche Vermögensgegenstände wird bei der Ermittlung der zeitanteiligen Abschreibung mit berücksichtigt. Erfolgt z.B. die Anschaffung eines Vermögensgegenstandes im März eines Haushaltsjahres, so sind im ersten Nutzungsjahr 10/12 (weil Werteverzehr „nur" 10 statt 12 Monate) abzuschreiben.

Beispiel:
*Am 15.04. des aktuellen Haushaltsjahres wird das bestellte Feuerlöschfahrzeug für die Feuerwehr der Stadt Prenzwalde geliefert und noch am gleichen Tage in Betrieb genommen. Die Anschaffungskosten betragen 120.000 Euro und die Nutzungsdauer beträgt laut AfA-Tabelle acht Jahre. Gemäß § 39 Abs. 2 KomHKV ist das Fahrzeug **nur im ersten Jahr** ratierlich abzuschreiben.*
Die regelmäßige AfA beträgt 15.000 Euro pro Jahr. Im Jahr der Anschaffung ist die zeitanteilig anfallende Abschreibung ab dem Monat der Anschaffung (hier also April) abzuschreiben. Der Abschreibungszeitraum für das Jahr der Anschaffung beträgt somit neun Monate (April bis Dezember). Die AfA beträgt daher im ersten Jahr 11.250 Euro. In den folgenden sieben Jahren werden dann jeweils 15.000 Euro abgeschrieben. Im neunten Jahr muss dann der noch offene (Rest-)Teilbetrag in Höhe von 3.750 Euro abgeschrieben werden.

Zusätzlich zur linearen Abschreibung ist ausnahmsweise nach § 39 Abs. 1 Satz 3 KomHKV auch eine Abschreibung mit fallenden Beträgen (degressive Abschreibung) oder nach Maßgabe der Leistungsabgabe (Leistungsabschreibung) zulässig, wenn dies den Werteverzehr sachgerecht abbildet. Voraussetzung dafür ist, dass diese Form der Abschreibung dem Nutzungsverlauf des Vermögensgegenstandes besser entspricht. Maßgeblich für diese Form der Abschreibungen ist dabei nicht die betriebsgewöhnliche Nutzungsdauer, sondern die tatsächliche Inanspruchnahme, also die erzielbaren Leistungseinheiten (wie z.B. die Kilometerleistungen von Fahrzeugen oder Betriebsstunden von Maschinen) des Vermögensgegenstandes.[57] Die Leistungsabschreibung wird ermittelt, indem die Anschaffungs- oder Herstellungskosten durch die insgesamt möglichen Leistungseinheiten dividiert und anschließend mit der im Haushaltsjahr ermittelten oder voraussichtlichen Leistungsabgabe multipliziert werden.[58]
Ausnahmen die die degressive Abschreibung im Gegensatz zum Regelfall der linearen Abschreibung rechtfertigen würden, finden in der kommunalen Praxis jedoch kaum statt. Möchte eine Kommune davon Gebrauch machen, wären gegenüber der Rechnungsprüfung stichhaltige Argumente nötig, die ein entsprechendes Abweichen objektiv begründen bzw. einen Ausnahmefall rechtfertigen. Berechtigter Grund hierfür ist, dass mit einheitlichen

57 Vgl. Grimberg, Gemeindehaushaltsrecht Sachsen-Anhalt, Kommentierung zu § 40 GemHVO, S. 149 Pkt. 2.2, Wiesbaden 2011.
58 Vgl. Grimberg/Bernhardt/Mutschler/Stockel-Veltmann, Neues Kommunales Haushaltsrecht, 2. Auflage, Witten 2010, S. 384 ff.

Herangehensweisen vor allem auch die Transparenz und Vergleichbarkeit der Kommunen gewährleistet werden bzw. bleiben soll.

Neben der planmäßigen Abschreibung nach § 39 Abs. 1 KomHKV können Vermögensgegenstände nach § 39 Abs. 4 KomHKV auch außerplanmäßig abgeschrieben werden. Eine außerplanmäßige Abschreibung erfolgt sowohl bei Vermögensgegenständen, deren Nutzung zeitlich begrenzt ist, als auch bei Vermögensgegenständen, die grundsätzlich keiner regelmäßigen Abnutzung unterliegen. D.h., auch Grundstücke und Kunstgegenstände können außerplanmäßig abgeschrieben werden (z.B. Zerstörung eines Gemäldes, Minderung des Grundstückswertes aufgrund von Altlasten). Eine außerplanmäßige Abschreibung erfolgt dabei nur, soweit es sich um eine dauerhafte Wertminderung handelt. Zur Ermittlung der außerplanmäßigen Abschreibung ist der Restbuchwert nach Berücksichtigung der planmäßigen Abschreibung des Haushaltsjahres maßgeblich (Abbildung 32).

Ob eine außerplanmäßige Abschreibung zu einem ordentlichen oder außerordentlichen Aufwand führt, hängt wie bei allen übrigen Geschäftsvorfällen auch von der Wesentlichkeit und der Art des Vermögensgegenstandes ab (vgl. § 4 Abs. 2 KomHKV).

Die Veräußerung von Vermögen ist prinzipiell ein planbarer und auch grundsätzlich zwingend zu planender Vorgang. Vermögensveräußerungen sind somit nicht vom Begriff der außerplanmäßigen Abschreibung im Sinne des § 39 Abs. 4 KomHKV erfasst. Wurde die Planung versäumt, sind entsprechende haushaltsrechtliche Möglichkeiten zu prüfen, die Ausbuchung des Restbuchwerts als bilanzielle Abschreibung (Konto 5711 ggf. Unterkonto) oder bei Wertüberschreitung der Erheblichkeitsgrenze sowie bei Grundstücken als außerordentliche Abschreibung abzubilden (Konto 5931). Sollte der Vorgang bei der Planung nicht berücksichtigt worden sein, kommt insofern die Budgetdeckung gemäß § 20 KomHKV oder ein ÜPL/APL-Verfahren gemäß § 72 BbgKVerf in Betracht (wobei die Unabweisbarkeit einer Vermögensveräußerung kritisch zu begründen wäre).

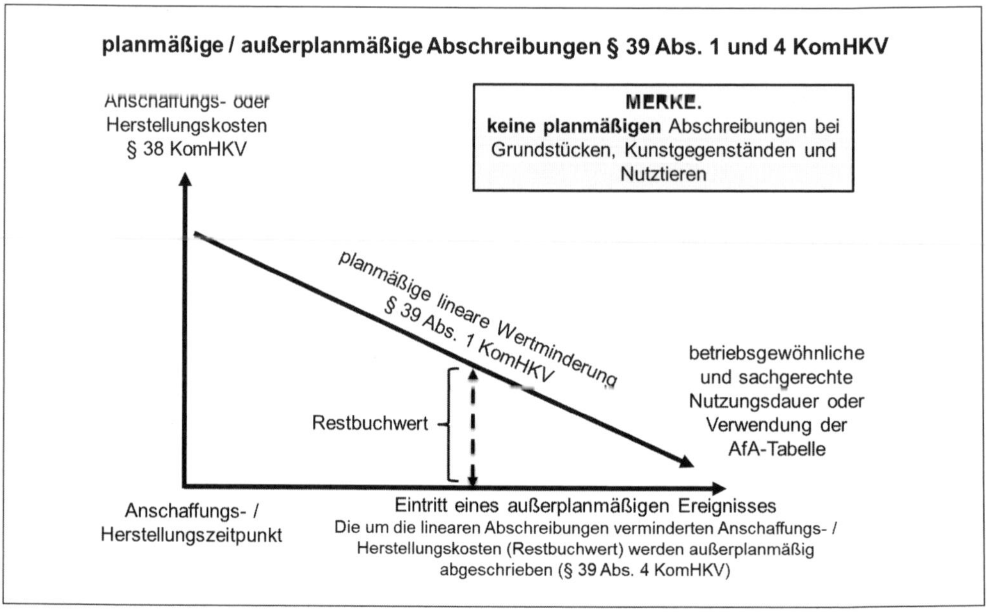

Abbildung 31: planmäßige/außerplanmäßige AfA

Veranschlagung außerplanmäßiger Abschreibungen § 39 Abs. 4 KomHKV

= *erfolgt unabhängig von einer zeitlich begrenzten Nutzung d.h. auch für Grundstücke, Kunstgegenstände und Nutztiere*

Alternative 1

= wenn für die Kommune von wesentlicher finanzieller Bedeutung

Veranschlagung als **außerordentlicher Aufwand** nach § 4 Abs. 2 KomHKV

Konto 5741

z.B. Hochwasserschäden, erhebliche Buchverluste, Brandschäden etc.

Gleichzeitig sind ggf. erhaltene Zuwendungen außerplanmäßig ertragswirksam aufzulösen und dem außerordentlichen Bereich zuzuordnen.

Alternative 2

= wenn für die Kommune **nicht** von wesentlicher finanzieller Bedeutung

Veranschlagung als **ordentlicher Aufwand** aus bilanziellen Abschreibungen nach § 4 Abs. 1 Nr. 14 KomHKV

Konto 5711

Gleichzeitig sind ggf. erhaltene Zuwendungen außerplanmäßig ertragswirksam aufzulösen und dem ordentlichen Bereich zuzuordnen.

Abbildung 32: Veranschlagung außerplanmäßige AfA

Entfällt in späteren Jahren der Grund für die außerplanmäßige Abschreibung, ist nach § 39 Abs. 3 Satz 2 KomHKV der Betrag der Abschreibung im Umfang der Werterhöhung unter Berücksichtigung der Abschreibungen, die inzwischen vorzunehmen gewesen wären, zuzuschreiben. Eine Zuschreibung ist demnach nur möglich, soweit der Vermögensgegenstand im Vorfeld auch außerplanmäßig abgeschrieben wurde.[59] Die Zuschreibung wird wie die außerplanmäßige Abschreibung im Ergebnisplan ausgewiesen.[60]

Zu beachten sind hierbei auch die zur Finanzierung von Vermögensgegenständen des Anlagevermögens erhaltenen Zuwendungen (Zuweisungen und Zuschüsse) und Beiträge (z.B. Straßenausbaubeiträge, Erschließungsbeiträge). Diese werden als Sonderposten auf der Passivseite der Vermögensrechnung (Finanzierung) gem. § 35 Abs. 3 KomHKV nachgewiesen und den damit geförderten Vermögensgegenständen gegenübergestellt. Damit erfolgt eine ertragswirksame Auflösung des Sonderpostens in Abhängigkeit von der Wertentwicklung des bezuschussten Vermögensgegenstandes und findet seinen Niederschlag in der Ergebnisrechnung der Kommune (Konten 4161, 4371, 4571 VV Produkt- und Kontenrahmen Nr. 4.4.3. Ergebnisrechnung).

[59] Kirchmer/Meinecke, Kommunale Doppik Sachsen-Anhalt, Kommentierung zu § 40 Abs. 4 GemHVO Rd. Nr. 22, Stuttgart 2012.

[60] Bei Kunstgegenständen erfolgt eine Zuschreibung bei Wertsteigerung nicht (Vorsichts-/Imparitätsprinzip). Danach werden Wertsteigerungen erst bei Verkauf (Realisation) ausgewiesen, während Wertminderungen bereits bei hinreichender Wahrscheinlichkeit zu berücksichtigen sind (Grundsatz ordnungsgemäßer Buchführung). Siehe dazu auch BewertL Bbg, a.a.O., Nr. 2.2.8 f.

4.3.1 Abschreibungen bei geringwertigen Wirtschaftsgütern

Eine besondere Form der Abschreibung kann bei den sog. geringwertigen Wirtschaftsgütern (GWG) erfolgen. Dabei handelt es sich um Gegenstände des Anlagevermögens, die selbständig genutzt werden können, beweglich sind und einer Abnutzung unterliegen (vgl. § 39 Abs. 3 KomHKV). Die Tatbestandsmerkmale müssen vorrangig zur Wertgrenze und kumulativ erfüllt sein, um überhaupt die besondere Handhabe zuzulassen.
Unter diese Regelung können unabhängig vom Wert beispielsweise keine Grundstücke fallen, da sie grundsätzlich nicht abnutzbar sind. Die selbständige Nutzbarkeit eines Vermögensgegenstandes (z.B. Stuhl, Tisch, PKW, Fahrrad) stellt vielfach in der Praxis ein Problem dar. Ein Vermögensgegenstand ist nicht selbständig nutzbar, wenn er nur mit einem anderen Vermögensgegenstand gemeinsam genutzt werden kann. Erst durch die gemeinsame Nutzung entsteht eine Sachgesamtheit (z.B. PC, Maus, Tastatur).
Ob die Kommune die Gegenstände in der Anlagenbuchhaltung einzeln darstellt oder eher Sachgesamtheiten bilanziert werden, gehört zum Entscheidungsspielraum der Kommune. Auch hinsichtlich der Beweglichkeit gibt es unterschiedliche Ansichten bzw. Beurteilungsspielraum (z.B. „klassische Abfallbehälter“ oder Sitzgelegenheiten an öffentlichen Plätzen, sofern sie mit dem Boden verbunden werden). Wird die Beweglichkeit verneint, kann die Ausübung des Wahlrechts bzw. sowohl die Behandlung als Sammelposten als auch nachfolgend erläuterte Verbrauchsfiktion nicht greifen. In diesem Fall wären die Vermögensgegenstände unabhängig ihres Wertes nach Regelfall (linear und im ersten Jahr ratierlich) zu behandeln.
Für alle Vermögensgegenstände, die nicht unter die geringwertigen Wirtschaftsgüter im Sinne des § 39 Abs. 3 KomHKV fallen, gilt also grundsätzlich § 39 Abs. 1 KomHKV. Alle weiteren Varianten beziehen sich also ausschließlich auf Vermögensgegenstände, die die vorgenannten Voraussetzungen erfüllen. Erst dann kann eine Unterscheidung anhand der Werte erfolgen.
Anstelle der bis zum Ende des Jahres 2024 verpflichtenden Bildung eines Sammelpostens für GWGs zwischen 150 und 1000 Euro (ohne Umsatzsteuer) haben Kommunen nunmehr folgende Varianten:

4.3.1.1 Direkte Erfassung als Aufwand und damit keine Übernahme in ein Anlageverzeichnis.

Gemäß § 39 Abs. 3 KomHKV können GWGs, deren Einzelwert 1.000 Euro nicht übersteigt, in voller Höhe als Aufwand erfasst werden. Das knüpft an die Tatsache an, dass im Geschäftsablauf eines jeden Unternehmens und eben auch einer Kommune prinzipiell auch zahlreiche „kleine“ Vermögensgegenstände angeschafft werden.
Müssten diese Vermögensgegenstände – wie streng genommen auch Büroklammern – bilanziell erfasst und deren Werteverlust verursachungsgerecht aufgeteilt werden, würde es den Aufwand der erforderlichen Anlagenbuchhaltung und beabsichtigte Aussagekraft der bilanziellen Darstellung ins Absurde führen. Daher sind im Steuerrecht für Privatunternehmen Regelungen hinsichtlich der Verbrauchsfiktion oder auch sogenannten „Sofortabschreibung“ entstanden (EstG). Vermögensgegenstände unterhalb dieser Wertgrenze gelten unmittelbar als verbraucht und ihr Werteverzehr wird zur Vereinfachung quasi sofort unterstellt.

Entsprechend knüpfte die KomHKV bei Einführung der Doppik daran an und regelte dieses Vorgehen zunächst für GWGs unterhalb von 150 Euro (§ 50 Abs. 4 Satz 4 KomHKV in der Fassung bis 31.12.2024). Dieser Wert korrespondierte jedoch nicht mit anderen Rechtsgrundlagen und wurde zum Teil von Kommunen im Rahmen der Evaluierung und Novellierung der BbgKVerf und in der Folge auch der KomHKV kritisiert bzw. Flexibilisierung im Hinblick auf unterschiedliche Vermögenssituationen bzw. -bedürfnisse bei Anschaffungen eingefordert. Diesem Wunsch nach Flexibilisierung ist der Gesetzgeber mit dem nun in § 39 Abs. 3 KomHKV verankerten Wahlrecht für Vermögensgegenstände unterhalb von 1000 Euro nachgekommen. Übt die Gemeinde ihr Wahlrecht aus, soll sie es auf alle im Haushaltsjahr angeschafften und hergestellten Vermögensgegenstände einheitlich anwenden. Das Wahlrecht kann nur im Jahr des Zugangs des Vermögensgegenstandes ausgeübt werden.
Werden die GWGs als Aufwand behandelt (sog. Verbrauchsfiktion), sind diese im Konto 5431 oder zum Teil auf spezielleren Konten wie z.B. 5261, 5281 o.ä. VV Produkt- und Kontenrahmen 4.4.3 – Ergebnisrechnung – zu erfassen.

4.3.1.2 Bildung eines Sammelpostens

Nach § 39 Abs. 3 Satz 1 KomHKV kann die Gemeinde für GWGs mit einer Wertgrenze bis 1.000 Euro netto im Jahr der Anschaffung oder Herstellung jedoch auch weiterhin einen sogenannten Sammelposten bilden, der über einen Zeitraum von fünf Jahren unabhängig von der betriebsgewöhnlichen Nutzungsdauer abzuschreiben ist. Eine zeitanteilige (ratierliche) Abschreibung im ersten Nutzungsjahr erfolgt dabei nicht. Vielmehr wird „pauschal" jeweils der gesamte Jahresbetrag abgeschrieben.
Scheidet ein Vermögensgegenstand aus dem Bestand der GWGs vor Ablauf der Nutzungsdauer von fünf Jahren z.B. durch Verkauf, Verlust, Zerstörung u.a. Ereignisse aus, so wird der Sammelposten nicht um diesen Wertverlust vermindert und in der ursprünglichen Höhe weiter bis zum Ablauf der fünf Jahre weiter abgeschrieben (vgl. § 39 Abs. 3 Satz 2 KomHKV). Nach § 33 Abs. 4 KomHKV kann außerdem auf eine Erfassung der GWGs im Rahmen der Inventur verzichtet werden. Dies sollte und soll weiterhin ermöglichen, dass die Vermögensgegenstände dieser eben nicht unerheblichen Wertgruppe bilanziell erfasst und im Anlagenbestand wertmäßig ausgewiesen werden können, aber auch eine vereinfachte Handhabung hinsichtlich Anlagenbuchhaltung und Inventurplanung ermöglichen (Wertverzehr „pauschal" über fünf Jahre, keine weiteren Maßnahmen/Abgänge oder auch Inventur erforderlich).
Entscheidet sich die Kommune für die Bildung von Sammelposten für GWGs, so soll die Ausübung des Wahlrechts gemäß § 39 Abs. 3 Satz 3 KomHKV i.V.m. den Grundsätzen der Klarheit und Wahrheit sowie Kontinuität auf alle im Haushaltsjahr angeschafften und hergestellten Vermögensgegenstände einheitlich angewendet werden.
Es ist prinzipiell nicht ausgeschlossen, dass Kommunen dieses Wahlrecht entweder voll oder eben auch mit einer wertmäßigen „Zwischenstufe" analog zur vorherigen Regelung ausüben.

Möglichkeit 1:
Die Stadt Prenzwalde übt als Beispiel ihr Wahlrecht zur Bildung von Sammelposten gemäß 39 Abs. 3 KomHKV ohne weitere betragsmäßige Einschränkung aus. Dann wären GWGs unter 1.000 Euro analog zur bisherigen Regelung investiv zu betrachten. Diese könnten somit im Anlagebestand ausgewiesen und vereinfacht gleichmäßig über fünf Jahre abgeschrieben werden. Dies würde dann ohne weitere betragsmäßige Einschränkung – anders als bisher – aber auch für Kleinstanschaffungen wie streng genommen jede Büroklammer gelten. Diese Möglichkeit besteht nunmehr, erscheint aber wohl sehr unwahrscheinlich.

Möglichkeit 2:
Die Stadt Prenzwalde übt ihr Wahlrecht gemäß 39 Abs. 3 KomHKV insofern aus, auf die Bildung von Sammelposten für Vermögensgegenstände unter 1.000 Euro zu verzichten. Für sämtliche Vermögensgegenstände unterhalb dieser Wertgrenze würde unmittelbar die Verbrauchsfiktion gelten und die Anschaffungen wären nicht investiv und somit unmittelbar in voller Höhe als Aufwand und konsumtive Auszahlung zu betrachten. Sämtliche Anschaffungen belasten somit aber auch unmittelbar den Ergebnishaushalt und auch erforderlichen Ausgleich im Jahr der Anschaffung. Je nach Belastungssituation im Ergebnishaushalt sollten diese Effekte abgewogen werden.

Möglichkeit 3:
Die Stadt Prenzwalde übt ihr Wahlrecht zur Bildung von Sammelposten gemäß 39 Abs. 3 KomHKV für Vermögensgegenstände aus, deren Anschaffung einen selbst bestimmten Wert (z.B. 500 Euro), aber gemäß § 39 Abs. 3 KomHKV 1.000 Euro, nicht übersteigt. Dann wären Vermögensgegenstände zwischen dem selbst bestimmten Wert (z.B. 500 Euro) und 1.000 Euro investiv zu betrachten und könnten vereinfacht gleichmäßig über fünf Jahre abgeschrieben werden.
Der Wertverlust und Aufwand würde sich für diese Vermögensgruppe in Folgejahre verschieben bzw. aufteilen. Dies würde dann auch anders als Möglichkeit 1 und analog zur vorherigen Regelung bis Dezember 2024 (bis dahin Wertgrenze 150 Euro) Kleinstanschaffungen (wie streng genommen jede Büroklammer) sinnvollerweise ausschließen. Unterhalb dieser selbst festgelegten Wertgrenze würde dann die sog. Verbrauchsfiktion und Möglichkeit aus § 39 Abs. 3 KomHKV gelten, die Anschaffung in voller Höhe als Aufwand zu erfassen. Diese mittlere Wertgrenze kann nunmehr individuell je Kommune gewählt werden. Auch hier sollte im Sinne der Kontinuität und Anwendbarkeit im Hinblick auf die erforderliche Haushaltsplanung durch die Bewirtschafter nicht jedes Haushaltsjahr variiert werden.

Zusammenfassung GWG-Sammelposten
(alles Netto-Beträge)

0,01 EUR bis 1.000,00 EUR	ab 1.000,01 EUR
geringwertiges Wirtschaftsgut (GWG) Pauschalabschreibung über fünf Jahre Bildung Sammelposten **oder** sofortiger Aufwand (Verbrauchsfiktion) *(§ 39 Abs. 3 Satz1 KomHKV)*	Abschreibung nach Abschreibungstabelle *(§ 39 Abs. 2 KomHKV)*

Abbildung 33: GWG-Sammelposten

Beispielhafte Darstellung der Entwicklung von jährlichen GWG-Sammelposten

	Sammelposten 2024	**Sammelposten 2025**	**Sammelposten 2026**
Bildung im Jahr 2024 1/5 Abschreibung Restbuchwert 31.12.2024	25.000 EUR - 5.000 EUR = 20.000 EUR		
Bildung im Jahr 2025 1/5 Abschreibung Restbuchwert 31.12.2025	 - 5.000 EUR = 15.000 EUR	30.000 EUR - 6.000 EUR = 24.000 EUR	
Bildung im Jahr 2026 1/5 Abschreibung Restbuchwert 31.12.2026	 - 5.000 EUR = 10.000 EUR	 6.000 EUR = 18.000 EUR	20.000 EUR - 4.000 EUR = 16.000 EUR

Beispiele zur Veranschlagung im Ergebnis- und Finanzplan

Es wird angenommen, dass die Stadt Prenzwalde folgende Regelung zum Wahlrecht aus § 39 Abs. 3 KomHKV getroffen hat. Zudem wird vom Wahlrecht insofern Gebrauch gemacht, dass geringwertige Vermögensgegenstände im Sinne des § 39 Abs. 3 KomHKV, deren Einzelwert (ohne Umsatzsteuer) zwischen 450 und 1.000 Euro liegt, in Form von Sammelposten gemäß § 39 Abs. 3 KomHKV behandelt werden. Entsprechende Vermögensgegenstände unterhalb der 450 Euro sind unmittelbar als Aufwand zu verbuchen.

a) Die Stadt Prenzwalde kauft eine Digitalkamera im Wert von 100,00 Euro netto.
Der Kauf ist im Jahr des Kaufs gleichermaßen bereits als Aufwand sowie damit zusammenhängender konsumtiver Auszahlung abzubilden. Die Kamera wird nicht investiv abgebildet, nicht in die Bilanz aufgenommen und nicht abgeschrieben, da sie unmittelbar als verbraucht gilt (Verbrauchsfiktion).

b) Die Stadt Prenzwalde kauft einen Beamer im Wert von 600,00 Euro netto.
Im Finanzhaushalt ist die Beschaffung als investive Auszahlung in Höhe von 600 Euro zu veranschlagen. Im Ergebnishaushalt ist nun über fünf Jahre eine entsprechende Abschreibung gem. § 39 Abs. 3 KomHKV i.H.v. 120 Euro jährlich zu berücksichtigen (1/5 der AHK – Abschreibung im Sammelposten). Dies erfolgt als Vereinfachung

unabhängig davon, wann der Beamer gekauft wurde, ob der Beamer lt. Nutzungstabelle eine andere regelmäßige Nutzungsdauer hat oder auch gar vor Ablauf der Zeit ausscheidet (z.B. kaputt geht).

c) *Die Stadt Prenzwalde kauft im Juli des Haushaltsjahres einen Beamer im Wert von 1.800 Euro netto. Die Nutzungsdauer beträgt sechs Jahre.*
Im Finanzhaushalt ist die Beschaffung als investive Auszahlung in Höhe von 1.800 Euro zu veranschlagen. Der Beamer wird in der Anlagenbuchhaltung und Bilanz mit Wert und Nutzungsdauer aktiviert. Im Ergebnishaushalt des Haushaltsjahres der Anschaffung ist eine entsprechende Abschreibung i.H.v. 150 Euro zu berücksichtigen (ratierliche Abschreibung der AHK – Abschreibung nach Abschreibungstabelle). Im Folgejahr fallen dann 600 Euro an.

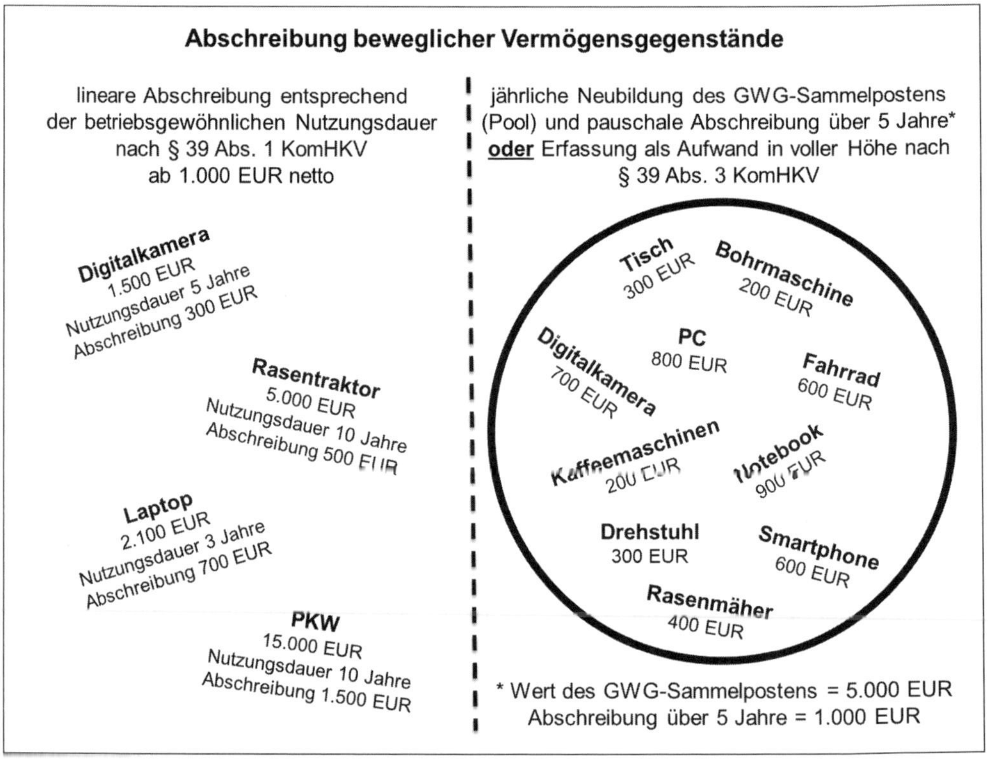

Abbildung 34: AfA von beweglichen Vermögensgegenständen

4.3.2 Die ertragswirksame Auflösung von investiven Zuwendungen, Zuschüssen und Beiträgen

Werden Vermögensgegenstände bzw. deren Erwerb oder die Herstellung gefördert, erhält die Kommune Einzahlungen. Da die damit verbundene Auszahlung investiv ist, verlagert sich zunächst der Aufwand über die Abschreibung in die Zukunft. Der Gesetzgeber möchte nun diese Wirkung auch auf die Einzahlung bzw. Förderung angewendet wissen. Daher sind Vermögensgegenstände, die unter Einsatz von Zuwendungen oder Beiträgen angeschafft oder hergestellt werden, in voller Höhe zu aktivieren und auf der Passivseite der Bilanz die zugehörige Förderung unter der Position Sonderposten auszuweisen (vgl. § 35 Abs. 3 KomHKV).[61]

Demnach teilen die investiven Zuwendungen (z.B. investive Fördermittel oder Spenden) und Beiträge (z.B. Erschließungsbeiträge) das Schicksal der damit finanzierten Vermögensgegenstände. Dies hat zur Folge, dass die (investiven) Zuwendungen, (investiven) Spenden oder Beiträge im Finanzhaushalt in voller Höhe zunächst als investive Einzahlung veranschlagt werden. Ebenso wie sich der geförderte Vermögensgegenstand über die Nutzungsdauer auflöst, wird auch die Förderung dann „erst" über die Nutzungsdauer der Vermögensgegenstände ertragswirksam im Ergebnishaushalt aufgelöst (zeitgleich zur entstehenden Abschreibung der getätigten Investition). Somit wird sowohl der Werteverlust bei einer Investition erst in der Zukunft und der Periode der Nutzung des Vermögensgegenstandes verlagert, aber eben auch der Ertrag aus etwaigen Zuschüssen für diese Investition. Durch die Kopplung der ertragswirksamen Auflösung an die Abschreibung des jeweilig bezuschussten Vermögens wird gleichsam in Höhe der Förderquote der Aufwand aus den Abschreibungen neutralisiert. Dadurch erfolgt jeweils eine Entlastung des durch die Abschreibungen eigentlich belasteten Haushaltsausgleichs nach § 62 Abs. 6 BbgKVerf in der Periode der Nutzung.

Die erhaltenen Zuwendungen und Beiträge folgen dabei in jedem Fall der Wertentwicklung des Vermögensgegenstandes. Die Berechnung der ertragswirksamen Auflösung der Zuwendungen und Beiträge erfolgt somit ggf. auch gemäß § 35 Abs. 3 KomHKV analog zum „bezuschussten" Vermögensgegenstand. Die jeweilig geltende Abschreibungsberechnung ist quasi auf die Höhe des Zuschusses zu übertragen. Beispielhaft folgende Parameter:

- Aktivierungsdatum des Vermögensgegenstandes ist dem Grunde nach auch das Aktivierungsdatum für den Sonderposten (auch rückwirkend)
- Nutzungsdauer des Vermögensgegenstandes bestimmt den Auflösungszeitraum des Sonderpostens (bei rückwirkender Förderung ist die Restnutzungsdauer maßgeblich – in Monaten)
- wird im Jahr der Anschaffung ratierlich abgeschrieben, wird auch analog der Sopo im Anschaffungsjahr ratierlich aufgelöst

[61] Vgl. BewertL Bbg, a.a.O., 2.11.

- greifen ggf. GWG-Regelungen oder -Wahlrechte sind diese auch auf den Sonderposten anzuwenden
  - linear fünf Jahre, im ersten Jahr nicht ratierlich und unabhängig vom tatsächlichen Zustand/Vorhandensein des Vermögensgegenstandes
  - ODER Verbrauchsfiktion – dann auch keine Sonderpostenbildung und sofortiger Ertrag
- wird der Vermögensgegenstand nicht abgeschrieben (z.B. bei Grundstücken und Kunstgegenständen) erfolgt auch keine ertragswirksame Auflösung der dafür erhaltenen Zuwendungen
- wird ein Vermögensgegenstand außerplanmäßig nach § 39 Abs. 4 KomHKV abgeschrieben, muss auch die dafür erhaltene Zuwendung außerplanmäßig ertragswirksam aufgelöst werden

Wird der Kommune ein Vermögensgegenstand geschenkt, ist die Bildung eines Sonderpostens sowohl bei Geldschenkungen mit investiver Zweckbindung oder Sachschenkungen erforderlich. Dabei ist in gleicher Höhe ein entsprechender Sonderposten (Passivierung einer Zuwendung) in die Vermögensrechnung aufzunehmen (bei Sachschenkungen mit dem beizulegenden Wert)[62] und über die Nutzungsdauer des geschenkten Vermögensgegenstandes ertragswirksam aufzulösen.[63] Dadurch werden die durch den geschenkten Vermögensgegenstand verursachten Abschreibungen durch entsprechende Erträge zu 100 v.H. neutralisiert und belasten nicht den Haushaltsgleich nach § 62 Abs. 6 BbgKVerf.[64]

Merke: Die investiven Zuweisungen und Beiträge teilen das Schicksal der damit erworbenen bzw. hergestellten Vermögensgegenstände.

Die investiven Zuwendungen und Beiträge sind jedoch von den grundsätzlich im Haushaltsjahr des Zugangs ergebniswirksam zu veranschlagenden Aufwandszuschüssen für die laufende Verwaltungstätigkeit wie z.B. den allgemeinen Schlüsselzuweisungen des Landes abzugrenzen. Letztere werden in voller Höhe ertragswirksam.[65]

Beispiel

Die Stadt Prenzwalde erwirbt ein neues Fahrzeug für die Feuerwehr. Die Anschaffungskosten nach § 38 Abs. 2 KomHKV betragen 100.000 Euro. Die Anschaffung des Fahrzeugs wird zu 75 v.H. durch das Land Brandenburg gefördert. Die betriebsgewöhnliche Nutzungsdauer wird mit zehn Nutzungsjahren angesetzt (siehe Abbildung 35*).*

---

[62] Vgl. § 255 Abs. 4 HGB, der beizulegende (Zeit)wert wird in der einschlägigen Literatur auch als Marktwert/fair Value bezeichnet.
[63] Vgl. BewertL Bbg, a.a.O., 2.11.
[64] Vgl. auch Darstellung von Rose, ZKF 2014, Nr. 4, S. 77–81 bei der Übertragung von Vermögensgegenständen von einem öffentlichen Aufgabenträger an einen anderen öffentlichen Aufgabenträger.
[65] Vgl. BewertL Bbg, a.a.O., 2.11.

beispielhafte Darstellung

Beschaffung eines Vermögensgegenstandes für 100.000 EUR. Nutzungsdauer 10 Jahre. Zuwendung durch das Land i.H.v. 75 v.H.

Finanzhaushalt/-rechnung	
+ Einzahlungen aus Investitionszuwendungen	75.000 EUR
./. Auszahlungen für eigene Investitionen	100.000 EUR
= Saldo aus Investitionstätigkeit (25 v.H. Eigenanteil)	./. 25.000 EUR Minderung der liquiden Mittel

Ergebnishaushalt/-rechnung	
+ ertragswirksame Auflösung der Zuweisung	7.500 EUR
./. Bilanzielle Abschreibung	10.000 EUR
= Jahresergebnis (25 v.H. Eigenanteil)	./. 2.500 EUR Belastung HH-Ausgleich / Minderung Eigenkapital

Abbildung 35: AfA (beispielhafte Darstellung)

Vermögensrechnung			Ergebnisrechnung	
Aktiva	Passiva	Nutzungsdauer	Aufwand	Ertrag
100.000 EUR	75.000 EUR			
90.000 EUR	67.500 EUR	Jahr 1	10.000 EUR	7.500 EUR
80.000 EUR	60.000 EUR	Jahr 2	10.000 EUR	7.500 EUR
70.000 EUR	52.500 EUR	Jahr 3	10.000 EUR	7.500 EUR
60.000 EUR	45.000 EUR	Jahr 4	10.000 EUR	7.500 EUR
50.000 EUR	37.500 EUR	Jahr 5	10.000 EUR	7.500 EUR
40.000 EUR	30.000 EUR	Jahr 6	10.000 EUR	7.500 EUR
30.000 EUR	22.500 EUR	Jahr 7	10.000 EUR	7.500 EUR
20.000 EUR	15.000 EUR	Jahr 8	10.000 EUR	7.500 EUR
10.000 EUR	7.500 EUR	Jahr 9	10.000 EUR	7.500 EUR
0 EUR[66]	0 EUR	Jahr 10	10.000 EUR	7.500 EUR

66 Bei der Weiternutzung des Vermögensgegenstandes nach Ablauf der betriebsgewöhnlichen Nutzungsdauer wird auf einen Erinnerungswert abgeschrieben. Dies gilt analog für die ertragswirksame Auflösung der dafür erhaltenen Zuweisungen und Beiträge (Sonderposten).

Aus dem jährlichen Saldo der entstandenen Aufwendungen aus bilanzieller Abschreibung (10.000 Euro) und der Erträge aus der Auflösung der Zuweisung (7.500 Euro) ergibt sich eine Belastung des Haushaltsausgleichs i.H.v. 2.500 Euro. Dies stellt wiederum gleichzeitig den Eigenanteil von 25 v.H. dar.

4.4 Kommunale Kredite

Grundsätzlich versteht man unter dem Begriff des Kredits im kommunalrechtlichen Sinne die Einzahlungen von Bargeld und Buchgeld von einem Kreditgeber (z.B. Kreditinstitute, Bund, Land etc.) zur befristeten Gebrauchsüberlassung durch den Kreditnehmer (Gemeinde). Hierbei verpflichtet sich die Gemeinde zu einer zukünftigen Tilgung und in der Regel auch zur Zahlung von Kreditzinsen.
Gemäß § 2 Nr. 26 KomHKV ist ein Kredit als das unter der Verpflichtung der Rückzahlung von Dritten oder von Eigenbetrieben aufgenommene Kapital mit Ausnahme der Kassenkredite zu subsumieren. Insofern gilt der „Kassenkredit“ kommunalrechtlich gerade nicht als Kredit. Aufgrund der Begrifflichkeit wird er trotzdem hier in diesem Kontext mit behandelt und insofern abgegrenzt.
Die Aufnahme eines Kredites stellt eine Einzahlung (Kontenklasse 6) und die Tilgung eines Kredites eine Auszahlung (Kontenklasse 7) dar. Die Einzahlungen aus der Aufnahme von Kommunalkrediten für Investitionen und Investitionsförderungsmaßnahmen sind unter der Kontenart 692 und die Auszahlungen zur Tilgung unter der Kontenart 792 im Finanzplan und in der Finanzrechnung unter Finanzierungstätigkeit nachzuweisen. Krediteinzahlungen und -auszahlungen werden grundsätzlich im Produktbereich 61 (Allgemeine Finanzwirtschaft) veranschlagt und gebucht.
Zinsen aus der Aufnahme von Krediten werden üblicherweise als Soll-Zinsen bezeichnet. Dem stehen zu erhaltene Zinsen für Geldanlagen gegenüber, diese werden als Haben-Zinsen bezeichnet. Es handelt sich dabei um Aufwendungen (Soll-Zinsen) bzw. Erträge (Haben-Zinsen). Der Zinsaufwand ist im Ergebnisplan und in der Ergebnisrechnung in der Kontenart 551 sowie im Finanzplan und in der Finanzrechnung in der Kontenart 751 unter der laufenden Verwaltungstätigkeit zu erfassen. Zinsaufwendungen werden ebenfalls im Produktbereich 61 (Allgemeine Finanzwirtschaft) veranschlagt und gebucht werden.
Die Verbindlichkeit ist in der Bilanz unter der Kontengruppe 32 zu buchen. Die Verbindlichkeiten aus der Aufnahme von Krediten für Investitionen und Investitionsförderungsmaßnahmen sind gemäß § 3 Abs. 2 Nr. 3 KomHKV in der Verbindlichkeitenübersicht nachzuweisen. Diese ist dem Haushaltsplan als Anlage beizufügen.[67]

[67] Runderlass 1/2015 MIK über Kreditwesen der Gemeinden und Gemeindeverbände vom 11.09.2015; ABl./15, [Nr. 39], S. 851 ff.

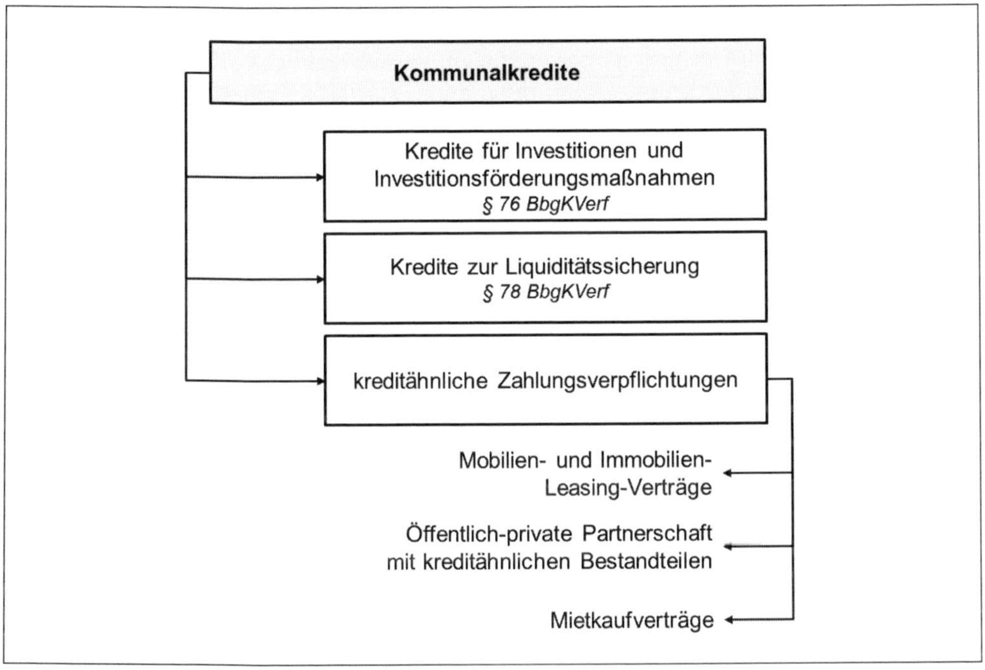

Abbildung 36: Kommunalkredite

4.4.1 Investitionskredite

Nach § 76 Abs. 1 BbgKVerf darf die Gemeinde Kredite nur für Investitionen und Investitionsförderungsmaßnahmen und zur Umschuldung aufnehmen. Der haushaltsrechtliche Kreditbegriff ist daher enger gefasst, als er in § 488 Abs. 1 BGB aufgeführt ist. Es handelt sich nach Abs. 2 Nr. 26 KomHKV bei Krediten um das unter der Verpflichtung der Rückzahlung von Dritten oder von Eigenbetrieben aufgenommene Kapital mit Ausnahme der Kassenkredite. Die Begriffe des Anlagevermögens, der Investition und der Investitionsförderungsmaßnahme sind in § 2 Nr. 4, 21 und 22 KomHKV bestimmt.
Zuwendungen gemäß § 2 Nr. 52 KomHKV, die die Gemeinde oder der Gemeindeverband im Darlehensweg erhält, sind auch dann Kredite nach § 76 BbgKVerf, wenn die Zins- und Tilgungsleistungen von Dritten übernommen oder die Darlehen zinslos gewährt werden. Der Runderlass 01/2015 des Ministeriums des Innern und für Kommunales (MIK) vom 11.09.2015 führt zu Kreditaufnahmen aus, dass jede beabsichtigte Kreditaufnahme wegen der neuen Schuldendienstverpflichtung sorgfältig zu prüfen ist und mit den finanziellen Spielräumen im Rahmen der mittelfristigen Finanzplanung der Gemeinde oder des Gemeindeverbandes im Einklang stehen muss.
Den Grundsätzen der Reihenfolge der Einnahmebeschaffungen nach § 63 Abs. 2 BbgKVerf folgend, dürfen Kredite nur dann aufgenommen werden, wenn eine andere Finanzierung nicht möglich ist oder wirtschaftlich unzweckmäßig wäre. Die Unzweckmäßigkeit kann nach den allgemeinen Haushaltsgrundsätzen sowohl haushaltswirtschaftlich als auch

gesamtwirtschaftlich begründet sein. Für die Beurteilung kommt es grundsätzlich auf die finanzielle Lage der Gemeinde an.
Der o.a. Runderlass führt weiter aus, dass auch alternative Finanzierungsformen zu berücksichtigen sind. Diese Entscheidungen und deren Gründe sind zu dokumentieren.
Nach § 76 Abs. 2 BbgKVerf bedarf der Gesamtbetrag der vorgesehenen Kreditaufnahmen im Rahmen der Haushaltssatzung der Genehmigung der Kommunalaufsichtsbehörde in Form einer Gesamtgenehmigung. Maßgebliches Kriterium für eine Genehmigung ist eine geordnete Haushaltswirtschaft. Dies bedeutet u.a., dass die Summe aller Zins- und Tilgungsverpflichtungen in der Gegenwart und der Zukunft die Leistungsfähigkeit der Gemeinde oder des Gemeindeverbandes nicht übersteigt (dauernde Leistungsfähigkeit).
Die Prüfung zu einer geordneten Haushaltswirtschaft sollte sich insbesondere darauf beziehen, ob[68]:

- der gesetzliche Haushaltsausgleich unter Berücksichtigung der Ergebnisse der Vorjahre und der Ersatzdeckungsmittel gemäß § 62 Abs. 6 BbgKVerf im Planungsjahr und innerhalb der mittelfristigen Ergebnisplanung nachgewiesen werden kann;
- die Entwicklung im Finanzhaushalt und in der Finanzrechnung die Tilgungsauszahlungen mindestens innerhalb des mittelfristigen Finanzplanungszeitraums gewährleistet;
- die Gegenüberstellung von Vermögen und Schulden die Aufnahme neuer Kommunalkredite nicht ausschließt, weil z.B. bereits eine Überschuldung der Gemeinde oder des Gemeindeverbandes eingetreten ist oder mit Abschluss des genehmigungspflichtigen Rechtsgeschäftes zu erwarten ist.

Fällt das Gesamtergebnis der Betrachtung überwiegend negativ für die Gemeinde oder den Gemeindeverband aus, so wäre die dauernde Leistungsfähigkeit in der Regel nicht gegeben. Die Erteilung einer kommunalaufsichtlichen Genehmigung käme daher grundsätzlich nicht in Betracht.
Die Genehmigung kann unter Bedingungen und Auflagen erteilt werden und ist in der Regel zu versagen, wenn die Kreditverpflichtungen mit der dauernden Leistungsfähigkeit der Gemeinde nicht im Einklang stehen.
Eine Kreditermächtigung gilt nach § 76 Abs. 3 BbgKVerf bis zum Ende des auf das Haushaltsjahr folgenden Jahres. Wenn die Haushaltssatzung für das übernächste Jahr nicht rechtzeitig öffentlich bekannt gemacht wird, gilt die Kreditermächtigung bis zum Erlass dieser Haushaltssatzung.

4.4.2 Kassenkredite

Der Kassenkredit ist gemäß § 2 Nr. 23 KomHKV mit der Verpflichtung der Rückzahlung von Dritten aufgenommenes Kapital, das zur Sicherung der rechtzeitigen Leistung von Auszahlungen erforderlich ist und vorübergehend insofern keine anderen Mittel zur Verfügung stehen. Er dient somit der kurzfristigen Überbrückung eines vorübergehenden

[68] Im Folgenden: Runderlass 01/2015 des Ministeriums des Innern und für Kommunales (MIK) vom 11.09.2015 Nr. 7.3.1 ff.

Liquiditätsengpasses und kann allgemeinhin grob mit dem „Dispo“ im Privathaushalt verglichen werden.
Kassenkredite sind somit kurzfristige Kredite und dienen im Gegensatz zu den Investitionskrediten nach § 78 BbgKVerf ausschließlich zur Liquiditätssicherung, um die rechtzeitige Auszahlung ihrer Leistungen sicherzustellen.
So kann es aufgrund des zeitlichen Auseinanderfallens von Einzahlungen und Auszahlungen im Laufe eines Haushaltsjahres dazu kommen, dass z.B. größere Einzahlungspositionen noch ausstehen, aber zahlreiche Auszahlungen vorab fällig werden. Unter Umständen wären Kommunen somit an einzelnen Tagen nicht ausreichend liquide, obwohl sie insgesamt auf das Jahr bezogen ausreichend Mittel erhalten werden.
Um diese Zeiträume zu überbrücken und die Auszahlungsverpflichtungen zeitgerecht gewährleisten zu können, dürfen Kommunen dann Kassenkredite gemäß § 78 BbgKVerf aufnehmen. Diese sind anders als Investitionskredite kurzfristig bis mittelfristig und sind auch entsprechend auf eigenen Sachkonten auszuweisen. Anders als bei der Veranschlagung von Investitionskrediten, deren Gesamtbetrag stets durch die Kommunalaufsichtsbehörde genehmigt werden muss, wird durch Kassenkredite der Haushalt nicht genehmigungspflichtig. Durch Beschluss der Gemeindevertretung wird der Höchstbetrag des Kassenkredites festgesetzt, soweit für die rechtzeitige Auszahlung ihrer Leistungen keine anderen Mittel zur Verfügung stehen. Der Beschluss über den Höchstbetrag der Kassenkredite ist der Kommunalaufsichtsbehörde unverzüglich anzuzeigen.
Der Runderlass 01/2015 führt hierzu aus, dass durch eine angemessene Liquiditätsplanung jederzeit die Zahlungsfähigkeit sicherzustellen ist. Die Liquiditätsplanung soll sicherstellen, dass ausreichend liquide Mittel zum Begleichen der anstehenden Auszahlungen vorhanden sind. Dazu gehört neben der Optimierung der Zahlungsflüsse sowohl das Ausgleichen von Liquiditätsengpässen durch die Aufnahme von Kassenkrediten als auch die Anlage von nicht benötigten liquiden Mitteln. Die Verpflichtung zur Liquiditätsplanung erfordert, dass sich die Gemeinde oder der Gemeindeverband täglich Informationen über Zahlungsmittelzuflüsse und -abflüsse, den Bestand an liquiden Mitteln sowie über Sicherheiten, Risiken und Rentabilität von Anlagemöglichkeiten verschafft und die künftige Liquiditätsentwicklung analysiert.
Vor dem Hintergrund der teilweise in erheblichem Umfang valutierenden Kassenkredite be-darf es geeigneter Maßnahmen zur Begrenzung des Zinsänderungsrisikos. Ergibt sich ein Bedarf an Kassenkrediten, der voraussichtlich zu keinem Zeitpunkt des mittelfristigen Ergebnis- und Finanzplanungszeitraumes unterschritten wird, kann es aufgrund des Gebotes der sparsamen und wirtschaftlichen Haushaltsführung sinnvoll sein, diesen Bedarf mittelfristig zu finanzieren. Mit der Neuregelung des § 78 BbgKVerf wird daher eine gesetzliche Grundlage geschaffen, nach der unter den definierten Bedingungen Kassenkredite nicht nur unterjährig und kurzfristig, sondern auch mittelfristig bis zum Ende des Finanzplanungszeitraumes aufgenommen werden dürfen.[69]

[69] Begründung der Änderungen zum Gesetzentwurf der Landesregierung (KommRModG), Drucksache 7/7839.

Abgrenzung Investitions- und Kassenkredit

Kapital Dritter → Schulden i.S.d. Bilanz → Verbindlichkeit

Kredit *§ 2 Nr. 26 KomHKV* *§ 76 BbgKVerf*	**Kassenkredit** *§ 2 Nr. 23 KomHKV* *§ 78 BbgKVerf*
• i.d.R. mittel- bis langfristig („echte" Finanzierungsmitte) • ausschließlich zur Finanzierung von Investitionen, Investitionsförderungsmaßnahmen sowie damit verbundene Umschuldung • Genehmigungspflicht via Haushalt durch Kommunalaufsichtsbehörde • Konten: 692x/792x (32xx).	• kurzfristig („nur" Vorfinanzierungsmittel) • Überbrückung (vorübergehender) Liquiditätsengpass (kurzfristige Verstärkung des Kassenbestands für laufende Auszahlungen) • Anzeige Beschluss bei Kommunalaufsichtsbehörde • Konten: 693x/793x (33xx)

Abbildung 37: Abgrenzung Investitions- und Kassenkredit

4.4.3 Kreditähnliche Rechtsgeschäfte[70]

Neben den Investitionskrediten nach § 76 BbgKVerf kommen in der kommunalen Praxis auch kreditähnliche Rechtsgeschäft vor.

<u>Mobilien- und Immobilien-Leasing-Verträge</u>

Bei Leasinggeschäften handelt es sich um eine alternative Finanzierungsform kommunaler Investitionen. Beim Abschluss von Leasing-Verträgen werden kommunale Investitionen/ Investitionsförderungsmaßnahmen nicht von der Gemeinde oder dem Gemeindeverband, sondern von Finanzierungsgesellschaften (Leasingfirmen, Objektgesellschaften oder Fonds) finanziert. Die Gemeinde bedient sich einer Finanzierungsgesellschaft, die für diesen Zweck die Investitionen finanziert und für eine bestimmte Zeit gegen regelmäßiges Entgelt der Gemeinde oder dem Gemeindeverband zur Verfügung stellt.

---

70 Runderlass 01/2015 des Ministeriums des Innern und für Kommunales (MIK) vom 11.09.2015 Nr. 3.2 ff.

Während der Vertragslaufzeit bleibt der Leasinggeber rechtlicher Eigentümer des Leasingobjektes, dem Leasingnehmer obliegen jedoch Pflichten, die originär dem Eigentümer zuzurechnen wären. Hat sich der Leasingnehmer die Option eingeräumt, das Leasingobjekt nach Ablauf der Leasingzeit zu erwerben, handelt es sich um ein genehmigungspflichtiges Rechtsgeschäft. Für die haushaltsrechtliche Beurteilung ist es dabei unerheblich, ob die Anschaffungs- und Herstellungskosten bereits durch einen Vollamortisationsvertrag oder durch einen Teilamortisationsvertrag mit Restkaufpreiszahlung beglichen werden. Solche Leasingverträge kommen in ihrem wirtschaftlichen Ergebnis einem langfristigen Teilzahlungskredit gleich. Sie bedeuten eine Belastung des kommunalen Haushalts und wirken sich auf die dauernde Leistungsfähigkeit der Gemeinde oder des Gemeindeverbandes wie eine Kreditaufnahme aus. Vor Abschluss eines Leasingvertrages ist durch den Vergleich mehrerer Angebote die wirtschaftlichste Lösung zu ermitteln.

Öffentlich-private Partnerschaft mit kreditähnlichen Bestandteilen
Mit einer öffentlich-privaten Partnerschaft (ÖPP) wird die langfristige, vertraglich geregelte Kooperation zwischen einem öffentlichen Auftraggeber und einem privaten Dritten zur Erfüllung kommunaler Aufgaben über den gesamten Lebenszyklus eines Projekts bezeichnet. In der Praxis wird grundsätzlich zwischen einem Erwerber- und Inhabermodell unterschieden. Beim Inhabermodell werden die baulichen Anlagen auf einem Grundstück des öffentlichen Auftraggebers errichtet. Beim Erwerbermodell ist das Grundstück Bestandteil des ÖPP-Vertrages. Bei der Beurteilung von ÖPP-Projekten werden alle Leistungen über den Projektlebenszyklus (Planung, Bau, Finanzierung, Betrieb, Unterhaltung, gegebenenfalls Verwertung) bewertet und analysiert. Die optimale Risikoverteilung zwischen dem öffentlichen und dem privaten Partner stellt dabei ein wesentliches Element einer ÖPP dar. Die Wahl der geeigneten Finanzierungsart zur Umsetzung eines ÖPP-Projektes hängt vor allem von den konkreten Bedingungen des ÖPP-Projektes ab. Unabhängig davon, welche Finanzierungsform gewählt wird, obliegt die Finanzierung während der Bauphase üblicherweise dem privaten Dritten.
Bei ÖPP-Projekten sollte die Kommunalaufsichtsbehörde bereits frühzeitig in das Verfahren mit einbezogen werden.

Mietkaufverträge
Mietkaufverträge beinhalten Bestandteile von Miet- und Darlehensverträgen sowie Kauf- und Werkverträgen. Sie können mit einer Option zum Erwerb des Eigentums (echter Mietkauf) oder mit einem feststehenden Eigentumserwerb am Ende der Vertragslaufzeit (unechter Mietkauf) verbunden sein. Vom Leasingvertrag unterscheiden sich Mietkaufverträge dadurch, dass die Haftung für Instandhaltung, Sachmängel, Untergang und Beschädigung der Sache und die Verpflichtung zur Unterhaltung der Sache beim Vermieter liegt. Die oben genannten Arten stellen genehmigungspflichtige Rechtsgeschäfte dar. Eine Genehmigungspflicht besteht auch dann, wenn die Höhe der monatlichen Zahlungen sich an den Gesamtinvestitionskosten orientiert und somit der Eigentumserwerb aus Wirtschaftlichkeitserwägungen zwingend ist. In diesen Fällen sollte die Option zum Erwerb des Eigentums bereits im Vertrag vereinbart werden.

5 Gliederung und Struktur des kommunalen Haushalts

5.1 Produktrahmenplan

Unter dem Produktrahmenplan wird die Gliederung und Strukturierung der kommunalen Leistungen im Rahmen ihrer Aufgabenerfüllung in sogenannte Produkte verstanden. Dies ist der Output. Darunter werden auch Leistungs- oder Produktionsergebnisse in Form von Gütern und Dienstleistungen gesehen. Das Produkt stellt damit eine abgrenzbare Leistung bzw. eine Gruppe von Leistungen der Kommune dar, welche für Dritte (interne und externe Nutzer) erbracht werden und Ressourcenverbrauch verursachen.[71] Dabei ist es unerheblich, ob für das Produkt ein sogenannter „Anschluss- oder Benutzungszwang" besteht. Für die Kommunen bedeutet dies konkret, dass sie die von ihnen erstellten Güter und Dienstleistungen in einem speziellen Produktplan darstellen müssen.

Durch den Produktplan einer jeden Kommune wird u.a. auch die Fülle an wahrgenommenen Aufgaben und erbrachten Leistungen deutlich.

Für diese Produkte sind folglich Produktbeschreibungen zu erstellen, welche Bestandteile des Haushaltsplanes werden. Betrachtet man insgesamt den Leistungs- und damit den Produktkatalog einer Kommune, ist vielfach von einem „Gemischtwarenhandel" die Rede.

Das Produkt dient dem Bürger, der Politik und der Verwaltung als zentraler Informationsträger für den kommunalen Haushalt und die von der Verwaltung erstellten Leistungen. Es stellt praktisch dar, welche Leistungen die Kommune ihren Bürgern anbietet.

Das wesentliche Ziel des produktorientierten Haushaltsplanes ist ein wirtschaftlicher und transparenter Nachweis des Ressourceneinsatzes. Das notwendige Instrument dafür sind die Produkte. Die Produkte dienen dem Ziel, das zukünftige Verwaltungshandeln durch Zielvorgaben und Kennzahlen zu steuern, mehr Transparenz für Verwaltung und Politik zu erreichen und die Wirkung kommunalen Handelns in den Mittelpunkt zu stellen. Kommunalverwaltungen sollen sich vielmehr mit der Frage beschäftigen, „Was erreichen wir mit unserem Mitteleinsatz?" und nicht „Wie viele Mittel wenden wir wofür auf?"

Der Haushaltsplan weist an unzähligen Konten nach, welche Erträge erwirtschaftet werden und welche Aufwendungen entstehen. Was mit den Ressourcen tatsächlich gemacht bzw. erreicht werden soll, wird nur ungenügend dargestellt. Diese Lücke schließen die Produktbeschreibungen.

Dabei werden die Personal- und Finanzressourcen durch die Vertretung vorgegeben und mit Leistungs- und Zielvorgaben für die jeweiligen Produktverantwortlichen verknüpft.

---

[71] Vgl. § 2 Nr. 30 KomHKV.

Durch diese Verknüpfung sowie die Messung des Outputs wird die Transparenz des Verwaltungshandels deutlich erhöht. Durch die Vereinbarung von Zielen und Kennzahlen dienen die Produkte als zentrales Instrument der Steuerung für Politik und Verwaltungsleitung.
Im kommunalen Haushaltsrecht besteht die gesetzliche Pflicht, nach einem verbindlich vorgegebenen Produktrahmen (vgl. § 6 Abs. 1 KomHKV) einen Produkthaushalt aufzustellen. Dadurch werden nicht nur vereinzelte Kommunen ihre Produkte definieren, sondern alle Kommunen im gesamten Bundesgebiet. Dies erfolgt u.a. mit dem Ziel, die interkommunale Vergleichbarkeit zu fördern. Der kommunale Produktrahmen entspricht den von der Innenministerkonferenz durch Beschluss vom 21.11.2003 empfohlenen Mindestinhalten der Produktbereiche und Produktgruppen für die kommunalen Haushalte.[72]
Dieser produktorientierte Haushalt ist weit mehr als der Nachweis von Erträgen/Einzahlungen und Aufwendungen/Auszahlungen. Er wird durch die Ergänzung um eine aussagekräftige Kosten- und Leistungsrechnung zum zentralen Steuerungsinstrument für die Politik und die Verwaltungsführung.
Von keinem anderen Instrument gehen solche starken Auswirkungen auf die Entscheidungen und das Verhalten sowohl der Politik als auch der Führungskräfte und der Beschäftigten in der Verwaltung aus. Er enthält die Informationen, die für Planung, Entscheidung und Kontrolle wichtig sind, und bildet die örtliche Verantwortungsstruktur, d.h. die Verwaltungsorganisation, ab. Er definiert die Finanz- und Leistungsziele als Grundlage für eine ergebnisorientierte Steuerung und weist das Ressourcenaufkommen und den Ressourcenverbrauch vollständig aus, um damit die intergenerative Gerechtigkeit zu fördern. Nicht zuletzt ist der Haushalt der Hauptkontrakt zwischen Verwaltung und Vertretung, indem die Politik verbindliche Ziele vorgibt und die dafür erforderlichen Ressourcen zur Verfügung stellt.
Zusammenfassend lässt sich der Haushalt nicht nur als „Nerv des Staates“ (Richelieu), sondern als „Nerv jeder Kommunalverwaltung“ bezeichnen.

5.1.1 Struktur des Produkthaushalts

Der durch den Vorordnungsgeber (Ministerium des Innern Bbg) verbindlich vorgegebene Produktrahmen erzeugt vergleichbare Informationen (durch die verbindlich vorgeschriebene Ebene der Produktgruppe). Dadurch gelingt es zum einen den Aufsichtsbehörden leichter, die jeweilige kommunale Finanzsituation mit der von anderen Gemeinden zu vergleichen und zu prüfen. Aber auch jedem Sachverständigen Dritten oder auch Gremienmitgliedern obliegt somit vollkommen ortsunabhängig die Möglichkeit, zielgerichtet Informationen zu bekommen oder ebenfalls zu vergleichen. Der Produktrahmenplan des Landes aus der VV zum Produkt- und Kontenrahmen ist nach § 6 Abs. 1 KomHKV verbindlich anzuwenden (siehe entsprechend auch VV zum Produkt- und Kontenrahmen).
Der Produktrahmenplan ist insgesamt in die nachfolgenden sieben Produktklassen gegliedert:

[72] Vgl. VV Produkt – und Kontenrahmen, a.a.O., 1.1. Anmerkungen zum Produktrahmen.

1	Zentrale Verwaltung
2	Schule und Kultur
3	Soziales und Jugend
4	Gesundheit und Sport
5	Gestaltung der Umwelt
6	Zentrale Finanzleistungen
7	Stiftungen

Die weitere Unterteilung des Produktrahmenplans erfolgt in Produktbereiche, Produktgruppen und Produkte. Bis zur Ebene der Produktgruppe (Dreisteller) ist der Produktrahmenplan verbindlich vorgeschrieben. Eine weitere Untergliederung der Produktgruppen durch Anfügen einer oder mehrerer Ziffern kann von den Kommunen eigenständig vorgenommen werden. Die weitere Unterteilung in Produkte auf Produktebene ist ebenso nicht verbindlich und obliegt der Entscheidung der jeweiligen Kommune.[73] Ziel dabei ist es, eine möglichst große Vergleichbarkeit zwischen den Haushalten der Kommunen zu erreichen. Insofern wird hier die Meinung vertreten, dass eine Abweichung von den Produkten nur in begründeten Ausnahmefällen erfolgen sollte. Die Produkte wiederum werden aus den durch die Kommunen erbrachten Leistungen definiert.

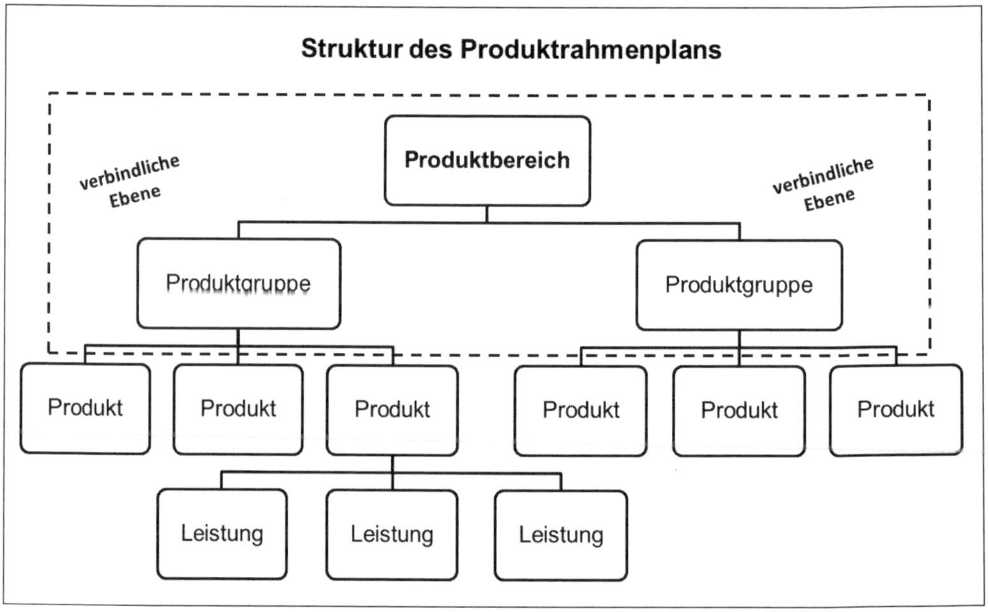

Abbildung 38: Struktur des Produktrahmenplans

[73] Vgl. VV Produkt- und Kontenrahmen, a.a.O., 1.1. Anmerkungen zum Produktrahmen.

Auszug aus Produktrahmen des Landes Brandenburg[74]

Nr.	Produktbereiche
1	**Zentrale Verwaltung**
11	Innere Verwaltung
12	Sicherheit und Ordnung
2	**Schule und Kultur**
21 - 24	Schulträgeraufgaben
25 - 29	Kultur und Wissenschaft
3	**Soziales**
31 - 35	Soziale Hilfen
36	Kinder- und Jugend- und Familienhilfe
4	**Gesundheit und Sport**
41	Gesundheitsdienste
42	Sportförderung
5	**Gestaltung der Umwelt**
51	Räumliche Planung und Entwicklung
52	Bauen und Wohnen
53	Ver- und Entsorgung
54	Verkehrsflächen und -anlagen, ÖPNV
55	Natur- und Landschaftspflege
56	Umweltschutz
57	Wirtschaft und Tourismus
6	**Zentrale Finanzleistungen**
61	Allgemeine Finanzwirtschaft
7	**Stiftungen**

Abbildung 39: Produktrahmen

Zu den einzelnen Produkten enthält der Produktrahmen inhaltliche Erläuterungen. Diese Erläuterungen dienen zur näheren Klassifizierung der Produkte und damit als Auswahlhilfe. Dabei handelt es sich um keine abschließenden Erläuterungen/Aufzählungen.
Die Untergliederung des Produkthaushalts unterliegt dem Ermessen der einzelnen Gemeinden und ist dabei von den örtlichen Rahmenbedingungen, insbesondere dem Steuerungsinteresse der Vertretung und der Verwaltungsführung, abhängig.

74 Vgl. VV Produkt- und Kontenrahmen, a.a.O., Nr. 2 Kommunaler Produktrahmen.

Auszug aus den finanzstatistischen Zuordnungsvorschriften zu den Produktgruppen[75]

Nr.	Bezeichnung der Aufgaben, Zuordnung
126	Brandschutz
	Aufgaben des Brandschutzes; Feuerlöschwesen; Feuerwehrschulen; Leitstellen; Technische Hilfe auch für Dritte
127	Rettungsdienst
	bewegliche Rettungsmittel (Notarztwagen); Krankentransport; Leitstellen; Rettungsstation; Rettungswachen; Unfallmeldestellen, Unfallstationen
128	Katastrophenschutz
	Aufgaben nach den Sicherstellungs- und Vorsorgegesetzen; Behörden- bzw. Betriebsselbstschutz; Aufgaben im Katastrophen- und Zivilschutz; Leistungen an Katastrophengeschädigte in PG 351
2	**Schule und Kultur**
21 - 24	**Schulträgeraufgaben**
	Den Schulformen sind anteilig zuzuordnen: Förderung des Schulsports, z.B. für die Nutzung von Einrichtungen Dritter, Förderung von Wettbewerben usw.; Lernmittelfreiheit; Modellversuche; Schulfahrten; Schulkostenbeiträge an kommunale Träger; Zuschüsse für Gastschülerinnen und Gastschüler; Zuschüsse an Schulen in freier Trägerschaft
211	Grundschulen
216	Oberschulen
	Bildungsgänge zum Erwerb des erweiterten Hauptschulabschlusses (erweiterte Berufsbildungsreife) sowie zum Erwerb des Realschulabschlusses (Fachoberschulreife)
217	Gymnasien
	Gymnasien ohne berufliche Gymnasien; Einrichtungen im Sekundarbereich II, die zur allgemeinen Hochschulreife führen; Einrichtungen des Fernunterrichts zur Erlangung der Hochschulreife
218	Gesamtschulen
	Gesamtschulen mit gymnasialer Oberstufe; Freie Waldorfschulen
221	Förderschulen, Förderklassen
	Sämtliche Förderschulen und Förderklassen des allgemeinbildenden Bereichs, wie Schulen mit sonderpädagogischem Förderschwerpunkt „Lernen", „Sprache", „emotionale und soziale Entwicklung", „geistige Entwicklung", „Hören", „körperliche und motorische Entwicklung", „Sehen" sowie Schulen für Kranke.

Abbildung 40: Finanzstatistischen Zuordnungsvorschriften

[75] Vgl. VV Produkt- und Kontenrahmen, a.a.O., Nr. 3 Finanzstatistische Zuordnungsvorschriften.

Beispiel zur weiteren Produktuntergliederung:

Nr.		Produkt		Leistungen
2	**Schule und Kultur**			
21	Schulträgeraufgaben			
211	Grundschulen			
		21101	Grundschule Nord	Schulträgeraufgaben Unterhaltung / Bewirtschaftung Schulsport Schulfahrten u.a.
		21102	Grundschule Süd	
		21103	Grundschule Ost	
		21104	Grundschule West	

Abbildung 41: Produktuntergliederung

5.1.2 Produktbeschreibung (Landkreis)[76]

Der Kopf des Produktes bildet die statistischen Vorgaben ab. Die Grundlage dafür bildet der Produktrahmen des Landes Brandenburg.

Der Produkt-/Ressourcenverantwortliche muss neben der Organisations- und Steuerungsverantwortung auch über die Verantwortung über die zur Verfügung gestellten Ressourcen (Personal- und Sachkosten) verfügen. Im Regelfall betrifft dies Amts- bzw. AbteilungsleiterInnen. Ziel muss es sein, dass derjenige, der die Verantwortung für die Erstellung des Produkts hat, auch Zugriff bzw. Möglichkeiten zur Steuerung aller damit im Zusammenhang stehenden Ressourcen hat. Nur so kann er für ein zielorientiertes und wirtschaftliches Handeln verantwortlich gemacht werden.[77] Die Zusammenlegung von Fach- und Ressourcenverantwortung ist eine zentrale Zielstellung bei der Umsetzung der Verwaltungsreform.

Das Personal der Kommunalverwaltung ist im Prozess der Leistungserstellung eine der wichtigsten Ressourcen. Insoweit ist die Aussage über die für die Erstellung des Produktes notwendige Personalausstattung (Stellenanteile/VbE) ein Indiz für die Steuerungsrelevanz innerhalb der gesamten Kommunalverwaltung.

76 Beispielprodukt aus einem Haushaltsplan einer Gemeinde der Größenklasse 2

77 Vgl. Grimberg/Wiener, Der neue Haushaltsplan im NKHR, Produkte vs. Organisation?, APF 4/2010.

Produkt	**12610**	**vorbeugender und abwehrender Brandschutz, technische Hilfeleistungen**
Produktgruppe	126	Brandschutz
Produktbereich	12	Sicherheit und Ordnung

Produktverantwortlicher — **Stellenanteile**

Amt für Brand-, Katastrophenschutz und Rettungsdienst — **63,400**

Beschreibung

- Maßnahmen zur Bekämpfung von Gefahren für Personen, Tiere, Sachen und die Umwelt, die durch und die Brände entstehen (Brandbekämpfung)
- Maßnahmen zur Abwehr von Gefahren für Personen, Tiere, Sachen und die Umwelt bei Unglücksfällen oder Notständen (technische Hilfeleistungen)
- Maßnahmen zur Verhütung von Bränden sowie der Brandausbreitung (vorbeugender Brandschutz)
- Brandsicherheitswachen und -schauen
- Aus- und Fortbildung aller Einsatzkräfte sowohl der Berufsfeuerwehr, als auch der freiwilligen Wehren
- organisatorische Sicherstellung der Gefahrenabwehr
- Mitwirkung bei planungs- und bauordnungsrechtlichen Verfahren
- Öffentlichkeitsarbeit und Schulungen

Auftragsgrundlage

- Brandschutzgesell, Feuerwehrsatzung
- Bauherren, Veranstalter von Versammlungen und Großveranstaltungen
- Eigentümer und Verwalter von Wohn- und Gewerbegebäuden

Zielgruppen

- in Not geratene Personen
- Eigentümer von Sachwerten

Globalziele

- erfolgreiche Brandbekämpfung und Gefahrenabwehr
- Verhinderung von Brandausbrüchen und der Brandausbreitung
- Sicherung von Rettungswegen
- Schaffung der Voraussetzungen für einen wirkungsvollen abwehrenden Brandschutz

Kennzahlen/Indikatoren	2025	2026
1. Anzahl Brandeinsätze	317	427
2. Anzahl technische Hilfeleistungen	1.334	1.423
3. Anzahl Brandsicherheitswachen	173	146
4. Anzahl Freiwillige Feuerwehren	14	14
5. Anzahl aktive Mitglieder der Freiwilligen Feuerwehren	340	328

Leistungen	**Art der Aufagbenerfüllung** pflichtig	freiwillig
- Brandbekämpfung	x	
- technische Hilfeleistungen	x	
- Mitwirkung beim Rettungsdienst	x	
- Dienstleistungen für Dritte (stadtintern und extern)		x
- Sicherstellung der Einsatzbereitschaft aller Einsatzmittel	x	
- Mitwirkung beim Katastrophenschutz	x	
- Brandsicherheitsschauen	x	
- Bauordnungsrechtliche Mitwirkung	x	
- Planungsrechtliche Mitwirkung (Träger öffentlicher Belange)	x	
- Mitwirkung im Veranstaltungsrecht	x	

Abbildung 42: Produktbeschreibung

Die Produktbeschreibung bildet den derzeitigen Ist-Zustand ab. Änderungen aufgrund von Wegfall bzw. Neuzuordnung von Aufgaben werden in der jährlichen Fortschreibung des Produktplanes berücksichtigt. Das Produkt wird mit seinen wesentlichen Merkmalen in allgemeinverständlichen Sätzen kurz beschrieben.
Zur Definition eines Produktes sind die wesentlichen Leistungen zur Erstellung des Produktes erforderlich. In der Kosten- und Leistungsrechnung (KLR) werden die Leistungen im Wesentlichen als Kostenträger Eingang finden und sind gleichzeitig Basis einer Zeit- und Mengenerfassung. Kriterien der Leistungsdefinition können z.B. Gebührenrelevanz, besondere Anforderungen an die Qualifikation der Mitarbeiter, Notwendigkeit der gesonderten Steuerung sowie eine Berechnung gegenüber Dritten sein. Die Definition der Art der Aufgabenerfüllung (Pflichtaufgabe, freiwillige Aufgabe bzw. Mischformen) erfolgt auf der Leistungsebene.
Im Bereich der Auftragsgrundlage sind die wesentlichen Grundlagen der Leistungserbringung aufgeführt. Dies beinhaltet gesetzliche Regelungen, Verordnungen und Beschlüsse der politischen Gremien der Kommune.
Die „Kunden" des Produktes werden im Bereich der Zielgruppe benannt. Diese muss plausibel und so konkret wie möglich bestimmt sein.
Globalziele sind Ziele, die durch Kennzahlen nicht direkt messbar sind. Hier geben im Wesentlichen nur Indikatoren eine Aussage (wie z.B. Anzahl Einwohner, Entwicklung, Defizit usw.) zur notwendigen Ressourcenausstattung. Diese Indikatoren sind durch den Produkt-/Ressourcenverantwortlichen nicht bzw. nur in geringem Umfang beeinflussbar.
Bei operativen Zielen ist der Grad der Zielerreichung durch Kennzahlen messbar und durch den Produkt- bzw. Ressourcenverantwortlichen beeinflussbar. Es erfolgt die Ausweisung der Ziele, die mit der Produkterstellung verfolgt werden sollen. Dabei kann z.B. auf Qualität, Quantität, Wirtschaftlichkeit und Kunden- bzw. Bürgerzufriedenheit eingegangen werden.
Den Zielen und Kennzahlen hat der Verordnungsgeber in den Vorschriften der KomHKV einen breiten Raum gegeben.
So sind in den §§ 6, 29 und 56 KomHKV folgende Regelungsinhalte enthalten:

§ 6 Abs. 4 KomHKV

In jedem Teilhaushalt sind die Produktgruppen, die wesentlichen Produkte und ihre Auftragsgrundlage zu beschreiben. Für die wesentlichen Produkte sind die zu erreichenden Produktziele vorzugeben; Kennzahlen zur Messung der Zielerreichung sind anzugeben. Die Ziele und Kennzahlen sollen zur Grundlage der Gestaltung der Planung, Steuerung und Erfolgskontrolle des jährlichen Haushalts gemacht werden.
Hier hat der Gesetzgeber mit Novellierung der BbgKVerf und nachfolgend KomHKV zum 01.01.2025 eine Reduzierung der Verpflichtung auf die wesentlichen Produkte vorgenommen (zuvor bestand die Verpflichtung für alle Teilhaushalte). Damit wurde zum einen unterstrichen, dass die Bildung von Kennzahlen zur Messung der Zielerreichung Kerninstrument der produktorientierten Gliederung sein und bleiben soll. Gleichzeitig wurde anerkannt, dass die flächendeckende Bildung von Kennzahlen zum einen enormen Arbeitsaufwand erfordert und zum anderen in zahlreichen Produkten gerade nicht zur Fokussierung geführt hat oder gar durch die Fülle der Angaben keine effektive Nutzung der entsprechenden Daten erfolgt ist.

§ 27 Abs. 1 KomHKV
Die Gemeindevertretung ist mindestens halbjährlich über den Stand des Haushaltsvollzugs einschließlich der Erreichung der Finanz- und Leistungsziele zu unterrichten. Die Gründe für wesentliche Abweichungen sind zu erläutern.

§ 45 Abs. 2 KomHKV
Die Teilrechnungen sind jeweils um Ist-Zahlen zu den in den Teilhaushaltsplänen ausgewiesenen Leistungsmengen und Kennzahlen zu ergänzen.
Bei der Kennzahlenbildung wird im Regelfall zunächst auf vorhandene Daten in den Fachämtern zurückgegriffen. Hier muss insbesondere das Verhältnis von Aufwand und Nutzen beachtet werden, um keine Zahlenfriedhöfe zu produzieren.
Im doppischen Haushaltswesen haben Ziele und Kennzahlen vor allem folgende Funktionen:

- Kennzahlen messen i.d.R. den Grad der Zielerreichung
- Kennzahlen und Ziele haben eine Kontrollfunktion, die in Form von Soll-Ist-Vergleichen durchgeführt werden

Ziele und Kennzahlen haben eine Warnfunktion, da bei Nichterreichung der Ziele/Kennzahlen die Veränderungen und ihre Ursachen sichtbar werden.
Die jeweilige Organisationseinheit wird durch den doppischen Produkthaushalt mit der Erstellung dieses Produktes und der Erreichung der darin bestimmten Ziele „beauftragt“. Dafür bekommt die Organisationseinheit entsprechende Ressourcen zugewiesen.
Ein wesentliches Ziel ist es dabei, die Fach- und Ressourcenverantwortung zu vereinheitlichen. Nur wenn der Produktverantwortliche selbst Zugriff auf alle Ressourcen hat, kann er für Zielerreichung und wirtschaftliches Handeln verantwortlich gemacht werden. Deshalb gilt es im Rahmen der Produktbildung mögliche organisatorische Hemmnisse abzubauen.
Sollte dies nicht gelingen, werden aufwendige Verrechnungen im Rahmen der Kosten- und Leistungsrechnung bzw. die Abbildung nicht unerheblicher interner Leistungsverrechnungen in den Teilplänen notwendig. Dies ist erforderlich, um den tatsächlichen Ressourcenverbrauch für die Erstellung von Leistungen zu ermitteln, nämlich da, wo sie verursacht wurden, und nicht da, wo sie entstanden sind. Dies stellt jedoch „nur“ ein technisches Problem dar. Das eigentliche organisatorische Problem – keine klaren Verantwortlichkeiten nach außen und nach innen, uneffektive Arbeitsabläufe und Prozesse, erhöhter Abstimmungsbedarf zwischen beteiligten Ämtern, Kompetenzgerangel, ein hoher Anteil an Ressourcenverbrauch, welchen der Verantwortliche nicht beeinflussen kann – wird nicht beseitigt.

5.2 Kontenrahmenplan

5.2.1 Grundlagen und Struktur des Kontenrahmens

Die kommunale Haushaltsplanung und Buchführung ist durch eine erhebliche Anzahl von Geschäftsvorfällen geprägt. Es ist daher unbestritten erforderlich, die Geschäftsvorfälle auf verschiedenen Konten nachzuweisen (nicht mit Bankkonten verwechseln). Der Kontenrahmen dient der Ordnung und Übersicht und gliedert die unterschiedlichen Konten landeseinheitlich nach einer bestimmten Systematik. Hierdurch wird ein einheitlicher Aufbau des Rechnungswesens gewährleistet und eine Vergleichbarkeit mit anderen Gemeinden ermöglicht.
Die anfallenden Geschäftsvorfälle sind in allen Gemeinden gleicher oder ähnlicher Natur (z.B. Grundsteuer, Gewerbesteuer, Personalaufwand etc.). Zur Vereinheitlichung der Konten wird vom Innenministerium des Landes Brandenburg ein Kontenrahmen als Verwaltungsvorschrift vorgegeben. Bei den Kontierungsplänen handelt es sich um Mindestanforderungen. Innerhalb dieser Vorgabe kann die jeweilige Gemeinde nach ihren eigenen Bedürfnissen einen spezifischen Kontenplan aufstellen und diesen weiter untergliedern. Der Kontenrahmen ist nach § 30 Abs. 3 KomHKV i.V.m. Nr. 1.2. VV Produkt- und Kontenrahmen anzuwenden.
Der Kontenrahmen ist insgesamt in zehn Kontenklassen unterteilt. Davon sind lediglich die Kontenklassen 4/5/6/7 planungsrelevant, da entsprechend §§ 4 und 5 KomHKV im Ergebnis- und Finanzplan ausschließlich Erträge und Aufwendungen sowie Einzahlungen und Auszahlungen geplant werden.

0	Immaterielles Vermögen und Sachanlagevermögen
1	Finanzanlage-, Umlaufvermögen, aktive Rechnungsabgrenzungsposten
2	Eigenkapital, Sonderposten und Rückstellungen
3	Verbindlichkeiten und passive Rechnungsabgrenzungsposten
4	Erträge
5	Aufwendungen
6	Einzahlungen
7	Auszahlungen
8	Abschlusskonten
9	Kosten- und Leistungsrechnung

Die weitere Unterteilung des Kontenrahmens erfolgt in Kontengruppen, Kontenarten und Konten. Bis zur Ebene der Konten sind die Landesvorgaben verbindlich. Ziel dabei ist es, eine möglichst große Vergleichbarkeit zwischen den Haushalten der Kommunen zu erreichen. Weitere Unterkontierungen sollen der Transparenz und Nachvollziehbarkeit der Geschäftsvorfälle und damit der Einhaltung der Grundsätze ordnungsgemäßer Buchführung dienen. Im Land Brandenburg sind sechsstellige Konten üblich.

5.2.2 Zusammenhang der Kontensystematik mit dem Ergebnis-/Finanzhaushalt

Die Kontengruppen (Zweisteller) entsprechen den Gliederungspunkten der §§ 4 und 5 KomHKV. D.h., die Kontensystematik des Kontenrahmens hängt ursächlich und untrennbar mit der Gliederung und dem Aufbau des Ergebnis- und Finanzhaushaltes zusammen.

		§ 4 KomHKV Ergebnishaushalt
KG	Nr.	
		Erträge (lfd. Verwaltungstätigkeit)
40	1	Steuern und ähnliche Abgaben
41	2	Zuwendungen und allgemeine Umlagen
42	3	Sonstige Transfererträge
43	4	Öffentlich-rechtliche Leistungsentgelte
44	5	Privatrechtliche Leistungsentgelte
	6	Kostenerstattungen und Kostenumlagen u.a.
45	7	Sonstige ordentliche Erträge
46	19	Zinsen und sonstige Finanzerträge
47	8	Aktivierte Eigenleistungen
48	27	Erträge aus internen Leistungsbeziehungen *Bestandteil des Teilergebnishaushaltes gem. § 7 Abs. 1 KomHKV*
49		außerordentliche Erträge *beachte die Vorschriften des § 4 Abs. 2 KomHKV (siehe auch Kapitel 2.2)*
		Aufwendungen (lfd. Verwaltungstätigkeit)
50	11	Personalaufwendungen
51	12	Versorgungsaufwendungen
52	13	Aufwendungen für Sach- und Dienstleistungen
53	15	Transferaufwendungen

		§ 5 KomHKV Finanzhaushalt
KG	Nr.	
		Einzahlungen (lfd. Verwaltungstätigkeit)
60	1	Steuern und ähnliche Abgaben
61	2	Zuwendungen und allgemeine Umlagen
62	3	Sonstige Transfereinzahlungen
63	4	Öffentlich-rechtliche Leistungsentgelte
64	5	Privatrechtliche Leistungsentgelte
	6	Kostenerstattungen und Kostenumlagen u.a.
65	7	Sonstige Einzahlungen aus lfd. Verwaltungstätigkeit
66	8	Zinsen und sonstige Finanzeinzahlungen
		zahlungsunwirksam
		zahlungsunwirksam
(68)		(Einzahlung aus Vermögensveräußerung)
		Auszahlungen (lfd. Verwaltungstätigkeit)
70	10	Personalauszahlungen
71	11	Versorgungsauszahlungen
72	12	Auszahlungen für Sach- und Dienstleistungen
73	13	Transferauszahlungen

		§ 4 KomHKV Ergebnishaushalt			**§ 5 KomHKV Finanzhaushalt**
54	16	Sonstige ordentliche Aufwendungen	74	15	Sonstige Auszahlungen aus lfd. Verwaltungstätigkeit
55	20	Zinsen und sonstige Finanzaufwendungen	75	14	Zinsen und sonstige Finanzauszahlungen
56		nicht belegt	76		*nicht belegt*
57	14	Abschreibungen			*zahlungsunwirksam*
58	28	Aufwendungen aus internen Leistungsbeziehungen *Bestandteil des Teilergebnishaushaltes gem. § 7 Abs. 1 KomHKV*			*zahlungsunwirksam*
59					(Ausbuchung RBW)
			68	25	Einzahlungen (Investitionstätigkeit)
			78	33	Auszahlungen (Investitionstätigkeit)
			69	38	Einzahlung (Finanzierungstätigkeit)
			79	41	Auszahlung (Finanzierungstätigkeit)

Abbildung 43: Kontensystematik

Die Bezeichnung der Kontengruppe ist demnach identisch mit der Bezeichnung in den adäquaten Zuordnungsvorschriften des kommunalen Kontenrahmens in Brandenburg.[78] Die folgende Abbildung zeigt das Konto 5211 „Unterhaltung der Grundstücke und baulichen Anlagen", welches nach § 4 Abs. 1 Nr. 13 KomHKV Bestandteil der Kontengruppe 52 „Aufwendungen für Sach- und Dienstleistungen" ist.

[78] Vgl. VV Produkt- und Kontenrahmen, a.a.O., 4.4. Finanzstatistische Zuordnungsvorschriften zu den Kontierungsplänen.

Kontenklasse	Kontengruppe	Kontenart	Konto	Bezeichnung
5				**Aufwednungen**
	52			**Aufwendungen für Sach- und Dienstleistungen**
		521		**Unterhaltung der Grundstücke und baulichen Anlagen**
			5211	**Unterhaltung der Grundstücke und baulichen Anlagen**
				Laufende Unterhaltung sind Maßnahmen, die der Erhaltung dienen und die keine erhebliche Veränderung (keine erhebliche Werterhöhung) zur Folge haben. Laufende Unterhaltung (einschließlich Materialaufwendungen) eigener, gemieteter und gepachteter Grundstücke, Anlagen, Gebäude und einzelner Räume sowie der zu den Gebäuden gehörenden Gärten, Grün- und sonstigen Außenanlagen, z.B. Zufahrten, Wege, Staffeln und Mauern, Pausen- und Spielplätze, Turnspielgeräte, Wallanlagen. Bestandteile, die baulich mit dem Gebäude oder Grundstück verbunden sind, wie: Heizungs- und Klimaanlagen, Küchen und Wäschereianlagen, Leitungen für Wasser, Gas, Strom, Fernwärme, Abwasser, Telekommunikationsanlagen, Trafostationen, eingebaute Beleuchtungsanlagen und Verdunkelungseinrichtungen, Aufzüge, Fahrstühle, Rolltreppen, Transportanlagen, Uhren- und Klingelanlagen, Sicherungs- und Alarmeinrichtungen, Blitz- und Brandschutzanlagen, Antennen, Einbauschränke, Bauliche Anlagen auf land- oder forstwirtschaftlich oder in anderer Weise genutzten unbebauten Grundstücken (z.B. feste Umzäunungen). Aufwendungen für die Beseitigung von Unwetter-, Katastrophen-, Tumult-, Manöver-, Kriegs-, Einbruch-, Wasser-, Feuer- und Sturmschäden, Abbruchkosten, soweit nicht im Rahmen von Neubauten Aufwendungen für die Erstellung von generellen Plänen (z.B. Flächennutzungspläne, Bauleitpläne). Aufwendungen auf Grund von Werk- oder ähnlichen Verträgen zur Unterhaltung der Grundstücke und baulichen Anlagen. Persönliche Aufwendungen, auch für vorübergehend Beschäftigte, in Konten 501-.

Abbildung 44: Kontensystematik am Beispiel

5.2.3 Erläuterung und Untergliederung der Konten

Zu den einzelnen Konten enthält der Kontenrahmenplan Erläuterungen (siehe Abbildung 44). Diese Erläuterungen dienen zur näheren Klassifizierung der Konten und damit als Auswahlhilfe. Dabei handelt es sich um keine abschließenden Erläuterungen/Aufzählungen. Darüber hinaus steht es den Kommunen frei, die Konten über die im Kontenrahmenplan enthaltenen Ebenen weiter zu untergliedern.

Beispiel zur weiteren Kontenuntergliederung:

5241	Bewirtschaftung der Grundstücke und baulichen Anlagen
52411	Heizung
52412	Reinigung
52413	Wasser/Abwasser
52414	Grundbesitzabgaben
52415	Entsorgung
52416	Energie
52417	Feuer-/Inhaltsversicherungen

Auszug aus dem Haushalt der Stadt Prenzwalde mit Kontenuntergliederung (Abbildung 43). Die Untergliederung in der fünften Stelle kann in den einzelnen Kommunen, anders als hier im Beispiel ersichtlich, erfolgen.

Ertrags- und Aufwandsarten		Ergebnis des Vorvorjahres	Ansatz des Vorjahres	Ansatz des Haushaltsjahres (Planjahr)	Planjahr + 1	Planjahr + 2	Planjahr + 3
12	**Aufwendungen für Sach- und Dienstleistungen**	228.128,24	260.000	263.100	242.700	179.200	168.700
52110	Bauliche Unterhaltung	29.687,52	27.000	27.000	27.000	27.000	27.000
52310	Miete für Kopierer	69,96	300	200	200	200	200
52411	Heizung	27.474,02	32.000	32.000	32.000	32 000	32 000
52412	Reinigung	12899,43	16.000	16.000	16.000	16.000	16.000
52413	Wasser, Abwasser	5.162,19	4.200	5.000	5.000	5.000	5.000
52414	Grundbesitzabgaben	126,44	200	0	0	0	0
52415	Entsorgung	1.015,64	2.300	1.200	1.200	1.200	1.200
52416	Energie	26.792,69	26.000	27.000	27.000	27.000	27.000
52417	Feuer-/Instandhalts-versicherungen	5.647,31	5.600	5.600	5.600	5.600	5.600
52510	Haltung von Fahrzeugen	60.236,66	42.000	42.000	42.000	42 000	42 000
52551	Unterhaltung Hardware	10.400,75	10.100	15.300	15.300	15.300	15.300
52552	Prüfung Handfeuerlöscher	4.824,68	8.000	6.000	6.000	6.000	6.000
52553	Geräte, sonstige Gebrauchs-gegenstände	15.184,17	15.100	15.100	15.100	15.100	15.100
52611	Dienst- und Schutzkleidung	24.996,43	25.000	25.000	25.000	25.000	25.000
52612	Aus- und Fortbildung von Brandmeisteranwärtern	0	30.900	30.900	10.500	21.000	10.500
52613	Aus- und Fortbildung	3.610,35	5.500	5.000	5.000	5.000	5.000
52711	Softwarepflege	0	9.300	9.300	9.300	9.300	9.300
52712	Schulungsmaterial für Ersthelferausbildung	0	500	500	500	500	500

Abbildung 45: Kontenuntergliederung (Beispiel)

Zur besseren Abgrenzung dieser einzelnen Bereiche dient die sogenannte Bereichsabgrenzung als weiterer Bestandteil des Kontenrahmenplans. Diese Übersicht[79] ist in Nr. 4.2 der VV Produkt- und Kontenrahmen abgedruckt.
Der Aufbau der Ergebnis- und Finanzhaushaltskonten ist mit Ausnahme der zahlungsunwirksamen Erträge und Aufwendungen, der investiven Einzahlungen und Auszahlungen sowie der Einzahlungen und Auszahlungen aus Finanzierungstätigkeit im Regelfall identisch.

4				**Erträge**
	40			Steuern und ähnliche Abgaben
		401		Realsteuern
			4011	Grundsteuer A ← →
			4012	Grundsteuer B
			4013	Gewerbesteuer
			4014	Grundsteuer C
		402		Gemeindeanteile an den Gemeinschaftssteuern
			4021	Gemeindeanteil an der Einkommensteuer
			4022	Gemeindeanteil an der Umsatzsteuer
		403		Sonstige Gemeindesteuern
			4031	Vergnügungssteuer
			4032	Hundesteuer ← →
			4034	Zweitwohnungssteuer
			4039	Sonstige örtliche Steuern

6				**Einzahlungen**
	60			Steuern und ähnliche Abgaben
		601		Realsteuern
			6011	Grundsteuer A
			6012	Grundsteuer B
			6013	Gewerbesteuer
			6014	Grundsteuer C
		602		Gemeindeanteile an den Gemeinschaftssteuern
			6021	Gemeindeanteil an der Einkommensteuer
			6022	Gemeindeanteil an der Umsatzsteuer
		603		Sonstige Gemeindesteuern
			6031	Vergnügungssteuer
			6032	Hundesteuer
			6034	Zweitwohnungssteuer
			6039	Sonstige örtliche Steuern

Abbildung 46: Zusammenhang Ergebnis- und Finanzkonten

Die Kontensystematik in den Kontenklassen ist bei den zahlungswirksamen Erträgen und Aufwendungen im Regelfall identisch. Im Ertragsbereich wird aus 4 eine 6 und im Aufwandsbereich wird aus einer 5 eine 7 bei der ersten Stelle des Kontos.

5.2.4 Kommunaler Kontenrahmen des Landes Brandenburg

Der kommunale Kontenrahmen des Landes Brandenburg[80] ist die Übersicht über die Kontenklassen (einstellig) und Kontengruppen (zweistellig). Er entspricht den von der Innenministerkonferenz durch Beschluss vom 21.09.2003 empfohlenen Mindestinhalten der Produktbereiche und Produktgruppen für die kommunalen Haushalte und orientiert sich zumindest bei den Kontenklassen 1–5 am Standardkontenrahmen (SKR) 04, der für publizitätspflichtige Firmen nach dem Bilanzrichtliniengesetz (BiRiliG) gilt.

79 Bereichsabgrenzung der Kontierungspläne des kommunalen Kontenrahmens.
80 Vgl. VV Produkt - und Kontenrahmen, a.a.O., Nr. 4.1. Kommunaler Kontenrahmen.

Aktiva		Passiva		Ergebnisrechnung		Finanzrechnung		Abschluss	KLR
Kontenklasse 0	Kontenklasse 1	Kontenklasse 2	Kontenklasse 3	Kontenklasse 4	Kontenklasse 5	Kontenklasse 6	Kontenklasse 7	Kontenklasse 8	Kontenklasse 9
Immaterielle Vermögensgegenstände und Sachanlagevermögen	**Finanzanlagen, Umlaufvermögen und aktive RAP**	**Eigenkapital, Sonderposten und Rückstellungen**	**Verbindlichkeiten und passive RAP**	**Erträge**	**Aufwendungen**	**Einzahlungen**	**Auszahlungen**	**Abschlusskonten**	**Kosten- und Leistungsrechnung**
00 ...	10 Anteile an verbundenen Unternehmen	20 Eigenkapital	30 Anleihen	40 Steuern und ähnliche Abgaben	50 Personal-aufwendungen	60 Steuern und ähnliche Abgaben	70 Personal-auszahlungen	80 Eröffnungs- und Abschlusskonten	90 Kosten und Leistungsrechnung (KLR)
01 Immaterielle Vermögens-gegenstände	12 Zweckverbände und sonstige Beteiligungen		31 ...	41 Zuwendungen und allgemeine Umlagen	51 Versorgungs-aufwendungen	61 Zuwendungen und allgemeine Umlagen	71 Versorgungs-auszahlungen	81 Korrekturkonten	Die Ausgestaltung der KLR ist von jeder Kommune selbst festzulegen.
02 Unbebaute Grundstücke und grundstücksgleiche Rechte	12 Sondervermögen	22 ...	32 Verbindlichkeiten aus Kreditaufnahmen für Investitionen und Investitionsförderungsmaßnahmen	42 Sonstige Transfererträge	52 Aufwendungen für Sach- und Dienstleistungen	62 Sonstige Transfer-einzahlungen	72 Auszahlungen für Sach- und Dienstleistungen	82 Kurzfristige Erfolgsrechnung	
03 Bebaute Grundstücke und grundstücksgleiche Rechte	13 Ausleihungen	23 Sonderposten	33 Verbindlichkeiten aus der Aufnahme von Kassenkrediten	43 Öffentlich-rechtliche Leistungsentgelte	53 Transfer-aufwendungen	63 Öffentlich-rechtliche Leistungsentgelte	73 Transfer-auszahlungen		
04 Grundstücke und Bauten des Infrastrukturvermögens und sonstiger Sonderflächen	14 Wertpapiere	24 ...	34 Verbindlichkeiten aus Rechtsgeschäften, die Kreditaufnahmen wirtschaftlich gleichkommen	44 Privatrechtliche Leistungsentgelte, Kostenerstattungen und Kostenumlagen	54 Sonstige ordentliche Aufwendungen	64 Privatrechtliche Leistungsentgelte, Kostenerstattungen und Kostenumlagen	74 Sonstige Auszahlungen aus laufender Verwaltungstätigkeit		
05 Bauten auf fremdem Grund und Boden	15 Vorräte	25 Rückstellungen für Pensionen und ähnliche Verpflichtungen	35 Verbindlichkeiten aus Lieferungen und Leistungen	45 Sonstige ordentliche Erträge	55 Zinsen und sonstige Finanz-aufwendungen	65 Sonstige Einzahlungen aus laufender Verwaltungstätigkeit	75 Zinsen und ähnliche Finanzauszahlungen		

Kontenklasse 0	Kontenklasse 1	Kontenklasse 2	Kontenklasse 3	Kontenklasse 4	Kontenklasse 5	Kontenklasse 6	Kontenklasse 7	Kontenklasse 8	Kontenklasse 9
Immaterielle Vermögensgegenstände und Sachanlagevermögen	**Finanzanlagen, Umlaufvermögen und aktive RAF**	**Eigenkapital, Sonderposten und Rückstellungen**	**Verbindlichkeiten und passive RAP**	**Erträge**	**Aufwendungen**	**Einzahlungen**	**Auszahlungen**	**Abschlusskonten**	**Kosten- und Leistungsrechnung**
06 Kunstgegenstände, Kulturdenkmale	16 Öffentlich-rechtliche Forderungen	26 Rückstellungen für Abfalldeponien und Sanierung von Altlasten	36 Verbindlichkeiten aus Transferleistungen	46 Finanzerträge	56 ...	66 Zinsen und sonstige Finanzeinzahlungen	76 ...		
07 Fahrzeuge, Maschinen und technische Anlagen	17 Privatrechtliche Forderungen, sonstige Vermögensgegenstände	27 Rückstellungen für unterlassene Instandhaltung	37 Sonstige Verbindlichkeiten	47 Aktivierte Eigenleistungen und Bestandsveränderungen	57 Bilanzielle Abschreibungen	67 Einzahlungen aus laufender Verwaltungstätigkeit	77 Auszahlungen aus laufender Verwaltungstätigkeit		
08 Betriebs und Geschäftsausstattung	18 Liquide Mittel	28 Sonstige Rückstellungen	38...	48 Erträge aus internen Leistungsbeziehungen	58 Aufwendungen aus internen Leistungsbeziehungen	68 Einzahlungen aus Investitionstätigkeit	78 Auszahlungen aus Investitionstätigkeit		
09 Geleistete Anzahlungen, Anlagen im Bau	19 Aktive Rechnungsabgrenzung	29 ...	39 Passive Rechnungsabgrenzung	49 Außerordentliche Erträge	59 Außerordentliche Aufwendungen	69 Einzahlungen aus Finanzierungstätigkeit	79 Auszahlungen aus Finanzierungstätigkeit		

Abbildung 47: Kommunaler Kortenrahmen

5.3 Bildung des Produktkontos

Nach der vorausgegangenen Darstellung zu den Produkten und Konten setzt sich eine Buchungsstelle oder Produktkonto wie nachfolgend dargestellt zusammen (Abbildung 48):

Gliederung Produktrahmenplan

Produktbereich	1	= Zentrale Verwaltung
Produktbereich	11	= Innere Verwaltung
Produktgruppe	111	= Verwaltungssteuerung und -service
Produkt	11130	= Zentrale Dienste

Gliederung Kontenrahmenplan

	Ergebnishaushalt		Finanzhaushalt	
Kontenklasse	5	= Aufwendungen	7	= Auszahlungen
Kontengruppe	50	= Personalaufwendungen	70	= Personalauszahlungen
Kontenart	501	= Dienstaufwendungen	701	= Dienstauszahlungen
Konto	50120	= Dienstaufwendungen für tariflich Beschäftigte	70120	= Dienstauszahlungen für tariflich Beschäftigte

Zusammensetzung der Buchungsstelle aus Produkt und Konto
= Dienstaufwendungen (11130.50120) bzw. Dienstauszahlungen (11130.70120) für Arbeitnehmer der Zentralen Dienste (z. B. Fuhrpark, Poststelle)

Abbildung 48: Gliederung des Produktrahmens

Damit ergibt sich nachfolgende Gliederung des kommunalen Haushaltsplanes.

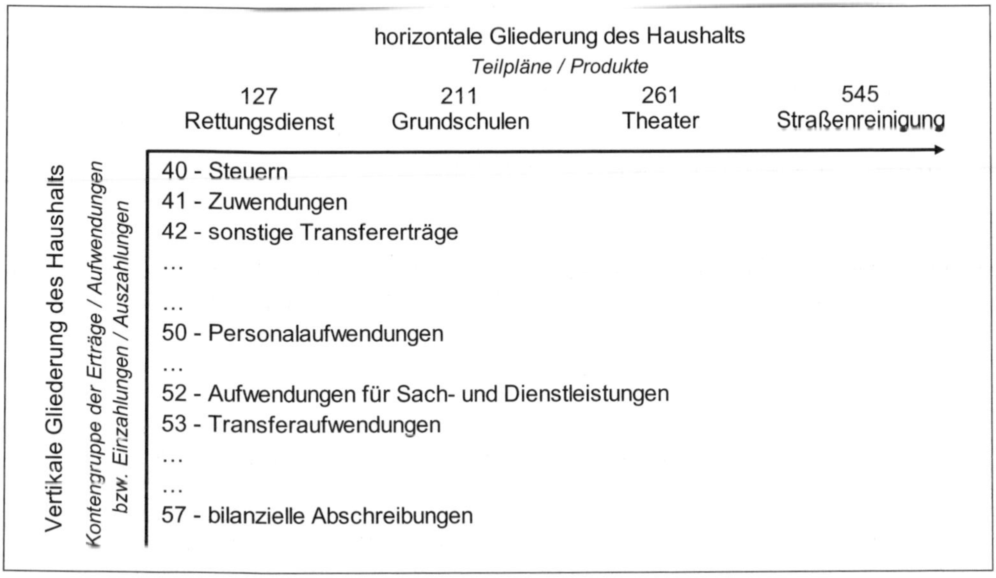

Abbildung 49: Horizontale und vertikale Gliiderung des Haushaltsplanes

6 Der kommunale Haushaltsplan

6.1 Begriff und Inhalt des Haushaltsplanes

Die öffentliche Haushaltswirtschaft dient dem Ziel, den für die Aufgabenerfüllung notwendigen Bedarf darzustellen und gleichzeitig Deckungsmöglichkeiten aufzuzeigen. Um dies mittel- und langfristig sicherzustellen, ist eine vorausschauende Planung erforderlich. Hierzu dient der Haushaltsplan mit der mittelfristigen Ergebnis- und Finanzplanung. Eine Legaldefinition enthalten die Vorschriften zum Gemeindehaushaltsrecht[81] nicht. Vielmehr kann der Haushaltsplan wie folgt beschrieben werden:

Abbildung 50: Haushaltspläne

[81] Vgl. Definition der Deutschen Gemeindeordnung/GemHVO NW 1954.

Der Haushaltsplan ist für die Haushaltsführung der Kommunen die maßgebende Grundlage. Er stellt die kommunalen Leistungen produktorientiert zusammen und gibt Aussagen zum Ressourcenverbrauch/-aufkommen sowie den Veränderungen der liquiden Mittel bezogen auf ein Haushaltsjahr. Er stellt ein haushaltsrechtliches Ermächtigungsinstrument dar. Dadurch kommt ihm im Innenverhältnis ein verbindlicher Charakter für die mit der Ausführung des Haushaltes befassten Organe und Funktionsträger der Gemeinde zu.[82] *Im Rahmen der Budgetierung und produktorientierten Steuerung werden mit den Ermächtigungen konkrete Zielvorgaben verknüpft. Der Haushaltsplan ist damit das zentrale Steuerungsinstrument in der Kommune. Die stetige Aufgabenerfüllung ist demnach im Wesentlichen an die vorherige Veranschlagung im Haushaltsplan gebunden.*

6.2 Wirkung des Haushaltsplanes im Innen- und Außenverhältnis

Nach § 66 Abs. 3 BbgKVerf ist der Haushaltsplan für die Führung der Haushaltswirtschaft verbindlich. Er begründet jedoch weder Ansprüche und Verbindlichkeiten Dritter, noch hebt er diese auf.

Verbindlichkeit im Innenverhältnis (Vertretung/Verwaltung)	Verbindlichkeit im Außenverhältnis (Vertretung/Verwaltung/Dritte)
Im Innenverhältnis enthält der Haushaltsplan verbindliche Vorgaben. Die Haushaltsansätze stellen Ermächtigungen dar und bilden damit eine Handlungsgrundlage. D.h. aber auch, dass Aufwendungen und Auszahlungen nur geleistet werden dürfen, soweit ein Ansatz vorhanden ist und dieser noch nicht ausgeschöpft wurde.	Ansprüche oder Verbindlichkeiten der Kommune gegenüber Dritten können nicht lediglich durch eine Veranschlagung im Haushaltsplan begründet werden, bzw. diese entfallen auch nicht, wenn sie nicht im Haushaltsplan veranschlagt wurden. Der Haushaltsplan hat damit **keine Außenwirkung**.

Die Festsetzungen und Bestimmungen des Haushaltsplanes wenden sich daher an die Organe der Verwaltung und Verwaltungsmitarbeiter, nicht jedoch an den Bürger.[83]

6.3 Bedeutung und Funktionen des Haushaltsplanes

Der Haushaltplan bildet die Grundlage für die Haushaltsführung der Kommune. Er erfüllt dabei insgesamt fünf wesentliche Funktionen.[84]

---

82 Vgl. Erdmann u.a., a.a.O., S. 68.

83 Vgl. auch Bischof, Zur Frage der Rechtswirkung von Haushaltsplan und Haushaltssatzung, GemH 1978 S. 212.

84 Vgl. Erdmann u.a., a.a.O., S. 68 f.

Bedarfsdeckungsfunktion
Diese auch als „finanzpolitische Funktion“ bezeichnete Funktion des Haushaltsplanes besteht in der Ermittlung und Abbildung der zur stetigen Aufgabenerfüllung nach § 62 Abs. 1 BbgKVerf notwendigen Deckungsmittel. Er soll sicherstellen, dass die Bedarfe dauerhaft gedeckt und erfüllt werden können.

Ordnungsfunktion
Gegenüber einer ungeordneten Darstellung kommt dem Haushaltplan eine ordnende Funktion zu, indem er die verschiedenen Geschäftsvorfälle unterschieden nach Erträgen/ Aufwendungen (Kontenklasse 4, 5) und Ein- sowie Auszahlungsarten (Kontenklasse 6, 7) einer Kommune systematisch darstellt. Instrumente hierzu sind der Produkt- und Kontenrahmenplan sowie die verbindlich vorgegebenen Haushaltsmuster, welche nach der Verwaltungsvorschrift zum Produkt- und Kontenrahmen (VV Produkt- und Kontenrahmen) anzuwenden sind. Ziel dieser Funktion ist die Übersicht über die Vermögens- und Finanzverhältnisse der Kommune und somit gewissermaßen auch Voraussetzung für Vergleiche.

Politische Funktion
Nach § 28 Abs. 2 Nr.15 i.V.m. § 69 Abs. 4 BbgKVerf wird die Haushaltssatzung, deren Bestandteil der Haushaltsplan ist, durch die Gemeindevertretung (Stadtverordnetenversammlung, Kreistag) beschlossen. In Kombination mit dem erforderlichen Ausgleich kommen dadurch im Haushaltsplan die von der politischen Mehrheit in der Gemeindevertretung gesetzten Prioritäten und Schwerpunkte zum Ausdruck bzw. müssen durch diese festgelegt werden.

Kontrollfunktion
Nach § 66 Abs. 1 BbgKVerf ist der Haushaltsplan Bestandteil der Haushaltssatzung. Durch den Beschluss über die Haushaltssatzung wird der Haushaltsplan im Innenverhältnis nach § 66 Abs. 3 BbgKVerf verbindlich. Er macht damit Vorgaben für das Verwaltungshandeln und stellt gleichzeitig dessen Ermächtigungsgrundlage dar. Der Haushaltsplan stellt damit die Grundlage für die Buchführung und den Jahresabschluss nach § 80 BbgKVerf dar. Durch den Zusammenhang zwischen Haushaltsplan und Jahresabschluss dient der Haushaltsplan als objektives Kontrollinstrument für die Gemeindevertretung und als Grundlage für die Entlastung des Hauptverwaltungsbeamten.

Gesamtwirtschaftliche/wirtschaftspolitische Funktion
Einer der zentralen Haushaltsgrundsätze ist die Berücksichtigung der Erfordernisse des gesamtwirtschaftlichen Gleichgewichts nach §§ 62 Abs. 1 Satz 3 BbgKVerf und § 1 StWG („Magisches Viereck“[85]). Durch diese Verpflichtung besteht die haushaltsrechtliche Notwendigkeit, antizyklisch auf wirtschaftliche Veränderungen zu reagieren und einen Beitrag als gesamtwirtschaftliches Ordnungsinstrument zu leisten.

---
85 Siehe auch Abbildung 18.

6.4 Bestandteile und Anlagen des Haushaltsplanes

Die Bestandteile und Anlagen des Haushaltsplanes ergeben sich aus § 66 BbgKVerf i.V.m. § 3 KomHKV. Dabei handelt es sich um pflichtige Bestandteile und Anlagen. Daraus können sich in der Praxis Haushaltspläne mit einem Umfang von mehreren tausend Seiten ergeben.

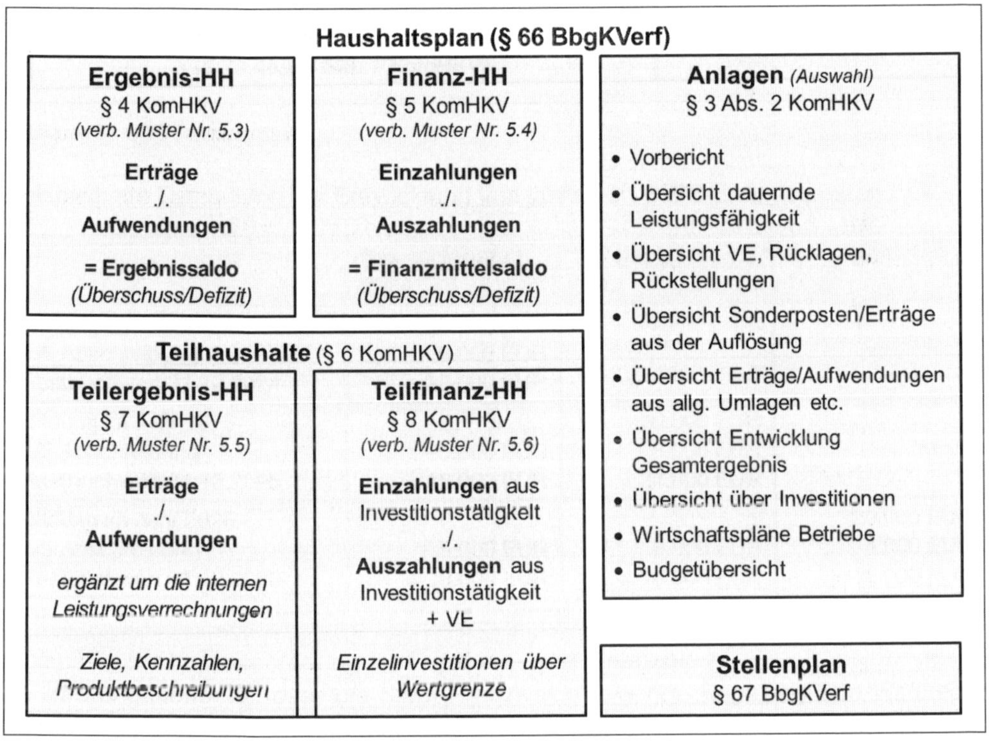

Abbildung 51: Bestandteile und Anlagen des Haushaltsplanes

6.5 Untergliederung des Haushaltsplanes

Der Ergebnishaushalt und die Ergebnisrechnung (Jahresabschluss-Rückschau) sowie der Finanzhaushalt und die Finanzrechnung (Jahresabschluss-Rückschau) stellen Erträge und Aufwendungen sowie Einzahlungen und Auszahlungen für die gesamte Gemeinde in komprimierter Form dar. Mittels einer solchen Darstellung besteht zwar die Möglichkeit für einen Gesamtüberblick über die kommunale Haushaltswirtschaft; Steuerungsmöglichkeiten für die Gemeindevertretung im Rahmen der Haushaltsberatungen, insbesondere für einzelne Aufgabenbereiche und damit Produkte sind jedoch nur schwer möglich.

6.5.1 Struktur der Teilhaushalte

Insofern ist es erforderlich, den Ergebnis- und Finanzhaushalt weiter in Teilergebnis- und Teilfinanzhaushalte zu untergliedern. Dadurch wird ein Blick auf einzelne Aufgabenbereiche ermöglicht.
Daher ist nach § 6 KomHKV der Haushalt in Teilhaushalte zu gliedern. Es handelt sich dabei um eine „Muss-Vorschrift". D.h., dass der Ergebnishaushalt (§ 4 KomHKV) und der Finanzhaushalt (§ 5 KomHKV) in Teilergebnis- und Teilfinanzhaushalte zerfallen (§ 6 Abs. 1 KomHKV). Die Teilergebnis- und Teilfinanzhaushalte sind Bestandteile des Haushalts (§ 3 Abs. 1 Nr. 3 KomHKV).

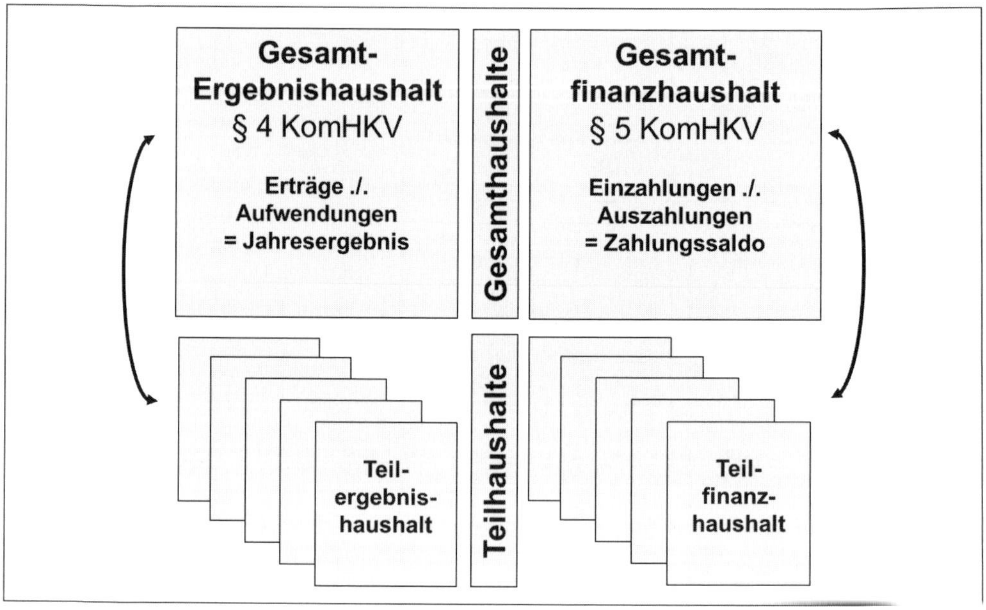

Abbildung 52: Struktur der Teilhaushalte

Nach § 66 Abs. 3 Satz 1 BbgKVerf ist der Haushaltsplan für die Führung der Haushaltswirtschaft verbindlich (Verbindlichkeit im Innenverhältnis). Insbesondere die Teilhaushalte stellen für die Gemeindevertretung die Grundlage zur sachlichen und inhaltlichen Mittelzuweisung für einzelne Verwaltungs- und Aufgabenbereiche dar. Damit rücken die Teilhaushalte in den Mittelpunkt der politischen Steuerungsfunktion des Haushalts.
Ein wesentliches Steuerungsinstrument für die Gemeindevertretung ist die in den Teilhaushalten dargestellte mittelfristige Ergebnis- und Finanzplanung nach § 74 BbgKVerf. Dadurch ist es möglich, negative Entwicklungen sowie die Auswirkungen von Investitionsmaßnahmen zu erkennen und entsprechend (gegen)zusteuern.

Teilergebnishaushalt Haushaltsjahr 20.. - in EUR -							
	Ertrags- und Aufwandsarten	**Ergebnis des Vorvor-jahres**	**Ansatz des Vorjahres**	**Ansatz des Haushalts-jahres (Planjahr)**	**Planjahr + 1**	**Planjahr + 2**	**Planjahr + 3**
1. 9.	Steuern und ähnliche Abgaben ↓ wie Ergebnishaushalt § 4 KomHKV ↓ Bestandsveränderungen						
10.	Erträge aus laufender Verwaltungstätigkeit						
11. 16.	Personalaufwendungen ↓ wie Ergebnishaushalt § 4 KomHKV ↓ sonstige ordentliche Aufwendungen						
17.	Aufwendungen aus laufender Verwaltungstätigkeit						
18.	**Ergebis der laufenden Verwaltungstätigkeit (10-17)**						
19. 20.	Zinsen und sonstige Finanzerträge Zinsen und sonstige Finanzaufwendungen						
21.	**Finanzergebnis (19 20)**						
22.	**ordentliches Jahresergebnis (18+21)**						
23. 24.	außerordentliche Aufwendungen außerordentliche Erträge						
25.	**außerordentliches Jahresergebnis (23-24)**						
26.	**Gesamtergebnis des Teilhaushaltes (22+25)**						
27. 28.	Erträge aus internen Leistungsbeziehungen Aufwendungen aus internen Leistungsbeziehungen						
29.	**Gesamtergebnis des Teilhaushaltes nach den internen Leistungsbeziehungen (26+27-28)**						

Abbildung 53: Auszug von Muster 5.5. zu § 7 KomHKV – Teilergebnishaushalt

6.5.2 Aufbau der Teilpläne

Die Teilpläne sind nach § 6 Abs. 1 KomHKV nach dem vom Ministerium des Innern vorgegebenen Produktrahmen zu gliedern. Die Mindestgliederungsebene sind die Produktbereiche. Für jeden der 28 Produktbereiche sind also mindestens ein Teilhaushalt und ein Teilfinanzhaushalt aufzustellen. Tiefere Untergliederungen sind nach den örtlichen Anforderungen und Bedürfnissen möglich. Die Mehrzahl der Kommunen wählt daher aus Steuerungsgründen die Ebene der Produkte.

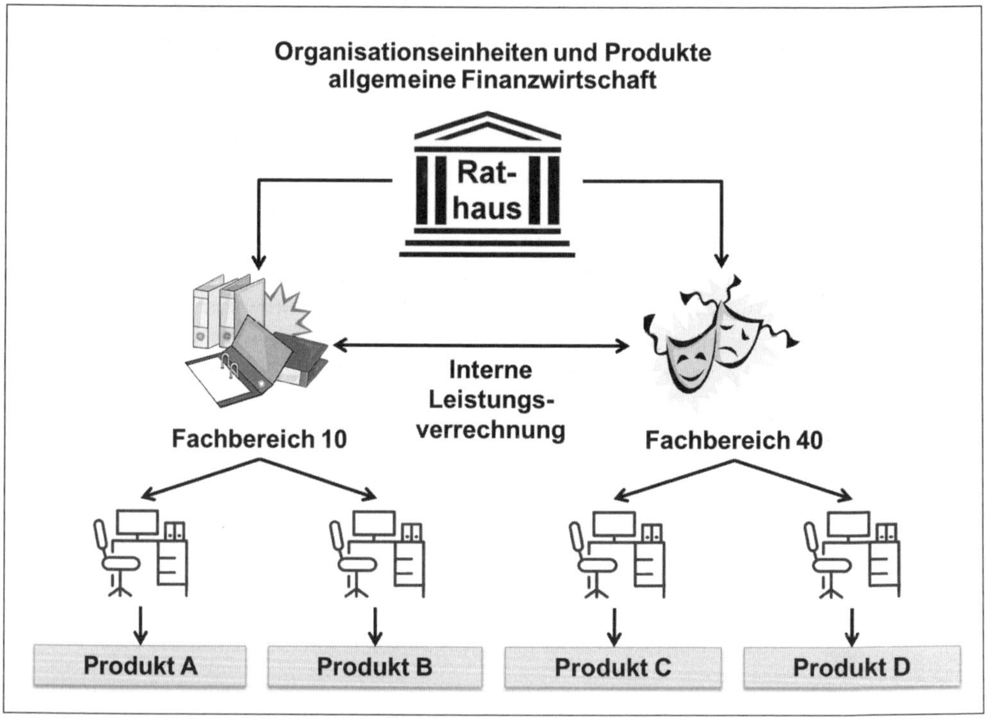

Abbildung 54: Organisationseinheiten und Produkte

Die Teilpläne bilden gem. § 6 Abs. 3 KomHKV jeweils eine Bewirtschaftungseinheit (Budget) und dienen als Grundlage für die Haushaltsberatungen der Verwaltungsführung und der Gemeindevertretung.

Durch den Beschluss der Gemeindevertretung wird eine verbindliche Ermächtigungsgrundlage vorgegeben, mit welcher die Kommune wirtschaften kann.

Unter einem Budget versteht der Verordnungsgeber einen vorgegebenen Finanzrahmen, der zur selbständigen und eigenverantwortlichen (für den Budgetverantwortlichen) Bewirtschaftung im Rahmen vorgegebener Sachziele und intern festzulegender Budgetregeln zur Verfügung steht.[86]
Damit wird die Verantwortung für Aufgabenerfüllung, Ressourcenverbrauch und Budget vereinheitlicht (Zusammenführung von Produkt- und Ressourcenverantwortung).

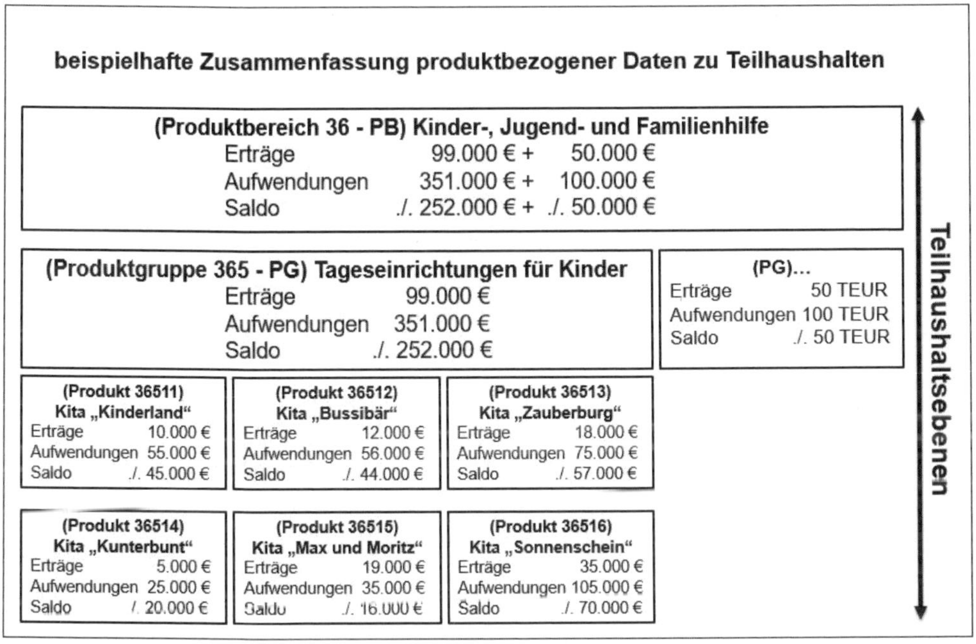

Abbildung 55: Produktbezogene Daten

6.5.3 Teilergebnishaushalte

Die Teilergebnishaushalte bilden die entscheidende Grundlage für die Haushaltsberatungen und Haushaltsbewirtschaftung. Im Gegensatz zum Ergebnishaushalt stellen die Teilergebnishaushalte das Ressourcenaufkommen und den Ressourcenverbrauch für einzelne Aufgabenbereiche dar. Der Aufbau der Teilergebnishaushalte entspricht dem Aufbau des (Gesamt-)Ergebnishaushalts und ist entsprechend dem Muster 5.5. der verbindlichen Muster[87] zwingend vorgeschrieben.

86 Vgl. § 2 Nr. 12 KomHKV.
87 Vgl. VV Produkt- und Kontenrahmen, a.a.O., Nr. 5.5. zum Produkt- und Kontenrahmen.

Teilergebnishaushalt Haushaltsjahr 20.. - in EUR -							
Ertrags- und Aufwandsarten		Ergebnis des Vorvorjahres	Ansatz des Vorjahres	Ansatz des Haushaltsjahres (Planjahr)	Planjahr + 1	Planjahr + 2	Planjahr + 3
	wie Ergebnishaushalt § 4 KomHKV ↓						
10.	Erträge aus laufender Verwaltungstätigkeit						
	wie Ergebnishaushalt § 4 KomHKV ↓						
17.	Aufwendungen aus laufender Verwaltungstätigkeit						
18.	**Ergebis der laufenden Verwaltungstätigkeit (10-17)**						
21.	**Finanzergebnis (19-20)**						
22.	**ordentliches Jahresergebnis (18+21)**						
23. 24.	außerordentliche Aufwendungen außerordentliche Erträge						
25.	**außerordentliches Jahresergebnis (23-24)**						
26.	**Gesamtergebnis des Teilhaushaltes (22+25)**						
27.	Erträge aus internen Leistungsbeziehungen						
28.	Aufwendungen aus internen Leistungsbeziehungen						
29.	**Gesamtergebnis des Teilhaushaltes nach den internen Leistungsbeziehungen (26+27-28)**						

Abbildung 56: Teilergebnishaushalt (ordentliches Ergebnis)

Über die Abbildung der in § 4 KomHKV dargestellten Ertrags- und Aufwandsarten hinaus werden in den Teilergebnisplänen nach § 7 Abs. 1 KomHKV zusätzlich interne Leistungsbeziehungen aus der internen Leistungsverrechnung (ILV) abgebildet. Dies dient dem Ziel, das Ressourcenaufkommen bzw. den Ressourcenverbrauch verursachungsgerecht abzubilden und Leistungsbeziehungen zwischen den Teilplänen darzustellen. Dabei sollten interne Leistungsverrechnungen nur abgebildet werden, soweit sie wesentlich sind. Im jeweiligen Teilergebnishaushalt wird gem. § 7 Abs. 2 KomHKV ein Ergebnis vor und ein Ergebnis nach Berücksichtigung der internen Leistungen dargestellt.

Teilergebnishaushalt Haushaltsjahr 20.. - in EUR -							
	Ertrags- und Aufwandsarten	**Ergebnis des Vorvorjahres**	**Ansatz des Vorjahres**	**Ansatz des Haushaltsjahres (Planjahr)**	**Planjahr + 1**	**Planjahr + 2**	**Planjahr + 3**
	wie Ergebnishaushalt § 4 KomHKV ↓						
10.	Erträge aus laufender Verwaltungstätigkeit						
	wie Ergebnishaushalt § 4 KomHKV ↓						
17.	Aufwendungen aus laufender Verwaltungstätigkeit						
18.	**Ergebis der laufenden Verwaltungstätigkeit (10-17)**						
21.	**Finanzergebnis (19-20)**						
22.	**ordentliches Jahresergebnis (18+21)**						
23. 24.	außerordentliche Aufwendungen außerordentliche Erträge						
25.	**außerordentliches Jahresergebnis (23-24)**						
26.	**Gesamtergebnis des Teilhaushaltes (22+25)**						
27.	Erträge aus internen Leistungsbeziehungen						
28.	Aufwendungen aus internen Leistungsbeziehungen						
29.	**Gesamtergebnis des Teilhaushaltes nach den internen Leistungsbeziehungen (26+27-28)**						

Abbildung 57: Teilergebnishaushalt (Gesamtergebnis)

Durch die Veranschlagung von internen Leistungsverrechnungen, welche Bestandteil des jeweiligen Budgets werden, soll wirtschaftliches Handeln in der Verwaltung gefördert werden. Es dient dem Bewusstsein, dass interne Leistungen nicht kostenfrei sind. Eine Abbildung dieser Leistungsbeziehungen der Teilpläne ist jedoch nur dann sinnvoll, soweit diese steuerungsrelevant sind.

Als interne Leistungsverrechnungen werden insbesondere die Leistungen z.B. der zentralen Kopierstelle, des Gebäudemanagements, des Fuhrparks, des Bauhofs sowie des IT-Service erfasst.

Die Ermittlung der Erträge und Aufwendungen aus internen Leistungsbeziehungen erfolgt im Rahmen der Kosten- und Leistungsrechnung nach § 18 KomHKV. Damit werden Informationen der Kosten- und Leistungsrechnung Bestandteil des gemeindlichen Haushaltsplanes.
Die Abbildung der internen Leistungsverrechnung erfolgt bei der leistungserbringenden Organisationseinheit als Ertrag beim Konto 4811 und verbessert damit das Ergebnis dieses Teilplanes. Das Ergebnis der leistungsnehmenden Organisationseinheit wird durch einen entsprechenden Aufwand beim Konto 5811 belastet. Für den Gesamtergebnishaushalt stellt die Darstellung der internen Leistungsverrechnung jedoch keine Belastung dar, da sich die Erträge und Aufwendungen finanzmathematisch immer ausgleichen müssen. Insofern wird im (Gesamt-)Ergebnishaushalt auf eine Abbildung verzichtet.
Aus den Summen der Erträge und Aufwendungen aller Teilergebnispläne (vor internen Leistungsverrechnungen) ergeben sich die Ansätze im (Gesamt-)Ergebnishaushalt.
Die Teilergebnisrechnungen (Muster 5.10. der verbindlichen Muster) als Rückschau zu den Teilergebnishaushalten stimmen in der Gliederung überein.
Soweit der Jahresabschluss der Gemeinde zum Zeitpunkt der Aufstellung des Haushaltsplanes noch nicht geprüft wurde, ist das erstellte, ungeprüfte Jahresergebnis einzutragen. Zu berücksichtigen sind alle aufgrund zulässiger haushaltswirtschaftlicher Maßnahmen und Entscheidungen vorgenommenen Änderungen an den Ermächtigungsansätzen, z.B. Erhöhungen oder Minderungen im Rahmen von Nachtragssatzungen, aber auch über- oder außerplanmäßig bewilligte Aufwendungen/Auszahlungen sowie aus dem Vorjahr übertragene Ermächtigungen.[88]

---

[88] Vgl. 5.20. Muster zu § 45 KomHKV für die Teilergebnisrechnung.

Teilergebnisrechnung
Haushaltsjahr 20..
- in EUR -

	Ertrags- und Aufwandsarten	Ergebnis des Vorjahres	Planansatz des Haushaltsjahres	fortgeschriebener Ansatz des Haushaltsjahres	Ergebnis des Haushaltsjahres	Vergleich fortgeschriebener Ansatz/ Ergebnis Haushaltsjahr
1.	Steuern und ähnliche Abgaben					
2.	Zuwendungen und allgemeine Umlagen					
3.	sonstige Transfererträge					
4.	öffentlich-rechtliche Leistungsentgelte					
5.	privatrechtliche Leistungsentgelte					
6.	Kostenerstattungen und Kostenumlagen					
7.	Sonstige ordentliche Erträge					
8.	aktivierte Eigenleistungen					
9.	Bestandsveränderungen					
10.	Erträge aus laufender Verwaltungstätigkeit (1 bis 9)					
11.	Personalaufwendungen					
12.	Versorgungsaufwendungen					
13.	Aufwendungen für Sach- und Dienstleistungen					
14.	Abschreibungen					
15.	Transferaufwendungen					
16.	sonstige ordentliche Aufwendungen					
17.	Aufwendungen aus laufender Verwaltungstätigkeit (11 bis 16)					
18.	**Ergebis der laufenden Verwaltungstätigkeit (10-17)**					
19.	Zinsen und sonstige Finanzerträge					
20.	Zinsen und sonstige Finanzaufwendungen					
21.	**Finanzergebnis (19-20)**					
22.	**ordentliches Jahresergebnis (18+21)**					
23.	außerordentliche Aufwendungen					
24.	außerordentliche Erträge					
25.	**außerordentliches Jahresergebnis (23-24)**					
26.	**Gesamtergebnis des Teilhaushaltes (22+25)**					
27.	Erträge aus internen Leistungsbeziehungen					
28.	Aufwendungen aus internen Leistungsbeziehungen					
29.	**Gesamtergebnis des Teilhaushaltes nach den internen Leistungsbeziehungen (26+27-28)**					

Abbildung 58: Teilergebnisrechnung

6.5.4 Teilfinanzpläne

Wie dargestellt kommt der Abbildung von Erträgen und Aufwendungen eine besondere Bedeutung zu. Dennoch sind die Ein- und Auszahlungen insbesondere im investiven Bereich für die Gemeindevertretung von entscheidender Bedeutung und damit in den Haushaltsberatungen besonders steuerungsrelevant. Die Entscheidungen über die Investitionen gehören zu den wichtigsten und zukunftsorientiertesten Gestaltungsspielräumen der Politik. Folglich stellen die Teilfinanzpläne die Ermächtigungsgrundlage zur Tätigung von Investitionen dar.
Im Gegensatz zu den Teilergebnisplänen stellt der Verordnungsgeber es den Kommunen frei, die Einzahlungen und Auszahlungen aus laufender Verwaltungstätigkeit in den Teilfinanzplänen entsprechend der Gliederungsstruktur des Finanzhaushalts nach § 5 KomHKV abzubilden. Mindestens sind jedoch die Ein- und Auszahlungen aus Investitionstätigkeit darzustellen.
Hingegen sind im Investitionsbereich die Verpflichtungsermächtigungen nach § 75 BbgKVerf i.V.m. § 14 Satz 1 KomHKV zwingend maßnahmebezogen im Teilfinanzhaushalt abzubilden. Daneben ist nach § 14 Satz 2 KomHKV zwingend anzugeben, wie sich die Belastungen aus den Verpflichtungsermächtigungen auf die künftigen Haushaltsjahre verteilen. Insofern sind an den Teilfinanzplänen entsprechende Erläuterungen anzubringen.
Der Aufbau der Teilfinanzhaushalte ist entsprechend dem Muster 5.6. zu § 8 KomHKV der verbindlichen Muster[89] vorgeschrieben.
Die Summe aller Einzahlungen und Auszahlungen aus der Investitionstätigkeit der Teilfinanzpläne stimmt mit der Darstellung der Investitionstätigkeit im (Gesamt-)Finanzhaushalt überein.
Unabhängig von der Abbildung der laufenden Einzahlungen und Auszahlungen im Teilfinanzhaushalt sind die entsprechenden zahlungswirksamen Konten der Kontenklassen 6 und 7 zwingend produktbezogen zu bebuchen und bilden die entscheidenden Größen für die Finanzstatistik.
Interne Leistungsverrechnungen führen zu keinem Geldmittelfluss und werden daher nicht im Teilfinanzhaushalt dargestellt.
Da Investitionskredite nach § 76 Abs. 1 BbgKVerf insgesamt zur Deckung von Auszahlungen für Investitionen dienen, können die Ein- und Auszahlungen aus Finanzierungstätigkeit nicht teilplanscharf dargestellt werden. Sie werden im Produktbereich 61 „Allgemeine Finanzwirtschaft" ausgewiesen.
Investitionen, die sich über mehrere Jahre erstrecken beziehungsweise oberhalb der von der Gemeindevertretung gemäß § 65 Abs. 2 Nr. 8 BbgKVerf in der Haushaltssatzung festgesetzten Wertgrenze liegen, sind einzeln darzustellen.
Bei den Verpflichtungsermächtigungen ist die Aufteilung auf die Folgejahre anzugeben. Die Veranschlagung der Verpflichtungsermächtigungen kann auch durch Aufteilung der Zeilen im Teilfinanzhaushalt für die Auszahlungen aus Investitionstätigkeit in eine Finanzierungszeile (a) und in eine Zeile für die Verpflichtungsermächtigungen (b) erfolgen (Muster 5.9. zu § 3 Abs. 2 Nr. 3 KomHKV der verbindlichen Muster).

[89] Vgl. VV Produkt- und Kontenrahmen, a.a.O., 5.7. zu § 8 KomHKV für den Teilfinanzhaushalt.

Teilfinanzhaushalt Haushaltsjahr 20.. - in EUR -									
Ein- und Auszahlungsarten		**Ergebnis des Vorjahres**	**Ansatz des Vorjahres**	**Ansatz des Haushaltsjahres (Planjahr)**	**Planjahr + 1**	**Planjahr + 2**	**Planjahr + 3**	**Bisher bereitgestellt**	**Gesamtein-/-auszahlungen**
		1	2	3	4	5	6	7	8
18.	Einzahlungen aus Investitionszuwendungen								
19.	Einzahlungen aus Beiträgen und Entgelten								
20.	Einzahlungen aus der Veräußerung von immateriellen Vermögensgegenständen								
21.	Einzahlungen aus der Veräußerung von Grundstücken, grundstücksgleichen Rechten und Gebäuden								
22.	Einzahlungen aus der Veräußerung von übrigem Sachanlagevermögen								
23.	Einzahlungen aus der Veräußerung von Finanzanlagevermögen								
24.	Sonstige Einzahlungen aus Investitionstätigkeit								
25.	Summe der Einzahlungen aus Investitionstätigkeit (18 bis 24)								
26.	Auszahlungen für Baumaßnahmen								
27.	Auszahlungen von aktivierbaren Zuwendungen für Investitionen Dritter								
28.	Auszahlungen für den Erwerb von immateriellen Vermögensgegenständen								
29.	Auszahlungen für den Erwerb von Grundstücken, grundstücksgleichen Rechten und Gebäuden								
30.	Auszahlungen für den Erwerb von übrigem Sachanlagevermögen								
31.	Auszahlungen für den Erwerb von Finanzanlagevermögen								
32.	Sonstige Auszahlungen aus Investitionstätigkeit								
33.	Summe der Auszahlungen aus Investitionstätigkeit (26 bis 32)								
34.	**Saldo aus den Einzahlungen und Auszahlungen aus der Investitionstätigkeit (25-33)**								

Abbildung 59: Teilfinanzplan

Übersicht über die aus Verpflichtungsermächtigungen voraussichtlich fällig werdenden Auszahlungen
Haushaltsjahr 20..
- in TEUR -

Produktbereich/ Produkt[1]	Maßnahme	Verpflichtungs-ermächtigungen des Haushaltsjahres (Planjahr)	voraussichtlich fällig werdende Auszahlungen		
			Planjahr +1	Planjahr +2	Planjahr +3
Gesamtbetrag Verpflichtungsermächtigungen des Haushaltsjahres (Planjahr)					
Im mittelfristigen Finanzplanungszeitraum vorgesehene Kreditaufnahmen für Investitionen und Investitionsförderungsmaßnahmen					
genehmigungspflichtige Verpflichtungsermächtigungen (§ 75 Absatz 4 BbgKVerf)					

[1] Die Daten sind auf Grundlage der im Haushaltsplan ausgewiesenen niedrigsten Gliederungsebene anzugeben.

Abbildung 60: Übersicht über die Auszahlungen für Verpflichtungsermächtigungen

Über die Zahlungsübersicht hinaus enthält der Teilfinanzhaushalt ein zusätzliches Steuerungsinstrument. Im Teilfinanzhaushalt sind Investitionen und Investitionsförderungsmaßnahmen entsprechend maßnahmebezogen abzubilden. Diese Abbildung spiegelt im Investitionsbereich den Grundsatz der Einzelveranschlagung wider.
Bei der Darstellung der Investitionen erfolgt entsprechend § 8 Abs. 2 Satz 1 KomHKV i.V.m. § 65 Abs. 2 Nr. 8 BbgKVerf eine Abgrenzung zwischen wesentlichen und unerheblichen Investitionen. Die Definition der Wertgrenze, ab der Investitionsmaßnahmen wesentlich und damit einzeln darzustellen sind, nimmt die Gemeindevertretung vor und wird mit der Haushaltssatzung festgesetzt. Investitionsauszahlungen unterhalb dieser Wertgrenze können zusammengefasst und pauschaliert dargestellt werden. Sie unterliegen daher nicht dem Grundsatz der Einzelveranschlagung. Dieser Einzelnachweis der wesentlichen Investitionsmaßnahmen stellt somit das zukünftige Investitionsprogramm der Gemeinde dar. Der Gemeindevertretung wird damit die Möglichkeit eröffnet, erhebliche Investitionen einzeln zu beraten und zu beschließen.
Die Verpflichtungsermächtigungen und ihre Zahlungswirksamkeit sind in den Folgejahren maßnahmebezogen abzubilden. Darüber hinaus sind für die einzelnen Investitionsmaßnahmen die bisher bereitgestellten Mittel und die Gesamtinvestitionssumme darzustellen. Die Teilfinanzrechnung (Muster 5.21. zu § 45 KomHKV der verbindlichen Muster)[90] entspricht im Aufbau dem Teilfinanzhaushalt.

[90] Vgl. VV Produkt- und Kontenrahmen, a.a.O., Nr. 5.21. zu § 45 KomHKV für die Teilfinanzrechnung.

Teilfinanzrechnung
Haushaltsjahr 20..
- in EUR -

	Ein- und Auszahlungsarten	**Ergebnis des Vorjahres**	**Planansatz des Haushaltsjahres**	**fortgeschriebener Ansatz des Haushaltsjahres**	**Ergebnis des Haushaltsjahres**	**Vergleich fortgeschriebener Ansatz / Ergebnis Haushaltsjahr**
Maßnahme: ____________ **bzw. Summe einjähriger Maßnahmen unterhalb der festgesetzten Wertgrenze**						
18.	Einzahlungen aus Investitionszuwendungen					
19.	Einzahlungen aus Beiträgen und Entgelten					
20.	Einzahlungen aus der Veräußerung von immateriellen					
21.	Einzahlungen aus der Veräußerung von Grundstücken, grundstücksgleichen Rechten und Gebäuden					
22.	Einzahlungen aus der Veräußerung von übrigem Sachanlagevermögen					
23.	Einzahlungen aus der Veräußerung von Finanzanlagevermögen					
24.	Sonstige Einzahlungen aus Investitionstätigkeit					
25.	Summe der Einzahlungen aus Investitionstätigkeit					
26.	Auszahlungen für Baumaßnahmen					
27.	Auszahlungen von aktivierbaren Zuwendungen für Investitionen					
28.	Auszahlungen für den Erwerb von immateriellen Vermögensgegenständen					
29.	Auszahlungen für den Erwerb von Grundstücken, grundstücksgleichen Rechten und Gebäuden					
30.	Auszahlungen für den Erwerb von übrigem Sachanlagevermögen					
31.	Auszahlungen für den Erwerb von Finanzanlagevermögen					
32.	Sonstige Auszahlungen aus Investitionstätigkeit					
33.	Summe der Auszahlungen aus Investitionstätigkeit					
34.	**Saldo aus den Einzahlungen und Auszahlungen aus der Investitionstätigkeit (25-33)**					

Abbildung 61: Teilfinanzrechnung

Investitionen, die sich über mehrere Jahre erstrecken beziehungsweise oberhalb der von der Gemeinde gemäß § 65 Abs. 2 Nr. 8 BbgKVerf in der Haushaltssatzung festgesetzten Wertgrenze liegen, sind einzeln darzustellen. Investitionen eines Haushaltsjahres beziehungsweise unterhalb der Wertgrenze können zusammengefasst werden. Soweit der Jahresabschluss der Gemeinde zum Zeitpunkt der Aufstellung des Haushaltsplanes noch nicht geprüft wurde, ist das erstellte, ungeprüfte Jahresergebnis einzutragen.
Zu berücksichtigen sind alle aufgrund zulässiger haushaltswirtschaftlicher Maßnahmen und Entscheidungen vorgenommenen Änderungen an den Ermächtigungsansätzen, z.B. Erhöhungen oder Minderungen im Rahmen von Nachtragssatzungen, aber auch über- oder außerplanmäßig bewilligte Aufwendungen/Auszahlungen sowie aus dem Vorjahr übertragene Ermächtigungen.
Auszug aus einem Teilergebnishaushalt Brandschutz 12610

Produkt / Produktverantwortung **12610** **Brandschutz, Gefahrenabwehr u. a.**
Produktbereich **12** **Sicherheit und Ordnung**
Produktklasse **1** **Zentrale Verwaltung**

Teilergebnishaushalt Haushatsjahr 2025 in EUR

Ertrags- und Aufwandarten		Ergebnis 2023	Ansatz 2024	Ansatz 2025	Planung 2026	Planung 2027	Planung 2028
		1	2	3	4	5	6
1.	Steuern und ähnliche Abgaben	0,00	0	0	0	0	0
2.	Zuwendungen und allgemeine Umlagen	0,00	0	0	0	0	0
3.	Sonstige Transfererträge	5.466,50	6.000	6.500	7.000	7.000	7.000
4.	Öffentlich-rechtliche Leistungs-entgelte	939.003,20	1.018.000	1.033.500	1.043.800	1.054.200	1.054.200
5.	Privatrechtliche Leistungsentgelte	24.737,18	25.100	25.500	25.800	26.100	26.100
6.	Kostenerstattungen und Kosten-umlagen	47.564,00	51.700	52.500	53.000	53.500	53.500
7.	Sonstige ordentliche Erträge	79.304,00	86.200	87.500	88.400	89.300	89.300
8.	Aktivierte Eigenleistungen	0,00	0	0	0	0	0
9.	Bestandsveränderung	0,00	0	0	0	0	0
10.	Summe der Erträge aus laufender Verwaltungstätigkeit (1 bis 9)	1.016.770,88	1.100.800	1.206.400	1.129.600	1.140.800	1.140.800
11.	Personalaufwendungen	3.835.292,32	4.158.400	4.221.700	4.263.900	4.306.500	4.306.500
12.	Versorgungsaufwendungen	0,00	0	0	0	0	0
13.	Aufwendungen für Sach- und Dienstleistungen	285.913,00	310.000	314.700	317.800	321.000	321.000
14.	Bilanzielle Abschreibungen	883.840,09	958.300	972.900	982.600	992.400	992.400
15.	Transferaufwendungen	50.910,96	55.200	56.000	56.600	57.200	57.200
16.	Sonst. ordentliche Aufwendungen	567.767,88	615.600	625.000	631.300	637.600	637.600
17.	Summe der Aufwendungen aus laufender Verwaltungstätigkeit (10 bis 16)	5.623.724,25	6.097.500	6.190.300	6.252.200	6.314.700	6.314.700
18.	**Ergebnis der laufenden Verwaltungstätigkeit (10-17)**	**-4.606.953,37**	**-4.996.700**	**-4.983.900**	**-5.122.600**	**-5.173.900**	**-5.173.900**
19.	Zinsen und sonstige Finanzerträge	0,00	0	0	0	0	0
20.	Zinsen und sonstige Finanz-aufwendungen	0,00	0	0	0	0	0
21.	**Finanzergebnis (19-20)**	**0,00**	**0**	**0**	**0**	**0**	**0**
22.	**Ordentliches Jahresergebnis (18+21)**	**-4.606.953,37**	**-4.996.700**	**-4.983.900**	**-5.122.600**	**-5.173.900**	**-5.173.900**
23.	außerordentliche Erträge	0,00	0	0	0	0	0
24.	außerordentliche Aufwendungen	0,00	0	0	0	0	0
25.	**Außerordentliches Jahres-ergebnis (23-24)**	**0,00**	**0**	**0**	**0**	**0**	**0**
26.	**Gesamtergebnis des Teilhaushaltes (22+25)**	**-4.606.953,37**	**-4.996.700**	**-4.983.900**	**-5.122.600**	**-5.173.900**	**-5.173.900**
27.	Erträge aus internen Leistungsbeziehungen	11.620,98	12.600	12.800	12.900	13.000	13.000
28.	Aufwendungen aus internen Leistungsbeziehungen	49.619,74	53.800	54.600	55.100	55.700	55.700
29.	**Gesamtergebnis des Teilhaushalts nach den internen Leistungsbeziehungen (26+27-28)**	**-4.644.952,13**	**-5.037.900**	**-5.025.700**	**-5.164.800**	**-5.216.600**	**-5.216.600**

Abbildung 62: Teilergebnishaushalt (Beispiel Brandschutz)

7 Haushaltssatzung

Der Haushaltsplan (siehe Kapitel 4.3.2.) ist gemäß § 66 Abs. 3 BbgKVerf als Ermächtigungsgrundlage für die Verwaltung angelegt. § 66 Abs. 3 BbgKVerf stellt dabei klar, dass durch ihn gegenüber Dritten keinerlei Verbindlichkeiten oder Ansprüche Dritter unmittelbar entstehen können. Er soll jedoch ein Rechtsverhältnis zwischen Gremium und Verwaltung begründen. Um nun tatsächlich als Ermächtigungsgrundlage dienen zu können, mangelt es dem Plan nunmehr aber noch an Rechtskraft. Hier knüpft nun neben der Finanzhoheit auch die Satzungshoheit der Kommunen an. Indem § 66 Abs. 1 BbgKVerf den Haushaltsplan zum Bestandteil der Haushaltssatzung erklärt, erlangt dieser mit Beschluss der Haushaltssatzung Rechtsverbindlichkeit.

7.1 Besondere Stellung der Haushaltssatzung

Im Rahmen des Art. 28 Abs. 2 GG können die Kommunen auf der Grundlage des kommunalen Selbstverwaltungsrechtes eigene Satzungen (Ortsrecht) erlassen. Eine dieser Satzungen ist die Haushaltssatzung. Diese kommt nach den Vorschriften des Kommunalverfassungsgesetzes zustande und bildet die rechtliche Grundlage für die Haushaltswirtschaft der Gemeinden.
Der Haushaltsplan ist nach § 66 Abs. 1 Satz 1 BbgKVerf Teil der Haushaltssatzung. D. h., auf Basis des Beschlusses über die Haushaltssatzung wird der Haushaltsplan mit seinen Festsetzungen (u.a. auch Bewirtschaftungsregeln, wie die echte und unechte Deckungsfähigkeit, Zweckbindung, Übertragbarkeit etc.) und Ermächtigungen für die Führung der Haushaltswirtschaft verbindlich. Ansprüche und Verbindlichkeiten Dritter werden durch ihn weder begründet noch aufgehoben (vgl. § 66 Abs. 3 BbgKVerf).
Neben der Hauptsatzung nach § 4 BbgKVerf gehört auch die Haushaltssatzung zu den Pflichtsatzungen[91]. Die Zuständigkeit zum Beschluss der Haushaltssatzung liegt ausschließlich bei der Gemeindevertretung, die Entscheidungsbefugnis kann die Gemeindevertretung nicht übertragen (§ 69 Abs. 4 i.V.m. § 28 Abs. 2 BbgKVerf).

---

[91] § 65 Abs.1 BbgKVerf: *„Die Gemeinde* ***hat*** *für jedes Haushaltsjahr eine Haushaltssatzung zu erlassen."*

Der Inhalt der Haushaltssatzung ist im § 65 Abs. 2 BbgKVerf abschließend festgelegt. Neben der konkreten Vorgabe der Inhalte ist auch der Aufbau durch die Vorgabe von verbindlichen Mustern in der VV Produkt- und Kontenrahmen festgelegt (Muster 5.1.). Nach § 66 Abs. 1 BbgKVerf ist der Haushaltsplan Teil der Haushaltssatzung. Die Haushaltssatzung ist also das Instrument, um dem Haushaltsplan den notwendigen (intern) verbindlichen Rechtscharakter zu verleihen.
Die Haushaltssatzung gilt entsprechend dem Grundsatz der Jährlichkeit immer nur für ein Haushaltsjahr (§ 65 Abs. 1 BbgKVerf), wobei das Haushaltsjahr dem Kalenderjahr entspricht (§ 65 Abs. 3 Satz 2 BbgKVerf). Unabhängig vom Bekanntmachungstermin tritt die Haushaltssatzung frühestens zum 01.01. des Haushaltsjahres in Kraft und gilt bis zum 31.12. Sie kann damit auch rückwirkend in Kraft treten. Es ergeben sich somit Besonderheiten durch die zwingend vorgegebene Bindung an das Kalenderjahr und auch die automatische Befristung der Gültigkeit.
Der besondere Charakter wird weiterhin deutlich, da im Verfahren die Beteiligung der Kommunalaufsicht verpflichtend geregelt ist (mindestens Vorlage ggf. sogar erforderliche Genehmigung).

7.1.1 Doppelhaushalt

Mit § 65 Abs. 4 BbgKVerf wird der Kommune die Möglichkeit eröffnet, in der Haushaltssatzung Festsetzungen für zwei Haushaltsjahre vorzunehmen. Diese sind jedoch nach Jahren getrennt zu veranschlagen. Somit wird dem Grundsatz der Jährlichkeit auch in diesem Fall nicht widersprochen. Ergänzend hierzu sieht § 12 KomHKV vor, dass in diesem Fall die Ansätze für Erträge, Einzahlungen, Aufwendungen, Auszahlungen und Verpflichtungsermächtigungen für jedes der beiden Haushaltsjahre getrennt zu veranschlagen sind. Somit wird eine Trennung nach Jahren vollzogen.
Mit dem zweijährigen Haushalt soll der Kommune jedoch die Möglichkeit gegeben werden, zum einen ein höheres Maß an Planungssicherheit zu erreichen und zum anderen den Verwaltungsaufwand zu reduzieren.
Die strikte Trennung der Haushaltsjahre vollzieht sich auch im Haushaltsplan. Sämtliche Positionen des Ergebnishaushalts und des Finanzhaushalts sind getrennt für jedes der beiden Jahre auszuweisen. Der Haushaltsplan für zwei Jahre stellt insofern kein Instrument zur Flexibilisierung der Haushaltsplanung und Haushaltsbewirtschaftung dar.
Hierdurch erfolgt keine inhaltliche, rechnerische oder sachliche Zusammenfassung von zwei Haushaltsjahren, sondern es werden zwei Perioden parallel bzw. hintereinander abgebildet. Es gelten grundsätzlich alle Vorschriften und weitgehend auch die verbindlichen Muster zum Aufstellen und Bewirtschaften des Haushalts.
Lediglich die Werte der mittelfristigen Ergebnis- und Finanzplanung der Spalte „Planung Haushaltsjahr +1" müssen durch verbindliche Haushaltsansätze des entsprechenden Jahres ersetzt werden. Die Teilfinanzhaushalte sind darüber hinaus um eine weitere Spalte „Verpflichtungsermächtigungen" zu ergänzen, die sich auf das zweite Haushaltsjahr bezieht. Auch im Stellenplan sind zusätzliche Spalten für das zweite Haushaltsjahr anzufügen.

7.1.2 Erlass der Haushaltssatzung

Die in § 69 BbgKVerf aufgeführten Regelungen zum Erlass der Haushaltssatzung sind zwingend einzuhalten, da ansonsten eine rechtmäßige Haushaltssatzung mit den sich daraus ergebenden Rechtsfolgen ggf. nicht zu Stande kommen würde.

7.1.2.1 Ablaufschema zum Entstehen einer Haushaltssatzung

Das nachfolgende Schema (Abbildung 63) entspricht den internen Regelungen und Verfahrensweisen, wie sie in der Mehrzahl der Kommunen des Landes Brandenburg regelmäßig praktiziert werden. Gleichwohl können hiervon abweichende Schritte und zeitliche Festlegungen in der Praxis vorliegen, sofern sie nicht dem Wortlaut des § 69 BbgKVerf widersprechen. Die Zeitangaben beziehen sich auf das Jahr vor dem betreffenden Haushaltsjahr.

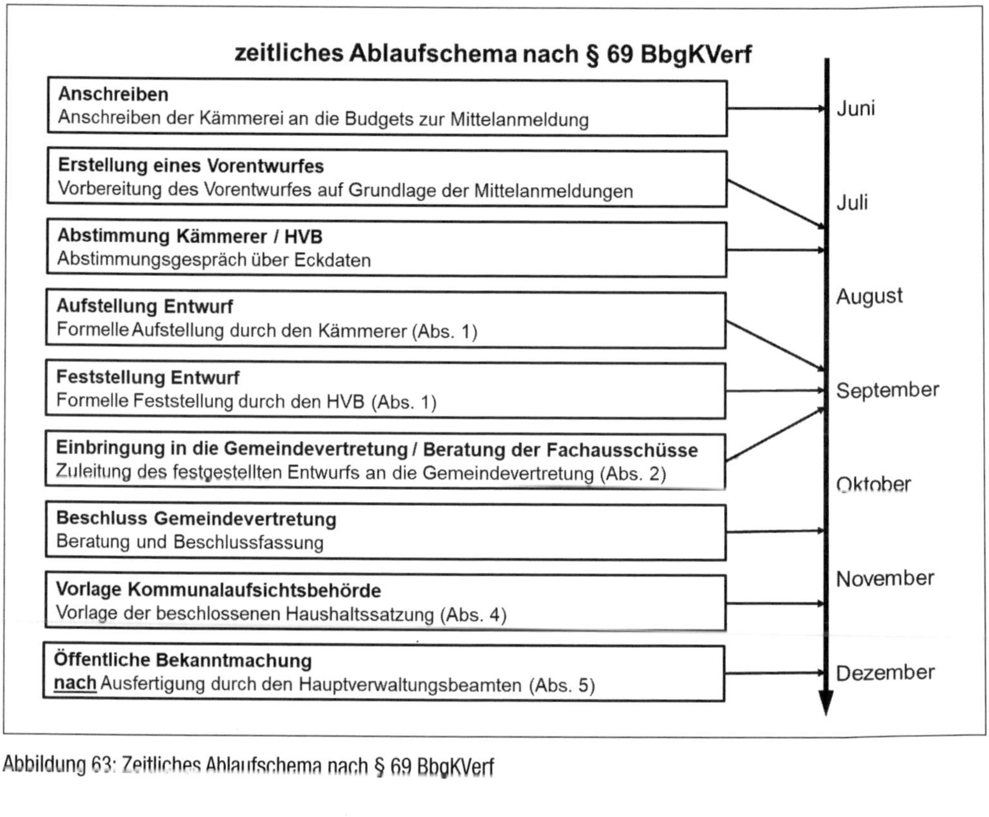

Abbildung 63: Zeitliches Ablaufschema nach § 69 BbgKVerf

Anschreiben

Etwa im Frühjahr werden die Budgetverantwortlichen von der Kämmerin bzw. vom Kämmerer angeschrieben und zur Mittelanmeldung aufgefordert. Je nach Planverfahren können schrittweise zunächst Einnahmeanmeldungen oder getrennte EHH-Anmeldungen und investive Anmeldungen bzw. bereits einschränkend vorab mit Rahmendaten versehen abgefordert werden.

Erstellung eines Vorentwurfes

Um einen „pünktlichen“ Verfahrensabschluss zu ermöglichen, sollte auf Grundlage der Mittelanmeldungen etwa im Juli der Vorentwurf der Kämmerin bzw. vom Kämmerer vorbereitet werden. Dieser sollte einem „beschlussfähigen Stand“ entsprechen.

Abstimmung der Kämmerin bzw. vom Kämmerer und Hauptverwaltungsbeamtin bzw. Hauptverwaltungsbeamten (HVB)

Ende Juli/Anfang August oder auch schon parallel zur Erstellung des Vorentwurfes finden sogenannte Abstimmungsgespräche über die Eckdaten statt. Das bedeutet, dass bis zu diesem Zeitpunkt der Entwurf des Haushaltsplans bereits in einer mit allen Budgets der Kommune abgestimmten Fassung vorliegen muss. Im Anschluss werden alle notwendigen Dokumente zum Haushaltsplan und Haushaltssatzung erstellt.

Aufstellung und Feststellung Entwurf

Die formelle **Aufstellung** der Haushaltssatzung gem. § 69 Abs. 1 BbgKVerf erfolgt durch die Kämmerin bzw. den Kämmerer im Anschluss an die Abstimmungsgespräche im September und wird dann dem Hauptverwaltungsbeamten offiziell zur Feststellung zugeleitet. Die formelle **Feststellung** gem. § 69 Abs. 1, 2 BbgKVerf erfolgt ebenfalls noch im September durch den Hauptverwaltungsbeamten (Abbildung 64).

Aufstellungs- und Feststellungsvermerke

Aufstellungsvermerk

Die Haushaltssatzung und den Haushaltsplan der Stadt Prenzwalde für das Haushaltsjahr 2025 einschließlich mittelfristigen Finanzplan für den Planungszeitraum 2026 - 2028 wurde aufgestellt und dem Bürgermeister vorgelegt.

Prenzwalde, den 15.10.2024

Petra Biermann
Kämmerin

Feststellungsvermerk

Die Haushaltssatzung und den Haushaltsplan der Stadt Prenzwalde für das Haushaltsjahr 2025 einschließlich mittelfristigen Finanzplan für den Planungszeitraum 2026 - 2028 wurde festgestellt und der Stadtverordnetenversammlung zugeleitet.

Prenzwalde, den 23.10.2024

Martin Götzow
Bürgermeister

Abbildung 64: Aufstellungs- und Feststellungsvermerke

Einbringung in die Gemeindevertretung

Der Hauptverwaltungsbeamte leitet den von ihm festgestellten Entwurf der Haushaltssatzung im September/Oktober gem. § 69 Abs. 2 BbgKVerf der Gemeindevertretung zu. Soweit er von dem ihm vorgelegten Entwurf der Kämmerin bzw. des Kämmerers abweicht, hat der Hauptverwaltungsbeamte der Gemeindevertretung eine Stellungnahme der Kämmerin bzw. des Kämmerers mit vorzulegen. Die Stellungnahme darf sich nur auf die Einhaltung der Haushaltsgrundsätze und der sonstigen haushaltsrechtlichen Bestimmungen beziehen.

Fachausschüsse und ggf. notwendige Anhörungen

Unmittelbar nach Einbringung der Haushaltssatzung werden Teile davon in den jeweils dafür zuständigen Fachausschüssen beraten, z.B.:

- Ausschuss für Arbeitsmarkt
- Jugendhilfeausschuss
- Schul-, Kultur-, Sportausschuss
- Wirtschaftsförderungs- und Strukturausschuss
- Bau- und Vergabeausschuss
- Gesundheits- und Sozialausschuss
- Finanzausschuss zur Beschlussempfehlung insgesamt

Auf Verlangen eines Fünftels der gesetzlichen Anzahl der Gemeindevertreter oder einer Fraktion kann die Kämmerin bzw. der Kämmerer in der Beratung seine abweichende Auffassung darlegen. Die Darlegung darf sich nur auf die Einhaltung der Haushaltsgrundsätze und der sonstigen haushaltsrechtlichen Bestimmungen beziehen. Sofern Änderungen beschlossen werden, sind diese vor Beschlussfassung durch die Gemeindevertretung im Entwurf einzuarbeiten.

Auch sind spätestens in dieser Zeit ggf. notwendige Anhörungen durchzuführen (Ortsbeiräte in Gemeinden oder kreisangehörige Gemeinden in den Landkreisen). Die Ergebnisse sollten dem Gremium ebenfalls zugeleitet werden.

Gemeindevertretung

Möglichst bis Mitte November soll dann die Haushaltssatzung in der Gemeindevertretung beraten und anschließend beschlossen werden. Nach § 28 Nr. 15 BbgKVerf ist die Gemeindevertretung für den Erlass und die Änderung von Satzungen bzw. der Haushaltssatzung zuständig. Für die Beschlussfassung gelten die Vorschriften über die Beschlussfähigkeit und Beschlüsse gemäß §§ 36 ff. BbgKVerf. Nach § 38 Abs. 1 BbgKVerf ist die GV beschlussfähig, wenn mehr als die Hälfte der gesetzlichen Anzahl der Mitglieder anwesend ist.

Für die Beschlussfassung der Haushaltssatzung ist gemäß § 39 Abs. 2 BbgKVerf die einfache Mehrheit erforderlich, da in den Vorschriften über den Erlass der Haushaltssatzung keine qualifizierte Mehrheit (z.B. absolute Mehrheit) vorgesehen ist. Die Beratung und Beschlussfassung hat ferner zwingend im öffentlichen Teil der Sitzung zu erfolgen. Gründe, die eine Verschiebung in den nichtöffentlichen Teil rechtfertigen könnten, liegen regelmäßig nicht vor.

Vorlage bzw. Genehmigung Kommunalaufsichtsbehörde

Die von der Gemeindevertretung beschlossene Haushaltssatzung ist anschließend unverzüglich der Kommunalaufsichtsbehörde vorzulegen. Die Vorlage soll spätestens einen Monat vor Beginn des Haushaltsjahres erfolgen.
Enthält die Haushaltssatzung genehmigungspflichtige Teile, darf die Satzung erst nach Erteilung der Genehmigung öffentlich bekannt gemacht werden. In diesem Fall muss die Genehmigung abgewartet werden, bevor im Verfahren vorangeschritten werden darf. In der Regel verlängert sich daher das Verfahren durch eine notwendige Genehmigung. Sollte das übrige Verfahren nicht vorgezogen abgearbeitet worden sein, ist ein verspätetes Wirksamwerden sehr wahrscheinlich.
Genehmigungspflichtig wird die Haushaltssatzung, sofern die Aufnahme von Krediten, die Veranschlagung von Verpflichtungsermächtigungen, die mit Kreditaufnahmen in zukünftigen Jahren verbunden sind, vorgesehen sind oder bei notwendigem Haushaltssicherungskonzept.
Die Genehmigung ist ferner auszusetzen, sofern die Kommune noch nicht über „fristgerechte“ Jahresabschlüsse im Sinne des § 69 Abs. 6 BbgKVerf verfügt (Beschluss über Jahresabschluss über Planjahr ./. 3 und mindestens Einleitung der Prüfung des Jahresabschlusses über Planjahr ./. 2 – Bsp.: Planjahr 2025 hieße notwendiger Beschluss über den JA 2022 liegt vor und Vorlage des JA 2023 zur Prüfung beim Rechnungsprüfungsamt ist erfolgt).
Ist die Satzung nicht genehmigungspflichtig, darf die Bekanntmachung erst erfolgen, wenn die Voraussetzungen zu den Jahresabschlüssen wie zuvor erläutert ebenfalls erfüllt sind.

Öffentliche Bekanntmachung

Noch vor Beginn des Haushaltsjahres ist die Haushaltssatzung durch den Hauptverwaltungsbeamten zunächst förmlich auszufertigen und nach § 69 Abs. 5 BbgKVerf öffentlich bekannt zu machen (Abbildung 65). Über die notwendige Form der Bekanntmachung entscheiden die jeweilig getroffenen Vorgaben in der Hauptsatzung.

Ausfertigungsvermerk

Die Übereinstimmung des Satzungstextes mit dem Willen der Stadtverordnetenversammlung der Stad Prenzwalde sowie die Einhaltung des gesetzlich vorgeschriebenen Satzungsverfahrens werden bestätigt.

Prenzwalde, den 10.12.2024

Martin Götzow
Bürgermeister

Abbildung 65: Aufstellungsvermerk (Beispiel)

Im Gegensatz zur Bekanntmachung der Haushaltssatzung kann auf die Bekanntmachung des Haushaltsplans verzichtet werden. In der Bekanntmachung ist dann jedoch darauf hinzuweisen, dass jeder Einsicht in den Haushaltsplan nehmen kann (Abbildung 66).

Das Recht auf Einsichtnahme erstreckt sich auf sämtliche Bestandteile und Anlagen der Haushaltssatzung und damit auch des Haushaltsplans.
Je nachdem wie hoch der Beratungs- bzw. Änderungsbedarf zwischen Verwaltung und Gremium auch im Hinblick auf die Einhaltung der Ausgleichsverpflichtung ist, ist insbesondere für den politischen Prozess in den Ausschüssen oder beschließenden Gremium mehr Zeit einzukalkulieren. Insbesondere Ladungsfristen sind hierbei zu berücksichtigen. Es empfiehlt sich, vorab einen konkreten Zeitplan anhand des Sitzungskalenders inklusive der Ladungs- und damit Unterlagenfristen mit den Arbeitsschritten abzustimmen.

Hinweis auf Einsichtnahme

Hinweis

Die Haushaltssatzung der Stadt Prenzwalde für das Haushaltsjahr 2025 mit ihren Anlagen gemäß des Beschlusses 0815/2024 liegt zu jedermanns Einsichtnahme im Rathaus der Stadt Prenzwalde, Hauptstraße 14-16 16123 Prenzwalde, Zimmer 411, aus.

Prenzwalde, den 15.12.2024

Martin Götzow
Bürgermeister

Abbildung 66: Hinweis auf Einsichtsnahme der Haushaltssatzung

7.1.2.2 Beteiligung der Kommunalaufsicht

Die von der Gemeindevertretung beschlossene Haushaltssatzung muss gem. § 69 Abs. 4 BbgKVerf zwingend der Kommunalaufsichtsbehörde vorgelegt werden (unabhängig davon, ob die Haushaltssatzung genehmigungspflichtige Bestandteile enthält).
Dies soll spätestens einen Monat vor Beginn des Haushaltsjahres erfolgen, damit der Kommunalaufsichtsbehörde ausreichend Zeit zur Verfügung steht, um die Festsetzungen der Haushaltssatzung und des Haushaltsplanes zu überprüfen.
Nach § 110 BbgKVerf führt der Landrat die Kommunalaufsicht über die kreisangehörigen Städte und Gemeinden als allgemeine untere Landesbehörde (siehe auch Kapitel 11). Die Kommunalaufsicht über die Landkreise und kreisfreien Städte führt das für Inneres zuständige Ministerium. Die Kommunalaufsicht ist so auszuüben, dass die Rechte der Gemeinden geschützt und die Erfüllung ihrer Pflichten gesichert werden. In Selbstverwaltungsangelegenheiten hat die Kommunalaufsicht sicherzustellen, dass die Verwaltung der Gemeinden im Einklang mit den Gesetzen erfolgt. Sie ist somit die Rechtsaufsichtsbehörde (§ 109 BbgKVerf).
Sofern die Haushaltssatzung genehmigungspflichtige Teile enthält, bedarf es der vorherigen Zustimmung, eine Anzeige bei der Kommunalaufsicht reicht nicht aus. Für die Genehmigung der Haushaltssatzung gelten die Regelungen des § 111 BbgKVerf.

Die Genehmigung soll unter dem Gesichtspunkt einer geordneten Haushaltswirtschaft erteilt oder versagt werden. Die Kommunalaufsicht kann die Genehmigung versagen, wenn eine nachhaltige und geordnete Haushaltswirtschaft durch die Kommune nicht sichergestellt oder zu erwarten ist, dass z.B. durch Kreditverpflichtungen die dauernde Leistungsfähigkeit der Kommune nicht im Einklang mit einer ordnungsgemäßen Haushaltwirtschaft steht. Weiterhin kann eine Genehmigung auch unter Bedingungen und Auflagen erteilt werden.
Die genehmigungspflichtigen Teile der Haushaltssatzung ergeben sich direkt aus den Vorschriften der BbgKVerf und sind abschließend:

- für das Aufstellen eines Haushaltssicherungskonzeptes (§ 68 Abs. 4 BbgKVerf)
- für die Aufnahme von Investitionskrediten oder das Eingehen kreditähnlicher Verpflichtungen (§ 76 Abs. 2, 5 BbgKVerf)
- für die Verpflichtungsermächtigungen, wenn in den Jahren, zu deren Lasten sie veranschlagt sind, insgesamt Kreditaufnahmen vorgesehen sind (§ 75 Abs. 4 BbgKVerf)
- Sollte die Genehmigung der Kommunalaufsicht erforderlich sein, ist dies beim zeitlichen Ablauf des Verfahrens zu berücksichtigen. Aufgrund der nicht unproblematischen auslösenden Faktoren erfolgt in der Regel eine kritische und intensive Prüfung durch die Kommunalaufsicht. Es ergibt sich entsprechend ein zusätzliches Zeitbedürfnis für diesen Schritt bzw. die Wahrscheinlichkeit steigt, das Verfahren nicht fristgerecht vor Ablauf des 31.12. abgeschlossen zu haben.

7.1.2.3 Öffentliche Bekanntmachung

Nach § 69 Abs. 5 BbgKVerf i.V.m. § 1 Bekanntmachungsverordnung (BekanntmV)[92] ist die Haushaltssatzung öffentlich bekannt zu machen. Enthält sie genehmigungspflichtige Teile, darf die öffentliche Bekanntmachung erst nach Genehmigung durch die Kommunalaufsichtsbehörde erfolgen.
Eine Ersatzbekanntmachung lediglich durch Auslegung nach § 2 Abs. 1 BekanntmV ist nur dann vorgesehen, wenn Pläne, Karten oder Zeichnungen Bestandteile der Haushaltssatzung sind. Dies ist in der Regel jedoch nicht der Fall, so dass die Haushaltssatzung zwingend öffentlich bekanntgemacht werden muss.
Es erfolgt in der Regel die öffentliche Bekanntmachung des Haushaltssatzungstextes ohne den vollumfänglichen Haushaltsplan. Dieser wird i.d.R. mit seinen Anlagen zusätzlich öffentlich ausgelegt bzw. als zur Einsichtnahme bereit erklärt (z.B. als Aushang oder zur Einsichtnahme im Bürgerbüro). Diese Erklärung muss jedoch entsprechend der Anforderung wie auch der Satzungstext zuvor bekannt gemacht worden sein.
Die Bekanntmachungen erfolgen nach § 1 Abs. 2 BekanntmV i.d.R. durch Veröffentlichung im amtlichen Bekanntmachungsblatt der Kommune oder durch Veröffentlichung im amtlichen Bekanntmachungsblatt des entsprechenden Landkreises bzw. bei kreisfreien Städten und Landkreisen durch Veröffentlichung im amtlichen Bekanntmachungsblatt der kreisfreien Stadt oder des Landkreises. Die Veröffentlichungsorgane und die Standorte

---

92 Verordnung über die öffentliche Bekanntmachung von Satzungen und sonstigen ortsrechtlichen Vorschriften in den Gemeinden, Ämtern und Landkreisen (Bekanntmachungsverordnung – BekanntmV) vom 01.12.2000 i.d.F. vom 25.06.2024 (GVBl. II/24, [Nr. 43]).

der Aushänge werden in der Hauptsatzung der Kommune aufgeführt (vgl. Abbildung 67). Inzwischen sind zum Teil auch vereinfachte Veröffentlichungen auf digitalem Wege möglich. Die Haushaltssatzung tritt zwingend **zum 01.01. des Haushaltsjahres** in Kraft. Bei nicht rechtzeitiger Veröffentlichung tritt sie somit rückwirkend zum 01.01. in Kraft.

Hauptsatzung der Stadt Prenzwalde

STADT PRENZWALDE
DER BÜRGERMEISTER

Aufgrund der §§ 4 und 28 Abs. 2 BbgKVerf hat die Stadtverordnetenversammlung der Stadt Prenzwalde in ihrer Sitzung am 30.06.2010 folgende Hauptsatzung beschlossen:

§ 1 Name der Gemeinde

1) Die Gemeinde führt den Namen „Stadt Prenzwalde“.

2) Sie hat die Rechtsstellung einer amtsfreien kreisangehörigen Stadt.

...

§ 11 Bekanntmachungen

1) Bekanntmachungen erfolgen durch den hauptamtlichen Bürgermeister.

2) Satzungen und sonstige ortsrechtliche Vorschriften der Stadt Angermünde sowie sonstige öffentliche Bekanntmachungen werden im „Amtsblatt für die Stadt Prenzwalde“ bekanntgemacht. Beschlüsse oder deren wesentlicher Inhalt werden auf der Internetseite der Stadt Prenzwalde („www.prenzwalde.de, > Bürgerservice > Bürgerinfoportal > Sitzungskalender“) bekannt gemacht.

3) Der Tag des Anschlags ist beim Anschlag, der Tag der Abnahme nach der Abnahme auf dem ausgehängten Schriftstück mit Unterschrift zu vermerken. Die Bekanntmachung ist mit Aushang bewirkt.

4) Die Bekanntmachungen erfolgen durch Aushang im Aushangkasten des jeweiligen Ortsteiles:

a)	im Ortsteil Bärenburg:	im Aushangkasten vor dem Grundstück Dorfstr. 1, 16123 Prenzwalde, OT Bärenburg
b)	im Ortsteil Felsmühle:	im Aushangkasten Parkplatz, Bürgerstr. 7, 16123 Prenzwalde, OT Felsmühle
c)	im Ortsteil Ziegenow:	im Aushangkasten an der Bushaltestelle, 16123 Prenzwalde OT Ziegenow

Abbildung 67: Hauptsatzung (Beispiel)

7.1.2.4 Besondere Merkmale

Die Haushaltssatzung kennzeichnen im Vergleich zu den übrigen kommunalen Satzungen die nachfolgenden Punkte:[93]

Haushaltssatzung (§ 65 BbgKVerf)	**sonstige gemeindliche Satzung (§ 3 BbgKVerf)**
Die Kommunen sind verpflichtet, eine Haushaltssatzung zu erlassen (§ 65 Abs. 1 BbgKVerf).	Im Rahmen ihrer Satzungshoheit entscheiden die Gemeinden nach § 3 Abs. 1 BbgKVerf über den Erlass von Satzungen (außer Hauptsatzung gem. § 4 BbgKVerf).
Der Inhalt der Haushaltssatzung ist vorgeschrieben (§ 65 Abs. 2 BbgKVerf).	Der Inhalt wird nicht vorgeschrieben.
Die Haushaltssatzung hat eine verbindliche Form (vgl. verbindliche Muster VV Produkt- und Kontenrahmen).	Die übrigen Satzungen haben keine verbindliche Form.
Es besteht eine Vorlagepflicht bei der Kommunalaufsichtsbehörde (§ 69 Abs. 4 BbgKVerf).	Die sonstigen Satzungen können der Kommunalaufsicht mitgeteilt werden.
Genehmigung bei genehmigungspflichtigen Bestandteilen durch Kommunalaufsichtsbehörde.	Die sonstigen Satzungen sind i.d.R. genehmigungsfrei.
Die Haushaltssatzung tritt frühestens mit Beginn des Haushaltsjahres in Kraft (§ 65 Abs. 3 BbgKVerf).	Die sonstigen Satzungen treten grundsätzlich frühestens am Tage nach der Bekanntmachung in Kraft.
Die Haushaltssatzung gilt zeitlich befristet (vgl. Grundsatz der zeitlichen Bindung nach § 65 Abs. 3 BbgKVerf).	Die sonstigen Satzungen gelten i.d.R. unbefristet.
Die Haushaltssatzung besitzt mit Ausnahme der Hebesätze für die Realsteuern keine Außenwirkung.[94] Sie bindet im Innenverhältnis nur die Gemeindevertretung und die Verwaltung (vgl. § 66 Abs. 3 BbgKVerf).	Die sonstigen Satzungen besitzen grundsätzlich eine Außenwirkung (z.B. Straßenreinigungssatzung, Baumschutzsatzung).
Die Haushaltssatzung kann nicht durch Dringlichkeitsentscheidung beschlossen werden.	Die sonstigen Satzungen können durch Dringlichkeitsentscheidung beschlossen werden.

[93] Vgl. Erdmann u.a., a.a.O., S. 110 oder Rose: Kommunale Finanzwirtschaft Niedersachsen, 3. Auflage, Kiel 2008, S. 64.

[94] Vgl. BVerwGE 10, DÖV 1960, S. 594.

7.1.2.5 Inhalt und Form der Haushaltssatzung

Die Form der Haushaltssatzung ist im Muster 5.2. zu § 70 VV Produkt- und Kontenrahmen verbindlich vorgegeben.

Wichtig:
Die in Abbildung 68 aufgeführten Werte beim Gesamtergebnis und bei der Veränderung des Bestandes an Finanzmitteln in Höhe von Null sind idealtypisch dargestellt. In der Praxis ergeben sich in der Regel positive oder negative Salden.

Haushaltssatzung
der Stadt Prenzwalde für das Haushaltsjahr 2025

Gemäß § 65 der Kommunalverfassung des Landes Brandenburg wird nach Beschluss der Gemeindevertretung vom 05.12.2024 folgende Haushaltssatzung erlassen:

§ 1

Der Haushaltsplan für das Haushaltsjahr 2025 wird wie folgt festgesetzt:

Festsetzung	EUR
1. im Ergebnishaushalt mit dem Gesamtbetrag der	
Erträge	18.481.500
Aufwendungen	18.481.500
davon:	
ordentliche Erträge	18.413.300
ordentliche Aufwendungen	18.470.300
außerordentliche Erträge	68.200
außerordentliche Aufwendungen	11.200
Gesamtergebnis	**0**
2. im Finanzhaushalt mit dem Gesamtbetrag der	
Einzahlungen	19.882.800
Auszahlungen	19.882.800
davon:	
Einzahlungen aus laufender Verwaltungstätigkeit	17.676.500
Auszahlungen aus laufender Verwaltungstätigkeit	17.212.300
Einzahlungen aus der Investitionstätigkeit	1.256.300
Auszahlungen aus der Investitionstätigkeit	2.360.500
Einzahlungen aus der Finanzierungstätigkeit	950.000
Auszahlungen aus der Finanzierungstätigkeit	310.000
Veränderung des Bestandes an Finanzmitteln	**0**

In § 1 der Haushaltssatzung werden die Gesamtsummen der Erträge und Aufwendungen für den Ergebnishaushalt (§ 4 KomHKV) sowie der Einzahlungen und Auszahlungen

im Finanzhaushalt (§ 5 KomHKV) nachgewiesen. Der Nachweis der Einzahlungen und Auszahlungen im Finanzplan wird getrennt nach laufender Verwaltungstätigkeit, Investitionstätigkeit und Finanzierungstätigkeit dargestellt.
Die Gesamtsummen ergeben sich aus den aus dem Gesamtergebnishaushalt sowie Gesamtfinanzhaushalt nach §§ 4 und 5 KomHKV.

§ 2

Ein Haushaltssicherungskonzept ist nicht aufzustellen.
Wenn ein Haushaltssicherungskonzept aufzustellen und darin der Zeitraum festzulegen ist, innerhalb dessen der Haushaltsausgleich wieder erreicht wird, muss dies im § 2 der Haushaltssatzung mit folgendem Wortlaut festgelegt werden:
„Nach dem Haushaltssicherungskonzept ist der Haushaltsausgleich im Jahr … wieder hergestellt.“

§ 3

Die Steuersätze für die Realsteuern werden für das Haushaltsjahr wie folgt festgesetzt:

Steuerart	Festsetzung v. H.
1. Grundsteuer A (land- und forstwirtschaftliche Betriebe	290
2. Grundsteuer B (Grundstücke)	340
3. Grundsteuer C (baureife Grundstücke)	420
4. Gewerbesteuer	350

In § 3 der Haushaltssatzung werden die Realsteuerhebesätze (Grundsteuer A, B und C sowie die Gewerbesteuer) festgesetzt. Beschließt die Kommune nach §§ 3, 28 Abs. 2 Nr. 9 jedoch eine separate Hebesatzsatzung, hat der Ausweis in der Haushaltssatzung nur eine deklaratorische Bedeutung. Bei umlagefinanzierten Haushalten erfolgt hier die Festsetzung der Umlage (z.B. Kreisumlage, Verbandsumlage).

§ 4

Der Gesamtbetrag der Verpflichtungsermächtigungen zur Leistung von Investitionsauszahlungen und Auszahlungen für Investitionsförderungsmaßnahmen in künftigen Haushaltsjahren wird auf **960.000 Euro** festgesetzt.
In § 4 der Haushaltssatzung werden die Verpflichtungsermächtigungen (VE) nach § 75 BbgKVerf dargestellt. Der Gesamtbetrag der Verpflichtungsermächtigungen bedarf nach § 75 Abs. 4 BbgKVerf der Genehmigung der Kommunalaufsichtsbehörde, als in den Jahren, zu deren Lasten sie veranschlagt sind, insgesamt Kreditaufnahmen vorgesehen sind.

Bsp.: Genehmigung der Haushaltssatzung 2025 in EUR

	2025	2026	2027
Auszahlung aus VE 2025	200.000	400.000	360.000
geplante Kreditaufnahme	100.000	250.000	60.000
notwendige Genehmigung	100.000	250.000	60.000

§ 4 der Haushaltssatzung enthält insgesamt 960.000 Euro Verpflichtungsermächtigungen. Davon sind jedoch nur 410.000 Euro (100.000 € + 250.000 € + 60.000 €) genehmigungspflichtig.

§ 5

Der Gesamtbetrag der Kredite, deren Aufnahme zur Finanzierung von Investitionen und Investitionsförderungsmaßnahmen erforderlich ist, wird auf **950.000 Euro** festgesetzt.
In § 5 der Haushaltssatzung wird die Kreditermächtigung entsprechend § 76 BbgKVerf dargestellt. Diese ist ein genehmigungspflichtiger Bestandteil der Haushaltssatzung nach § 74 Abs. 5 BbgKVerf.

§ 6

1. Die Wertgrenzen, ab der eine Nachtragshaushaltssatzung zu erlassen ist, werden bei:
   a) Der Entstehung eines Fehlbetrages im laufenden Haushaltsjahr nach Inanspruchnahme von Rücklagemitteln und von Überschüssen des außerordentlichen Ergebnisses auf **100.000 Euro**
   und
   b) bei bisher nicht veranschlagten oder zusätzlichen Einzelaufwendungen oder Einzelauszahlungen auf **100.000 Euro**
2. Die Wertgrenze, ab der außerordentliche Erträge und Aufwendungen als für die Gemeinde von wesentlicher Bedeutung angesehen werden, wird auf **50.000 Euro** festgesetzt.
3. Die Wertgrenze für die insgesamt erforderlichen Auszahlungen, ab der Investitionen und Investitionsfördermaßnahmen im Finanzhaushalt einzeln dazustellen sind, wird auf **20.000 Euro** festgesetzt.
4. Die Wertgrenze, ab der überplanmäßige und außerplanmäßige Aufwendungen und Auszahlungen der vorherigen Zustimmung der Gemeindevertretung bedürfen, wird auf **50.000 Euro** festgesetzt.

In § 6 der Haushaltssatzung sind die Wertgrenzen für außerordentliche Aufwendungen/Auszahlungen (§ 4 Abs. 2 Satz 2 KomHKV), Einzeldarstellungen Investitionen (§ 8 Abs. 2 Satz 1 KomHKV), Zuständigkeit bei über- und außerplanmäßigen Aufwendungen/ Auszahlungen (§ 72 Abs. 1 Satz 3 BbgKVerf) sowie Pflicht zur Nachtragssatzung (§ 70 Abs. 2 Nr. 1 und 2) festzulegen.

§ 7 *ff.*

(Weitere Festsetzungen)

Im § 7 der Haushaltssatzung können weitere Festsetzungen, die sich auf die Erträge und Aufwendungen, Einzahlungen und Auszahlungen, den Stellenplan u.a. beziehen, aufgenommen werden. Damit wird ermöglicht, den Haushalt rechtlich verbindlich zu steuern (z.B. Haushaltssperre, Bewirtschaftungsregeln und -vermerke).

Prenzwalde, den 05.12.2024

Götzow
Bürgermeister

Die Haushaltssatzung ist vom Hauptverwaltungsbeamten zu unterschreiben und mit einem Siegel zu versehen.

Abbildung 68: Haushaltssatzung Stadt Prenzwalde

7.1.2.6 Zustandekommen der Haushaltssatzung

Die nachfolgende Abbildung 69 zeigt den typischen Ablauf der Prüfung einer formellen Rechtmäßigkeit beim Haushaltsaufstellungsverfahren.

Formelle Rechtmäßigkeit der Haushaltssatzung

- Organzuständigkeit liegt bei der Gemeindevertretung / Beschlussfassung nach § 28 Abs. 2 Satz 1 Nr. 15 BbgKVerf. Eine Übertragung auf andere Organe, z.B. auf einen Ausschuss, ist nach § 28 Abs. 2 Satz 2 BbgKVerf unzulässig.
- Vorlagepflicht der Haushaltssatzung bei der Kommunalaufsichtsbehörde nach § 69 Abs. 4 BbgKVerf, unabhängig davon, ob diese genehmigungspflichtige Teile enthält.
- Ermittlung der zuständigen Kommunalaufsichtsbehörde nach § 110 Abs. 1 BbgKVerf
- Das weitere Verfahren richtet sich danach, ob Haushaltssatzung genehmigungspflichtige Teile enthält.

Genehmigungspflicht	keine Genehmigungspflicht
Wirksamkeit erst mit Genehmigung nach § 111 Abs. 1 BbgKVerf	Beanstandungsrecht nach § 113 Abs. 1 BbgKVerf

- soweit eine Genehmigung bzw. keine Beanstandung der HH-Satzung erfolgte

- Veröffentlichung nach § 69 Abs. 5 BbgKVerf i.V.m. § 1 Abs. 1 u. 2 BekanntmV

Abbildung 69: Rechtmäßigkeitsprüfung bei der Haushaltssatzung

7.1.2.7 Zusammenhang Teilpläne, Gesamtpläne, Haushaltssatzung

In der nachfolgenden Abbildung 70 wird ersichtlich, dass die Summen der jeweiligen Teilergebnishaushalte als (Gesamt-)Ergebnishaushalt vollständig erfasst und ohne die internen Leistungsverrechnungen (ILV) in der Haushaltssatzung aufgeführt werden.
Im (Gesamt-)Finanzhaushalt werden zusätzlich zur summenmäßigen Addition der Teilfinanzhaushalte (Ein- und Auszahlungen aus Investitionstätigkeit)

- die Einzahlungen und Auszahlungen aus laufender Verwaltungstätigkeit
- die Einzahlungen und Auszahlungen aus der Finanzierungstätigkeit und
- die Bestände aus eigenen und fremden Finanzmitteln am Ende des Haushaltsjahres

erfasst. Diese Summen werden dann ebenfalls in der Haushaltssatzung erfasst.

Zusammenhang Teilpläne - Gesamtpläne

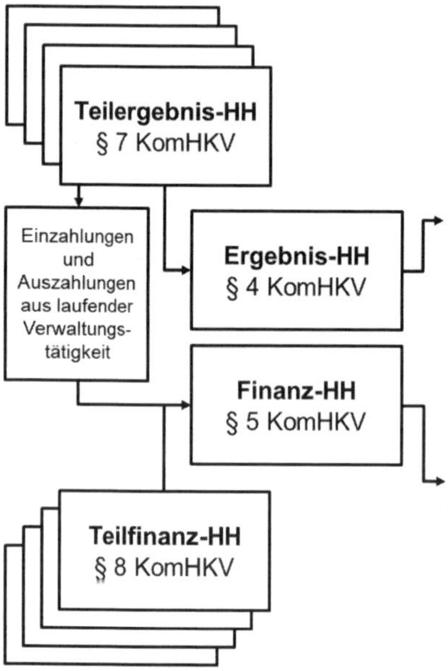

Haushaltssatzung
der Stadt Prenzwalde für das Haushaltsjahr 2025

...

Festsetzung § 1	EUR
1. im Ergebnishaushalt mit dem Gesamtbetrag der	
Erträge	18.481.500
Aufwendungen	18.481.500
davon:	
ordentliche Erträge	18.413.300
ordentliche Aufwendungen	18.470.300
außerordentliche Erträge	68.200
außerordentliche Aufwendungen	11.200
Gesamtergebnis	**0**
2. im Finanzhaushalt mit dem Gesamtbetrag der	
Einzahlungen	19.882.800
Auszahlungen	19.882.800
davon:	
Einzahlungen aus laufender Verwaltungstätigkeit	17.676.500
Auszahlungen aus laufender Verwaltungstätigkeit	17.212.300
Einzahlungen aus der Investitionstätigkeit	1.256.300
Auszahlungen aus der Investitionstätigkeit	2.360.500
Einzahlungen aus der Finanzierungstätigkeit	950.000
Auszahlungen aus der Finanzierungstätigkeit	310.000
Veränderung des Bestandes an Finanzmitteln	**0**

Abbildung 70: Zusammenhang Teilpläne – Gesamtpläne

7.2 Grundlagen zum Erlass einer Nachtragshaushaltssatzung

Entsprechend dem Grundsatz der Jährlichkeit nach § 65 Abs. 1 und 3 BbgKVerf wird die Haushaltssatzung für ein Haushaltsjahr aufgestellt. Aus dem Grundsatz der Vorherigkeit resultiert die Notwendigkeit, das Aufstellungsverfahren des Haushaltsplanes sowie der Haushaltssatzung bereits im Frühjahr des Vorjahres zu beginnen. Eine Vielzahl von Informationen und Planansätzen sind daraus folgend mit einer gewissen Unsicherheit behaftet. Insofern weichen die Erfordernisse oder Entwicklungen im Laufe des dann laufenden Haushaltsjahres von den Planansätzen ab. Prinzipiell sind die Vorgaben der Satzung und des Haushaltsplans jedoch verbindlich und dürfen nicht durch die Verwaltung verändert werden. Insofern kann oder muss eine Fortschreibung des Haushaltsplanes und der Haushaltssatzung erforderlich sein. Maßgebliche Rechtsgrundlage hierfür ist § 70 BbgKVerf und stellt zugleich klar, dass eine Änderung zwar möglich ist, aber nur durch eine Nachtragshaushaltssatzung.

7.2.1 Freiwillige Nachtragssatzung

Nach § 70 Abs. 1 Satz 1 BbgKVerf kann die Haushaltssatzung durch den Erlass einer Nachtragshaushaltssatzung bis zum Ablauf des Haushaltsjahres beschlossen werden. Der Beschluss hierzu ist prinzipiell auch noch im Dezember möglich. Jedoch nimmt der Vorlauf entsprechend Zeit in Anspruch. Erkenntnisse, die erst im November eintreten, sind in der Regel nicht mehr im Rahmen einer Nachtragssatzung umsetzbar.
Dabei sind insbesondere die Verfahrensvorschriften für den Erlass der Haushaltssatzung nach § 69 BbgKVerf analog anzuwenden. Dies gilt auch für die Genehmigungspflicht (bzw. Anzeigepflicht) durch die Kommunalaufsichtsbehörde. Eine punktuelle Änderung oder Einzelbeschlüsse zu Maßnahmen abseits der Planung werden damit prinzipiell ausgeschlossen. Auch für Einzelheiten ist der gesamte Prozess mit allen Unterlagen erneut zu durchlaufen. Aus diesem formellen Erfordernis ergibt sich ein entsprechender Zeitaufwand (im Durchschnitt ca. drei Monate). Verbunden mit der verpflichtenden Beschlussfassung bis 31.12. ergibt sich in der Regel, dass Entwicklungen, die erst im November eintreten, nicht mehr im Rahmen einer Nachtragssatzung behandelt werden, sondern zu entsprechenden Planabweichungen führen und im entsprechenden Jahresabschluss zu behandeln sind.
Zwingende Voraussetzung für eine Nachtragssatzung ist weiterhin das Vorliegen einer rechtswirksamen Satzung nach § 69 BbgKVerf. Sie soll somit als Instrument dienen, im laufenden Haushaltsjahr auf Änderungen zu reagieren. Vor Beginn des Haushaltsjahres oder bei noch laufendem Satzungsverfahren sind Veränderungen im dann noch laufenden Planungsprozess zu berücksichtigen.

Beispiel

Die Haushaltssatzung für das kommende Jahr (ohne zustimmungspflichtige Teile) wurde Mitte November des aktuellen Jahres beschlossen, aber noch nicht bekannt gemacht. Aus vorher nicht bekannten Gründen zeigt sich nun noch vor dem Beginn des kommenden Haushaltsjahres (z.B. Ende November des aktuellen Jahres), dass die ursprünglichen Ertragsansätze nicht erreicht werden können. Somit würde bei Ausschöpfen der Aufwandsansätze im kommenden Jahr jetzt schon ein erheblicher Fehlbedarf im ordentlichen Haushalt entstehen. Dieser könnte nur durch eine Änderung der Haushaltssatzung ausgeglichen werden (weil erhebliche Senkung der Aufwandsansätze notwendig).
Da noch keine rechtsgültige Satzung vorliegt, könnte dann jedoch anstelle einer Nachtragssatzung noch im aktuellen Jahr eine neue Haushaltssatzung zu beschließen und bekannt zu machen sein. Realistisch betrachtet würde jedoch eher direkt eine Nachtragssatzung vorbereitet und ab Januar des Folgejahres in die Wege geleitet werden.

Generell führt jede Änderung der Haushaltssatzung zum Erlass einer Nachtragshaushaltssatzung. Auch die Änderung von Haushaltsvermerken im Haushaltsplan entsprechend §§ 20 und 21 KomHKV (unechte und echte Deckungsfähigkeit, Übertragbarkeit) bedarf einer Nachtragshaushaltssatzung, da der Haushaltsplan entsprechend § 66 Abs. 1 Satz 1 BbgKVerf Bestandteil der Haushaltssatzung ist. Zu beachten ist dabei, dass die in § 3 der Haushaltssatzung festgeschriebenen Hebesätze nur bis zum 30.06. des laufenden Haushaltsjahres verändert werden dürfen (vgl. § 25 Abs. 3 Grundsteuergesetz bzw. § 16 Abs. 3 Gewerbesteuergesetz). Nach diesem Zeitpunkt kann ein Beschluss über die Festsetzung des Hebesatzes nur gefasst werden, wenn der Hebesatz die Höhe der letzten Festsetzung nicht überschreitet.
Durch die erhöhten verfahrensrechtlichen Anforderungen zur Änderung der Planung sollen Kommunen zur verstärkt mittel- bis langfristig ausgelegten Planung animiert werden. Insbesondere kurzfristige Planvorhaben sollen gerade in Ausrichtung auf die stetige Aufgabenerfüllung und -orientierung eben nicht die Regel sein. Auch steigt so das Bedürfnis nach einer realistischen bzw. möglichst präzisen Planung. Gerade letzteres führt aber auch möglicherweise zum gegenteiligen Effekt und der Drang der Bewirtschafter nach „Bevorratung“ mit Ansätzen steigt oder wird geweckt.

7.2.2 Pflichtnachtragssatzung

Konkrete Pflichten zum Erlass einer Nachtragshaushaltssatzung ergeben sich aus § 70 Abs. 2 BbgKVerf. Diese Regelungen beziehen sich zum Teil auf Aufwendungen (konsumtiver Aufwand) als auch zum Teil auf Auszahlungen für Investitionen und Investitionsförderungsmaßnahmen.

Pflicht nach § 70 Abs. 2. Nr. 1 BbgKVerf
Eine Nachtragshaushaltssatzung ist unverzüglich zu erlassen, wenn sich zeigt, dass trotz Ausnutzung jeder Sparmöglichkeit beim ordentlichen Ergebnis ein erheblicher Fehlbetrag entstehen oder sich ein ausgewiesener Fehlbedarf erheblich erhöhen wird und der Haushaltsausgleich oder der ursprüngliche Fehlbedarf nur durch eine Änderung der Haushaltssatzung erreicht werden kann (Abbildung 71).
Analog zu § 62 Abs. 6 BbgKVerf betrifft dies Veränderungen, die aus dem Ergebnishaushalt herrühren. Wenn also die Erträge nicht die Höhe der Aufwendungen erreichen oder wesentlich geringer ausfallen, ist grundsätzlich eine Nachtragshaushaltssatzung zu erlassen. Diese Pflicht besteht jedoch nur, soweit der Fehlbetrag erheblich sein wird und dieser durch den Erlass der Nachtragshaushaltssatzung beseitigt werden kann. Die Erheblichkeitsgrenze (Wertgrenze) ist in § 5 Nr. 4 Buchst. a der Haushaltssatzung zu definieren. Da als Voraussetzung des § 70 Abs. 2 Nr. 1 BbgKVerf bereits sämtliche Sparmöglichkeiten ausgenutzt werden müssen, ist ein Ausgleich im Wesentlichen nur durch zusätzliche Finanzmittelbeschaffungen nach § 63 BbgKVerf denkbar.[95]
Abs. 2 Nr. 1 BbgKVerf regelt also, dass gegebenenfalls bei wegfallenden Ertragsquellen ein Pflichtnachtrag einzuleiten ist.

---

[95] Vgl. auch Wiegand/Grimberg, Gemeindeordnung Sachsen-Anhalt, Kommentierung zu § 95 GO, 3. Auflage, München 2003.

Ein Überschreiten der Aufwandspositionen ist von der Nachtragsregelung prinzipiell nicht erfasst bzw. wird auch unterhalb der Pflichtgrenze nicht automatisch „zulässig“. Da die Höhe der Aufwendungen gemäß § 66 Abs. 3 BbgKVerf verbindlich ist und jede Änderung eines Nachtrags bedarf, ist auch bei Unterschreiten der Pflichtnachtragsgrenze nicht die Ausweitung der Ansätze als zulässig anzusehen. In solchen Fällen ist die Abwicklung über die flexible Haushaltsführung/Budgetdeckung oder ein ÜPL-APL-Verfahren zu prüfen. Sollte das nicht möglich sein, wäre ein freiwilliger Nachtrag erforderlich, um die Ansätze auch aufwandsseitig auszuweiten.

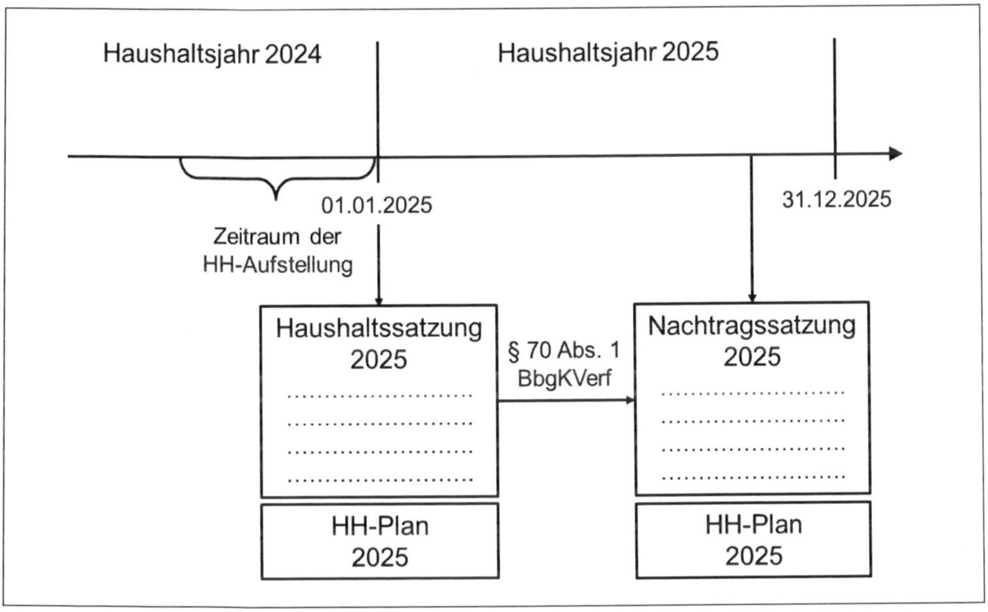

Abbildung 71: Nachtragshaushaltssatzung

Pflicht nach § 70 Abs. 2 Nr. 2 BbgKVerf

Eine weitere Pflicht besteht bei der Leistung von bisher nicht veranschlagten oder zusätzlichen Mehraufwendungen bzw. -auszahlungen, welche im Vergleich zu den Gesamtaufwendungen und Gesamtauszahlungen erheblich sind. Hier bedarf es ebenfalls einer Festlegung der Erheblichkeitsgrenze in § 5 Nr. 4 Buchst. b der Haushaltssatzung. Die Erheblichkeitsgrenze kann als Prozentsatz oder absoluter Betrag festgelegt werden. Mehraufwendungen und Mehrauszahlungen, welche im Rahmen der flexiblen Haushaltsführung (echte und unechte Deckungsfähigkeit) nach §§ 20 KomHKV geleistet werden, führen nach herrschender Meinung nicht zum Erlass einer Nachtragshaushaltssatzung. Im Umkehrschluss bedeutet diese Regelung aber auch, dass die Grenze bei einem Verfahren nach § 72 BbgKVerf jedoch vorrangig zu beachten ist. Somit dürfen nur über- und außerplanmäßige Aufwendungen und Auszahlungen entsprechend den Regelungen des § 72 BbgKVerf geleistet werden, die unterhalb der Pflichtnachtragsgrenze nach § 70 Abs. 2 Nr. 2 liegen.
Eine Pflichtnachtragssatzung ist nach § 70 Abs. 3 BbgKVerf beim Überschreiten von Wertgrenzen bei Umschuldungen nicht erforderlich.

7.2.3 Inhalt und Form der Nachtragshaushaltssatzung

Für den Erlass der Nachtragshaushaltssatzung ist das Muster Nr. 5.2. zu § 70 BbgKVerf[96] zu verwenden.

Nachtragshaushaltssatzung
der Gemeinde ... für das Haushaltsjahr 20...

Gemäß § 70 i. V. m. § 65 der Kommunalverfassung des Landes Brandenburg wird nach Beschluss der Gemeindevertretung vom ... folgende Nachtragshaushaltssatzung erlassen:

§ 1

Mit dem Nachtragshaushaltsplan werden die bisher festgesetzten Gesamtbeträge wie folgt geändert:

Festsetzung	von bisher EUR	erhöht (+) / vermindert (-) um EUR	und damit einschließlich Nachträgen festgesetzt auf EUR
1. im Ergebnishaushalt der Gesamtbetrag der Erträge Aufwendungen davon: ordentliche Erträge ordentliche Aufwendungen außerordentliche Erträge außerordentliche Aufwendungen **Gesamtergebnis**			
2. im Finanzhaushalt der Gesamtbetrag der Einzahlungen Auszahlungen davon: Einzahlungen aus laufender Verwaltungstätigkeit Auszahlungen aus laufender Verwaltungstätigkeit Einzahlungen aus der Investitionstätigkeit Auszahlungen aus der Investitionstätigkeit Einzahlungen aus der Finanzierungstätigkeit Auszahlungen aus der Finanzierungstätigkeit **Veränderung des Bestandes an Finanzmitteln**			

(Alternativ: Die Erträge und Aufwendungen des Ergebnishaushaltes und die Einzahlungen und Auszahlungen des Finanzhaushalts werden nicht geändert.)

Abbildung 72: Muster für Nachtragshaushaltssatzung

[96] Verbindliche Muster zur VV Produkt- und Kontenrahmen (als Auszug dargestellt).

Hier werden einerseits die bisherigen in der Haushaltssatzung festgeschriebenen Gesamtbeträge für den Ergebnishaushalt und Finanzhaushalt, die Verpflichtungsermächtigungen, Kreditaufnahmen, Einzahlungen aus der Auflösung von Liquiditätsreserven bzw. Auszahlungen an Liquiditätsreserven dargestellt. Im Anschluss werden die jeweiligen Veränderungen sowie die neuen Gesamtwerte dargestellt.

7.3 Vorläufige Haushaltsführung[97]

7.3.1 Ursachen der vorläufigen Haushaltsführung

Soweit die Haushaltssatzung bei Beginn des Haushaltsjahres noch nicht erlassen ist, befindet sich die Kommune nach § 71 Abs. 1 BbgKVerf in der vorläufigen Haushaltsführung (vgl. Abbildung 73).[98] Nach § 65 Abs. 3 BbgKVerf ist das Haushaltsjahr das Kalenderjahr, d.h., die vorläufige Haushaltsführung beginnt am 01.01.des Haushaltsjahres und endet mit Bekanntmachung der Haushaltssatzung nach § 69 Abs. 5 BbgKVerf.

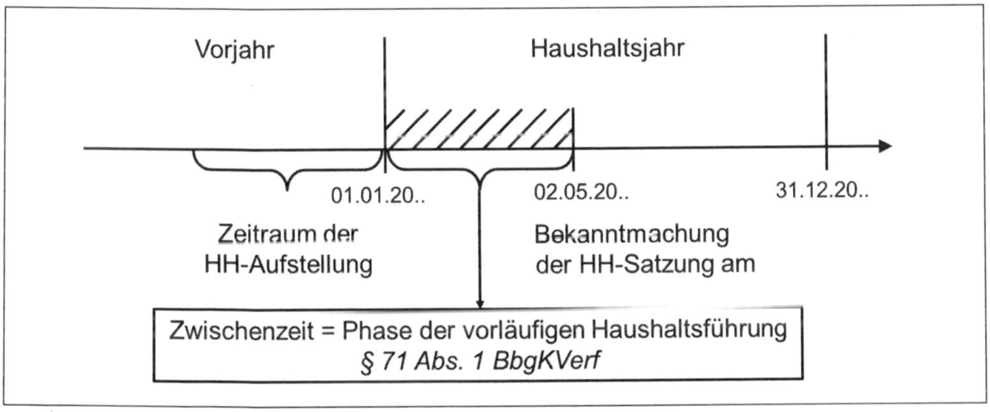

Abbildung 73: Vorläufige Haushaltsführung

Entsprechend § 65 Abs. 1 BbgKVerf hat die Kommune für jedes Haushaltsjahr eine Haushaltssatzung zu erlassen. Das Haushaltsjahr stellt dabei nach § 65 Abs. 3 Satz 2 BbgKVerf das Kalenderjahr dar. Die Haushaltssatzung tritt nach § 65 Abs. 3 Satz 1 BbgKVerf mit Beginn des Haushaltsjahres in Kraft und gilt für das Haushaltsjahr (01.01. bis 31.12.). Im Vorfeld muss die Haushaltssatzung das entsprechende Aufstellungsverfahren (Aufstellungsphase, Beratung und Beschlussfassung, Vorlagepflicht Kommunalaufsichtsbehörde, ggf. Genehmigung, öffentliche Bekanntmachung) durchlaufen. Dies stellt den Grundsatz

---

97 Vgl. Runderlass des Ministeriums des Innern in kommunalen Angelegenheiten Nr. 1/2013 vom 24.07.2013 über Maßnahmen und Verfahren der Haushaltssicherung und der vorläufigen Haushaltsführung.

98 In der Praxis auch als „satzungslose Zeit" bezeichnet.

der Vorherigkeit dar. Erfolgt dies nicht rechtzeitig, beginnt das Haushaltsjahr am 01.01. ohne rechtskräftige Haushaltssatzung. Damit liegt ein Verstoß gegen den Grundsatz der Vorherigkeit vor.
In der kommunalen Praxis ist es insbesondere bei defizitären Haushalten üblich, dass die Kommunen zu Beginn des Haushaltsjahres über keine rechtskräftige Haushaltssatzung verfügen. Mit Ablauf des 31.12.tritt dann die bisherige Haushaltssatzung außer Kraft. Damit die Kommune dennoch handlungsfähig bleibt, tritt der Zustand der vorläufigen Haushaltsführung ein. Es greift ein sogenanntes „Nothaushaltsrecht". Dieses war ursprünglich nur für einen zeitlich begrenzten Sonderfall gedacht, damit die Kommune bei einem etwas späteren Inkrafttreten der Haushaltssatzung in der Lage bleibt, ihre Aufgaben weiterzuführen. Dennoch sind die Regelungen zur vorläufigen Haushaltsführung auch für einen längeren Zeitraum mit einer nicht rechtskräftigen Haushaltssatzung gültig.[99] Die Bedeutung der Vorschrift des § 71 BbgKVerf ist mit Zunahme der Kommunen, insbesondere bei einem entsprechenden Konsolidierungsdruck, erheblich gestiegen, da sich diese Kommunen regelmäßig in der vorläufigen Haushaltsführung befinden.

7.3.2 Einschränkungen der Haushaltswirtschaft

Während der Phase der vorläufigen Haushaltsführung besitzt die Kommune ein eingeschränktes Recht, Aufwendungen/Auszahlungen zu leisten sowie Erträge/Einzahlungen zu erzielen. Es besteht dabei das Ziel, schnellstmöglich eine rechtsgültige Haushaltssatzung vorzulegen. Dabei sind die Vorschriften zur vorläufigen Haushaltsführung restriktiv auszulegen.[100]
Bis zur Bekanntmachung der Haushaltssatzung regelt § 71 BbgKVerf mit Beginn des Haushaltsjahres die Zeit ohne rechtsgültige Haushaltssatzung. Die vorläufige Haushaltsführung räumt somit bis zur Bekanntmachung des neuen Haushaltsjahres ein eingeschränktes Recht zur Erzielung von Erträgen und Einzahlungen und zur Leistung von Aufwendungen und Auszahlungen ein.
Der im Entwurf aufgestellte Haushaltsplan der Kommune bleibt in der Zeit der vorläufigen Haushaltsführung dennoch die haushaltswirtschaftliche Leitlinie. Er hat eine unverzichtbare Funktion als buchungstechnische Basis und finanzwirtschaftliche Handlungsrichtlinie.
Grundsätzlich ist die Vorschrift des § 71 BbgKVerf für den (Ausnahme-)Fall einer nicht zeitgerecht rechtswirksam gewordenen Haushaltssatzung zur Überbrückung einer relativ kurzen Zeitspanne vorgesehen. Gleichwohl sind die Grundsätze des § 71 BbgKVerf auch für längere Zeiträume eines nicht rechtsgültigen Haushalts (z.B. bei Kommunen ohne ein genehmigtes Haushaltssicherungskonzept = haushaltslose Zeit) anzuwenden.

---

99 Im Land Brandenburg gab es bereits Städte und Gemeinden, welche sich das gesamte Haushaltsjahr über in der vorläufigen Haushaltsführung befanden.

100 Vgl. Rd.Erl. des Ministeriums des Innern vom 24.07.2013 – Rderl 1/2013 – zur vorläufigen Haushaltsführung.

7.3.2.1 Maßnahmen nach § 71 Abs. 1 Nr. 1 BbgKVerf

In der Kommune muss während der vorläufigen Haushaltsführung die Wiedergewinnung des finanzwirtschaftlichen Handlungsspielraums durch Erlass der Haushaltssatzung oberste Priorität besitzen. Die wesentliche Zielsetzung der vorläufigen Haushaltsführung ist jedoch, dass grundsätzlich keine neuen Maßnahmen begonnen oder Verpflichtungen eingegangen werden dürfen, die das Budgetrecht der Gemeindevertretung durch Vorfestlegungen einschränken könnten.

<u>Rechtliche Verpflichtung</u>

Ist die Haushaltssatzung bei Beginn des Haushaltsjahres noch nicht bekannt gemacht, so darf die Kommune Aufwendungen und Auszahlungen leisten, zu deren Leistung sie **rechtlich verpflichtet** ist. Diese können sich aus einem Vertrag oder Gesetz ergeben. Keinesfalls dürfen rechtliche Verpflichtungen erst geschaffen werden.[101] Im Investitionsbereich könnten z.B. rechtliche Verpflichtungen bestehen, soweit sich herausstellt, dass ein kommunales Gebäude asbestverseucht oder einsturzgefährdet ist. Die rechtliche Verpflichtung könnte dabei aus bauordnungs-, brandschutz-, hygiene- und gesundheitsrechtlichen Vorschriften begründet werden.

<u>Weiterführung notwendiger Aufgaben</u>

Zudem darf die Kommune ebenfalls Aufwendungen und Auszahlungen leisten, die für die Weiterführung **notwendiger** Aufgaben **unaufschiebbar** sind. Diese Regelung mit den beiden unbestimmten Rechtsbegriffen „notwendig“ und „unaufschiebbar“ ermöglicht von allen Ausnahmentatbeständen noch die größte Möglichkeit, Maßnahmen trotz der vorläufigen Haushaltsführung durchzuführen. Gleichwohl sollte hier ein ähnlich enger Maßstab gewählt werden, wie er bei der Prüfung der Unabweisbarkeit bei über- und außerplanmäßigen Aufwendungen und Auszahlungen angelegt werden muss (vgl. hierzu Kapitel 8.1.5., S. 167).

Unaufschiebbar können Aufwendungen/Auszahlungen sein, wenn sie so eilbedürftig sind, dass ein Hinausschieben der Leistung bis zum Wirksamwerden der Haushaltssatzung bei vernünftiger Beurteilung der jeweiligen Lage als nicht mehr vertretbar angesehen werden muss. So wäre beispielsweise eine Unaufschiebbarkeit gegeben, wenn

- durch die Zahlungsverzögerung der Grundsatz einer sparsamen und wirtschaftlichen Haushaltsführung verletzt wird,
- der Kommune bzw. Dritten nachweislich ein wirtschaftlicher Schaden entsteht oder
- die Maßnahme zur Aufrechterhaltung des Dienstbetriebes erforderlich ist.

Dabei hat die Kommune einen Beurteilungsspielraum, welche Leistung im Interesse der Kommune bzw. der Bürger zwingend erforderlich ist.[102] Hier kommt es im Einzelfall darauf an, ob die sofortige Leistung der Aufwendungen und Auszahlungen sachlich notwendig ist. Dies kann z.B. den laufenden Betrieb und die Unterhaltung von Versorgungs- und Verkehrseinrichtungen, aber auch von kulturellen Einrichtungen (Spiel-, Sport- und Erho-

[101] Vgl. Rd.Erl. des Ministeriums des Innern vom 27.04.2007 zur vorläufigen Haushaltsführung, S. 2.

[102] Vgl. Grimberg/Bernhardt/Mutschler/Stockel-Veltmann, Neues Kommunales Haushaltsrecht LSA, 2. Auflage, Witten 2010, S. 179.

lungsanlagen sowie soziale Einrichtungen) betreffen. Eine sachliche Notwendigkeit kann vorliegen, wenn ein Investitionsvorhaben aus tatsächlichen bautechnischen Gründen nicht aufgeschoben werden kann, weil dadurch z.B. unwirtschaftliche und unvertretbare Schäden zu erwarten sind oder die Nutzung der Einrichtung durch erhebliche Mängel beeinträchtigt oder nicht möglich ist.
Keinesfalls darf die Kommune die finanziellen Mittel für freiwillige Leistungen ausweiten, bzw. sie muss die Aufwendungen und Auszahlungen für bestehende freiwillige Leistungen streng begrenzen, sofern kein rechtlich bindender Beschluss der Gemeindevertretung vorliegt.

Beispiele für rechtliche Verpflichtungen

- Mietverträge
- Arbeitsverträge/Leistungen nach Tarifvertrag
- Kaufverträge
- Leistungen nach dem SGB
- Leistungen der Jugendhilfe
- Unterhaltung der Infrastruktur (Verkehrssicherungspflichten)

Beispiele zur Weiterführung einer notwendigen Aufgabe unaufschiebbar

- Beurteilungsspielraum, welche Leistungen im Interesse der Kommune bzw. der Bürger erforderlich sind
- Entscheidung im Einzelfall, ob eine sachliche Notwendigkeit zur sofortigen Leistung besteht
- Weiterbetrieb von Jugendeinrichtungen, Museen, Tierpark, Theater
- Reparaturen
- Unterhaltung der Infrastruktur (Vermögenserhalt)
- keine neuen und keine Ausweitung von freiwilligen Leistungen

Auszahlungen für Fortsetzungsmaßnahmen dürfen insbesondere vor dem Hintergrund des Grundsatzes der Wirtschaftlichkeit und Sparsamkeit nach § 62 Abs. 2 BbgKVerf geleistet werden (z.B. kein Baustopp).[103]

7.3.2.2 Maßnahmen nach § 71 Abs. 1 Nr. 2 BbgKVerf

Weiterhin darf die Kommune insbesondere Bauten, Beschaffungen und sonstige Investitionsmaßnahmen, für die im Haushaltsplan eines Vorjahres Haushaltsansätze oder Verpflichtungsermächtigungen vorgesehen waren, fortsetzen.
Reichen die Deckungsmittel für die Fortsetzung der Investitionsmaßnahmen nach Absatz 1 Nr. 1 nicht aus, so darf die Kommune **Kredite für Investitionen** und Investitionsförderungsmaßnahmen aufnehmen. Hierbei bedarf die einzelne Kreditaufnahme der Genehmigung durch die Kommunalaufsichtsbehörde in Form einer Einzelgenehmigung. Dabei sind die Voraussetzungen des § 76 Abs. 1 BbgKVerf zwingend zu beachten (Nachrangigkeit der Kreditaufnahme).

---

[103] Vgl. Wiegand/Grimberg, Gemeindeordnung Sachsen-Anhalt, Kommentar zu § 96 GO, 3. Auflage, München 2003.

Investitionsmaßnahmen, für die im Haushaltsplan eines Vorjahres **Haushaltsansätze** oder **Verpflichtungsermächtigungen** vorgesehen waren, gelten weiter bzw. dürfen nach § 71 Abs. 1 Nr. 2 BbgKVerf fortgesetzt werden. Neue Verpflichtungsermächtigungen dürfen nur in den engen Grenzen des § 71 Abs. 1 BbgKVerf eingegangen werden.

Beispiel
Die Stadt Prenzwalde befindet sich Anfang des Jahres 2025 in der vorläufigen Haushaltsführung nach § 71 BbgKVerf. Im Jahr 2024 war im Haushaltsplan für den Bau des Rathauses ein Betrag von 2 Mio. Euro eingestellt. Dieser wurde im Jahr 2024 auch kassenwirksam. Der restliche Teil der Baukosten i.H.v. 500.000 Euro ist erst nach Abschluss des Innenausbaus zu zahlen. Dieser Anteil wurde in den Entwurf des Haushaltsplans 2025 aufgenommen. Der Innenausbau darf entsprechend der Regelung des § 71 BbgKVerf nunmehr im Jahr 2025 vor Bekanntmachung der Haushaltssatzung fortgesetzt werden. Dies dient dem wirtschaftlichen und sparsamen Handeln der Kommune, da damit z.B. ein Baustopp und damit ggf. steigende Baukosten (z.B. durch Schäden am Rohbau, Verwitterung etc.) vermieden werden können.

7.3.2.3 Maßnahmen nach § 71 Abs. 1 Nr. 3 BbgKVerf

Die Gemeinde darf zudem mit neuen Investitionsmaßnahmen beginnen, wenn diese für die Erfüllung pflichtiger Aufgabe unabweisbar und unaufschiebbar sind. Gegenüber den früheren Regelungen wird nunmehr die Zulässigkeit des Beginns neuer Investitionsmaßnahmen neben den bisherigen sog. Fortsetzungsmaßnahmen deutlicher herausgestellt.[104]

7.3.2.4 Maßnahmen nach § 71 Abs. 1 Nr. 4 BbgKVerf

Die Kommune darf während der vorläufigen Haushaltsführung **Steuern**, für die die Haushaltssatzung Rechtsgrundlage ist, **nach den Sätzen des Vorjahres** erheben. Diese Vorschrift bezieht sich somit auf die Realsteuern nach § 3 Abs. 2 AO, nämlich Grundsteuer und die Gewerbesteuer. Beide Steuerarten haben zwar ihre Rechtsgrundlagen in Bundesgesetzen,[105] die Hebesätze der Grundsteuer A und B sowie der Gewerbesteuer werden in der Regel jedoch in der Haushaushaltssatzung durch jede Kommune selbst festgelegt. Hinsichtlich der Rückwirkungsmöglichkeit wird auf Seite 165 (Weitergelten von Ermächtigungen der Haushaltssatzung) verwiesen.
Beschließt die Kommune eine separate Hebesatzsatzung, darf diese während der Phase der vorläufigen Haushaltsführung angepasst werden.
Sonstige Gemeindesteuern, wie Hundesteuer, Zweitwohnungssteuer oder Vergnügungssteuer, sind von der vorläufigen Haushaltsführung nicht betroffen. Für diese Steuerarten gelten separate Steuersatzungen, die in der Regel auch nicht der Jährlichkeit, wie die Realsteuern, unterworfen sind.

[104] Begründung zum Gesetz zur Modernisierung des Kommunalrechts (KommRModG), Drucksache 7/7839 7. Wahlperiode.
[105] Grundsteuergesetz (GrStG) und Gewerbesteuergesetz (GewStG).

7.3.2.5 Maßnahmen nach § 71 Abs. 1 Nr. 5 BbgKVerf

Weiterhin darf die Kommune Kredite umschulden. Es versteht sich von selbst, dass diese Ausnahmeregelung nur für Umschuldungsmaßnahmen herangezogen werden darf, die zu geringeren Zinsaufwendungen führen werden. Gerade in Zeiten von Niedrigzinsen sollte der Kommune daran gelegen sein, mit Kreditgebern Umschuldungsregelungen zu treffen, also Kredite mit höheren Zinsen in Kredite mit niedrigeren Zinsen umzuwandeln. Auch darf die Kommune Laufzeiten von Krediten verlängern.

7.3.2.6 Erträge und Einzahlungen

Erträge und Einzahlungen sind weiterhin rechtzeitig und vollständig zu erheben. Für Verkäufe (i.d.R. Vermögensveräußerungen[106]) gelten insofern keine Einschränkungen während der vorläufigen Haushaltsführung. Dennoch ist zu beachten, dass durch die Veräußerung keine zusätzlichen Aufwendungen entstehen, die den Ausnahmetatbeständen nach § 69 Abs. 1 dem Grunde nach widersprechen. Insofern bedürfen Veräußerungen von Vermögensgegenständen unter dem vollen Wert nach § 87 Abs. 3 BbgKVerf grundsätzlich der Zustimmung der Kommunalaufsichtsbehörde.
Finanzmittel, die losgelöst von der Haushaltssatzung erhoben werden (z.B. Mieten, Pachten, Gebühren aufgrund spezieller Gebührensatzungen, Hundesteuer, Vergnügungssteuer), dürfen auch während der Phase der vorläufigen Haushaltsführung erhöht werden.

Beispiel

Für den Bau des neuen Rathauses der Stadt Prenzwalde war im Haushaltsplan 2024 eine Verpflichtungsermächtigung i.H.v. 1 Mio. Euro vorgesehen. Wurde diese Ermächtigung im Jahr 2024 nicht ausgeschöpft, können darauf noch im Jahr 2025 und während der vorläufigen Haushaltsführung Aufträge ausgelöst werden. Als Konsequenz daraus können aufgrund der nunmehr vorliegenden rechtlichen Verpflichtungen auch Auszahlungen vor der öffentlichen Bekanntmachung der Haushaltssatzung 2025 geleistet werden.

Für die Einhaltung der Bestimmungen zur vorläufigen Haushaltsführung ist nach § 64 BbgKVerf die Kämmerin oder der Kämmerer zuständig und somit verantwortlich. Der Umgang mit der vorläufigen Haushaltsführung innerhalb der Kommune sollte in einer internen Dienstanweisung festgelegt werden.
In der Praxis ist zur Mittelverwendung während der vorläufigen Haushaltsführung oftmals eine Freigabe durch die Finanzsteuerung erforderlich (vergleiche Abbildung 74).[107] In vielen Kommunen werden Regelungen dergestalt getroffen, dass etwa 20 bis 30 % der Haushaltsansätze während der Zeit der vorläufigen Haushaltsführung gesperrt werden.

---

[106] Nach § 87 Abs. 3 BbgKVerf bedürfen Veräußerungen von Vermögensgegenständen unter dem vollen Wert der Genehmigung der Kommunalaufsichtsbehörde.

[107] Das dargestellte Muster wird in vielen Kommunen des Landes Brandenburg verwendet. Dabei kann es sowohl zur Freigabe von Haushaltsmitteln während einer Haushaltssperre nach § 73 BbgKVerf oder während der vorläufigen Haushaltsführung nach § 71 BbgKVerf genutzt werden.

Stadt Prenzwalde

Freigabeantrag

Ergebnis- und Finanzhaushalt

Fachbereich:	
I. An den Fachbereich Finanzen	
Haushaltsjahr	☐ Haushaltswirtschaftliche Sperre nach § 73 BbgKVerf ☐ Vorläufige Haushaltsführung nach § 71 BbgKVerf
Produktkonto Aufwand/Deckungskreis	Bezeichnung
Produktkonto Auszahlung/Deckungskreis	Bezeichnung

Haushaltsansatz (ohne Sperre)	______	EUR	
Anordnungssoll	______	EUR	per ______
bisher freigegeben	______	EUR	per ______
davon durch Aufträge gebunden	______	EUR	
beantragte Freigabe	______	EUR	

Begründung:

Datum | Bearbeiter | Unterschrift Fachbereichsleiter

II.

VERFÜGUNG

durch den Fachbereich Finanzen

Die Freigabe der Aufwendung / Auszahlung wird

☐ genehmigt in Höhe von ______ **EUR**

☐ abgelehnt

Begründung:

geprüft:

Datum: | Datum

Unterschrift | Unterschrift

Bitte Original an FB Finanzen Prenzwalde. Eine Kopie verbleibt beim beantragenden Fachbereich

Abbildung 74: Freigabeantrag

8 Bewirtschaftung der Haushaltsmittel

8.1 Bewirtschaftungsgrundsätze

Wie bereits bei den allgemeinen Haushalts- und Planungsgrundsätzen in Kapitel 3 ab Seite 43 ausgeführt, ist die kommunale Haushaltswirtschaft nach den Vorgaben der Brandenburgischen Kommunalverfassung (BbgKVerf) sowie der kommunalen Haushalts- und Kassenverordnung (KomHKV) streng reguliert.
Dies gilt auch für die Bewirtschaftungsgrundsätze.

Ausgewählte Bewirtschaftungsgrundsätze	
Grundsatz der sachlichen Bindung	§ 66 Abs. 3 BbgKVerf, § 26 KomHKV
Grundsatz der Gesamtdeckung	§ 19 KomHKV
Grundsatz der Budgetdeckung	§ 20 KomHKV
Übertragbarkeit	§ 21 KomHKV

8.1.1 Grundsatz der sachlichen Bindung

Rechtsgrundlage § 66 Abs. 3 Satz 1 BbgKVerf
Nach § 66 Abs. 3 Satz 1 BbgKVerf ist der Haushaltsplan mit seinen Festsetzungen (Plan-ansätzen) für die Führung der Haushaltswirtschaft der Kommune überwiegend im Innenverhältnis verbindlich. Die Außenwirkung der Haushaltssatzung bezieht sich nur auf die Hebesätze der Realsteuern und die festzusetzenden Umlagen (vgl. hierzu Kapitel 7.1.2.5. – Inhalt und Form der Haushaltssatzung, S. 134). Zu beachten ist in diesem Zusammenhang, dass Ansprüche und Verbindlichkeiten Dritter durch ihn weder begründet noch aufgehoben werden. Veranschlagte Ansätze für Aufwendungen und Auszahlungen dürfen nach § 26 KomHKV nur in Anspruch genommen werden, wenn es die Aufgabenerfüllung erfordert und die rechtzeitige Bereitstellung der Finanzmittel gesichert ist.
Dennoch ist es erforderlich, die Haushaltswirtschaft flexibel zu gestalten, um im laufenden Haushaltsjahr auf unvorhergesehene Situationen reagieren zu können bzw. gewisse Freiheiten für die Produktverantwortlichen zu schaffen.
Hierzu dienen die Instrumente der **flexiblen Haushaltsführung**. Änderungen bzw. Ergänzungen von Haushaltsvermerken im Rahmen der flexiblen Haushaltsführung (Bewirtschaftungs- und Budgetregeln, siehe Kapitel 8.1.2.2., Seite 154) erfordern jedoch zwingend den Erlass einer Nachtragshaushaltssatzung nach § 70 BbgKVerf, da der Haushaltsplan mit seinen Wertangaben und Vermerken einen Bestandteil der Haushaltssatzung im Sinne von § 65 Abs. 2 Nr. 1 darstellt.

Grundsatz

Nach § 66 Abs. 3 Satz 1 BbgKVerf ist der Haushaltsplan für die Haushaltsführung der Kommune im Innenverhältnis verbindlich. Die Haushaltsführung muss demnach genau der Planung entsprechen. Dies ist in der Praxis jedoch kaum möglich.

Die Folge einer solchen strengen Regelung ist, dass mangels Ermächtigung erforderliche Auszahlungen nicht getätigt und Aufwendungen nicht erbracht werden können, soweit der Haushaltsansatz ausgeschöpft ist. Dies ist jedoch u.a. auf Grund des Grundsatzes der stetigen Aufgabenerfüllung nach § 63 Abs. 1 BbgKVerf nicht denkbar. Daher hat der Gesetzgeber die nachfolgenden Möglichkeiten geschaffen:

echte Deckungsfähigkeit *§ 20 Abs. 1 – 3 KomHKV*	*unechte Deckungsfähigkeit* *§ 20 Abs. 4 KomHKV*	überplanmäßige / außerplanmäßige Aufwendungen, Auszahlungen, VE *§ 72 BbgKVerf*	*Nachtragshaushaltssatzung* *§ 70 BbgKVerf*

Abbildung 75: Grundsatz der sachlichen Bindung

8.1.2 Grundsatz der Gesamtdeckung

Rechtsgrundlage § 19 KomHKVf

Ausgangspunkt ist der Grundsatz der Gesamtdeckung nach § 19 KomHKV. Danach dienen

- die ordentlichen Erträge
  des Ergebnishaushalts insgesamt zur Deckung der ordentlichen Aufwendungen des Ergebnishaushalts und die
- außerordentlichen Erträge
  des Ergebnishaushalts insgesamt zur Deckung der außerordentlichen Aufwendungen des Ergebnishaushalts

sowie

- die Einzahlungen aus laufender Verwaltungstätigkeit des Finanzhaushalts insgesamt zur Deckung der Auszahlungen aus laufender Verwaltungstätigkeit sowie für die Auszahlungen aus der Finanzierungstätigkeit.

Wie in Abbildung 76 ersichtlich, wird im doppischen Haushaltsrecht der Deckungsbezug getrennt zum einen für den Ergebnishaushalt und zum anderen für den Finanzhaushalt hergestellt. Eine Deckung außerhalb dieser in sich geschlossenen Rechenwerke ist nur in den engen Grenzen des § 20 Abs. 3 KomHKV möglich, wenn nämlich zahlungswirksame Aufwendungen eines Budgets für einseitig deckungsfähig zugunsten von Investitionsauszahlungen des Budgets erklärt werden. In diesem Fall können konsumtive Aufwendungen als Deckung für investive Maßnahmen herangezogen werden.

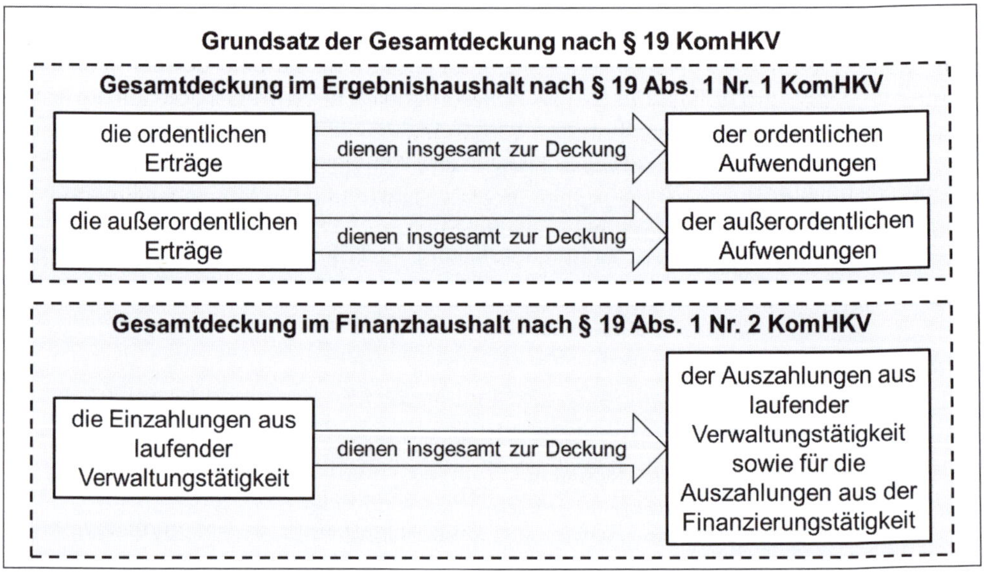

Abbildung 76: Grundsatz der Gesamtdeckung

Nach § 19 Abs. 1 Nr. 2 KomHKV dienen im Finanzhaushalt die Einzahlungen der laufenden Verwaltungstätigkeit grundsätzlich der Deckung der Auszahlungen für die laufende Verwaltungstätigkeit. Sie sollen darüber hinaus jedoch ausreichen, um die ordentliche Tilgung von Krediten zu finanzieren.
Verbleiben gemäß § 19 Abs. 1 Nr. 3 KomHKV nach Deckung der ordentlichen Kredittilgung Finanzmittelüberschüsse aus der laufenden Verwaltungstätigkeit, dienen diese Überschüsse daher zur Deckung aller übrigen Auszahlungen des Finanzhaushaltes.
Die übrigen Einzahlungen des Finanzhaushaltes dienen gemäß § 19 Abs. 1 Nr. 4 KomHKV ebenfalls insgesamt der Deckung aller Auszahlungen des Finanzhaushaltes (ohne Auszahlungen der laufenden Verwaltungstätigkeit). Einschränkungen ergeben sich hier vor allem hinsichtlich der Einzahlung aus Krediten, die gemäß § 74 BbgKVerf nur für Investitionen, Investitionsförderungsmaßnahmen und zur Umschuldung aufgenommen werden dürfen.[108]

Ordentlicher und außerordentlicher Ergebnishaushalt

Im Ergebnishaushalt ist nach § 19 Abs. 1 Nr. 1b KomHKV zwischen dem ordentlichen und dem außerordentlichen Ergebnis zu trennen. Erst ab dem Haushaltsjahr 2027 dienen die (gesamten) Erträge insgesamt zur Deckung der (gesamten) Aufwendungen. Eventuelle Überschüsse des außerordentlichen Ergebnisses dürfen gemäß § 23 Abs. 3 KomHKV erst nachrangig (i.d.R. nach Ausnutzung aller Sparmöglichkeiten) zur Deckung der ordentlichen Aufwendungen herangezogen werden.

[108] Erdmann u.a., Kommunale Finanzwirtschaft im Land Brandenburg, 4. Aufl. 2014, Wiesbaden, S. 165.

Der ordentliche Ergebnishaushalt stellt mit den ordentlichen Aufwendungen und Erträgen den haushaltsrechtlichen Normalfall dar. Im Gegensatz hierzu sind gemäß § 4 Abs. 3 KomHKV Erträge und Aufwendungen als außerordentlich auszuweisen, die auf unvorhersehbaren, seltenen und ungewöhnlichen Vorgängen von wesentlicher finanzieller Bedeutung für die Gemeinde beruhen sowie Erträge und Aufwendungen aus der Veräußerung von Grundstücken, grundstücksgleichen Rechten, Bauten und Finanzanlagevermögen. Die Größenordnung bzw. Wertgrenze, ab der Aufwendungen und Erträge als für die Gemeinde von wesentlicher finanzieller Bedeutung angesehen werden und somit außerordentlich sind, wird in der Haushaltssatzung festgesetzt.

8.1.2.1 Zweckbindung

Die allgemeine und regelmäßige Zweckbindung von Erträgen und Einzahlungen für bestimmte Aufwendungen bzw. Auszahlungen wäre im Sinne des doppischen Rechnungssystems wenig zielführend und würde somit eine Ausnahme vom Grundsatz der Gesamtdeckung nach § 19 KomHKV darstellen. Die in der früheren Gemeindehaushaltsverordnung aufgeführten Regelungen über die Anbringung von Zweckbindungsvermerken sind somit in der KomHKV nicht mehr enthalten.

Dem Grundsatz der Gesamtdeckung folgend ist es grundsätzlich unzulässig, Erträge und Einzahlungen für die Leistung bestimmter Aufwendungen und Auszahlungen zu beschränken. Dieser Grundsatz gilt, soweit Rechtsvorschriften oder vertragliche Vereinbarungen nichts anderes regeln. So sind z.B. zweckgebundene Zuweisungen aus der Gesamtdeckung ausgenommen. Fördermittelbescheide enthalten üblicherweise entsprechende Regelungen.

Die Verpflichtung zur zweckgerechten Verwendung von Erträgen und Einzahlungen ergibt sich also primär nicht aus der KomHKV, sondern aus möglichen Bestimmungen der Fördermittelgeber oder sonstiger rechtlicher Vorgaben. Zweckbindungsvermerke haben daher im Haushaltsplan keine rechtlich verbindlichen Auswirkungen auf die Verwendungsmöglichkeit dieser Mittel, sondern sind rein informativ. Den Gemeinden wird jedoch freigestellt, Zweckbindungsvermerke im Haushaltsplan auszubringen.

Zweckbindung von Erträgen/Einzahlungen

Dennoch **können** Erträge oder Einzahlungen aufgrund rechtlicher Verpflichtungen zweckgebunden sein und auf die Verwendung bestimmter Aufwendungen und Auszahlungen beschränkt werden, wenn sich die Beschränkung aus der Herkunft oder Natur (z.B. durch Festlegung eines Verwendungszweckes bei Zuweisungen und Zuschüssen bei Spenden, Erschließungsbeiträgen etc.) der Erträge/Einzahlungen ergibt.

Gemäß § 21 Abs. 3 KomHKV bleiben die Ermächtigungen zur Leistung der entsprechenden Aufwendungen bis zur Erfüllung des Zwecks und die Ermächtigungen zur Leistung der entsprechenden Auszahlungen bis zur Fälligkeit der letzten Zahlung verfügbar. Mit dieser Regelung soll gewährleistet werden, dass zweckgebundene Erträge oder Einzahlungen auch in den Folgejahren für ihren Zweck zur Verfügung stehen.[109]

---

[109] Vgl. Erdmann u.a., a.a.O., S. 162 f.

Zweckbindung von Aufwendungen/Auszahlungen
Auch für die Zweckbindung von Aufwendungen und Auszahlungen gilt der Grundgedanke der möglichst flexiblen Haushaltswirtschaft, wonach Aufwendungen mit Aufwendungen und Auszahlungen mit Auszahlungen innerhalb der festgesetzten Budgets gegenseitig deckungsfähig sind. Daher sind Zweckbindungen nur unter bestimmten Voraussetzungen möglich.

Verfügungsmittel
Nach § 2 Nr. 47 KomHKV stehen dem Hauptverwaltungsbeamten oder dem Ortsbürgermeister für dienstliche Zwecke Mittel zur Verfügung, für die sonst keine Aufwendungen veranschlagt sind. Das sind in der Regel Mittelansätze von wenigen hundert bis tausend Euro, über deren Verwendung der Hauptverwaltungsbeamte oder Ortsbürgermeister für dienstliche Zwecke (z.B. zu Repräsentationszwecken) frei verfügen kann. Dennoch sind die Dokumentationsgrundsätze der Haushaltswirtschaft zu beachten.
Daher können nach § 16 KomHKV Verfügungsmittel des Hauptverwaltungsbeamten und des Ortsbürgermeisters im Ergebnishaushalt für dienstliche Zwecke in angemessener Höhe veranschlagt werden, für die sonst keine Aufwendungen veranschlagt sind. Die veranschlagten Mittel dürfen nicht überschritten oder übertragen werden und sind auch nicht deckungsfähig.

8.1.2.2 Bewirtschaftungsregeln, Budgetregeln
Der sich aus § 2 Nr. 12 KomHKV ergebende Gedanke, einer Kommune einen vorgegebenen Finanzrahmen zur selbstständigen und eigenverantwortlichen Bewirtschaftung im Rahmen vorgegebener Sachziele zuzuweisen, wird durch intern festzulegende Budgetregelungen individuell ausgestaltet. Hierbei ist jedoch zu berücksichtigen, dass entsprechende Regelungen nicht gegen geltendes Haushaltsrecht verstoßen dürfen.
Die Spielräume für Bewirtschaftungs- und Budgetregeln werden in den Kommunen unterschiedlich stark genutzt. So kommen manche Kommunen mit keinen oder nur sehr wenig einschränkenden Regeln aus, während andere Kommunen stringente Bewirtschaftungs- und Budgetregeln erlassen.
Hierbei gelten während der Übergangszeit folgende Regeln in Bezug auf das Gesamtergebnis:

- Grundsätzlich gilt, dass ab dem Haushaltsjahr 2027 die Bewirtschaftung der Budgets gemäß § 20 Abs. 5 KomHKV nicht zu einer negativen Veränderung des Gesamtergebnisses nach § 4 Abs. 1 Nr. 26 sowie des Finanzergebnisses nach § 5 Nr. 35 führen. Dagegen gelten Planabweichungen nach den Absätzen 1 bis 4 nicht als überplanmäßig. Solange der Ergebnishaushalt unausgeglichen ist, werden alle Budgets auch zum Abbau des Fehlbetrages beitragen müssen.
- Bis einschließlich des Haushaltsjahres 2026 darf die Bewirtschaftung der Budgets nicht zu einer negativen Veränderung des ordentlichen Jahresergebnisses nach § 4 Abs. 1 Nr. 22 sowie des Finanzergebnisses nach § 5 Nr. 35 führen. Planabweichungen nach den Absätzen 1 bis 4 gelten nicht als überplanmäßig.

Bewirtschaftungs- und Budgetregeln beinhalten zudem die Festlegungen, welche Aufwands- und Auszahlungsansätze im Sinne des § 20 KomHKV deckungsfähig oder nicht deckungsfähig sind. Sie stellen somit die verbindlichen Haushaltsvermerke dar.[110]
Häufig werden von der gegenseitigen Deckungsfähigkeit nach § 20 Abs. 1 KomHKV die nachstehenden zahlungsunwirksamen Aufwendungen ausgenommen:

- Abschreibungen (Kontengruppe 57) und andere nicht zahlungswirksame Aufwendungen
- Aufwendungen aus internen Leistungsbeziehungen (Kontengruppe 58)
- außerordentliche Aufwendungen (Kontengruppe 59).

Zudem werden in nicht wenigen Kommunalverwaltungen die Personal- und Versorgungsaufwendungen (Kontengruppe 50 und 51) von der gegenseitigen Deckungsfähigkeit herausgenommen.

8.1.2.3 Deckungsfähigkeit

Bei der sich aus § 66 Abs. 3 BbgKVerf ergebenden Verbindlichkeit des Haushaltsplans für die Haushaltswirtschaft handelt es sich um eine nach innen gerichtete Regelung. Sämtliche Organe der Kommune sind daher grundsätzlich an die im Haushaltsplan getroffenen Festlegungen gebunden. Diese als **Grundsatz der sachlichen Bindung** bekannte rechtliche Regelung wird jedoch im Interesse einer möglichst hohen Flexibilität durch die Möglichkeit der Deckungsfähigkeit durchbrochen.

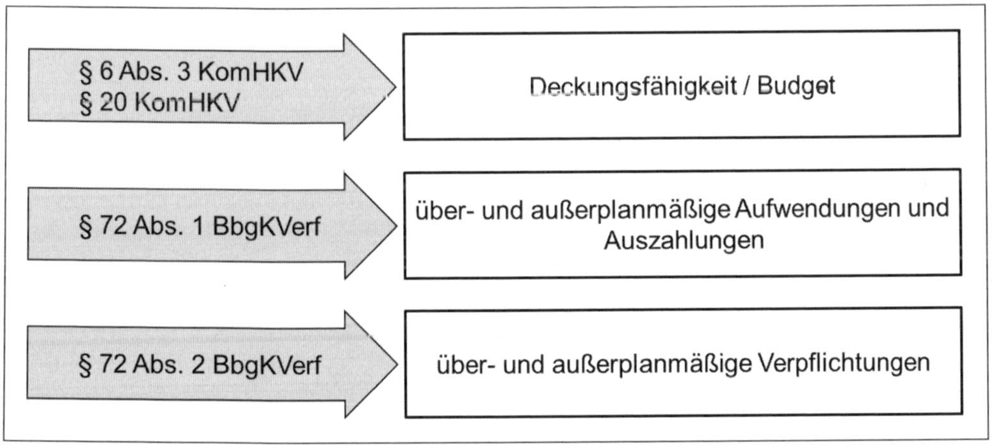

Abbildung 77: Ausnahmen von der sachlichen Bindung

Deckungsfähigkeit bedeutet zunächst einen Mittelaustausch zwischen einzelnen Haushaltspositionen. Sie stellt somit ein Instrument dar, mit deren Hilfe der Grundsatz der sachlichen Bindung von Aufwands-/Auszahlungsansätzen durchbrochen werden kann.

[110] So z.B. der Wortlaut des § 20 Abs. 2 KomHKV: „...können für gegenseitig oder einseitig deckungsfähig erklärt werden...“.

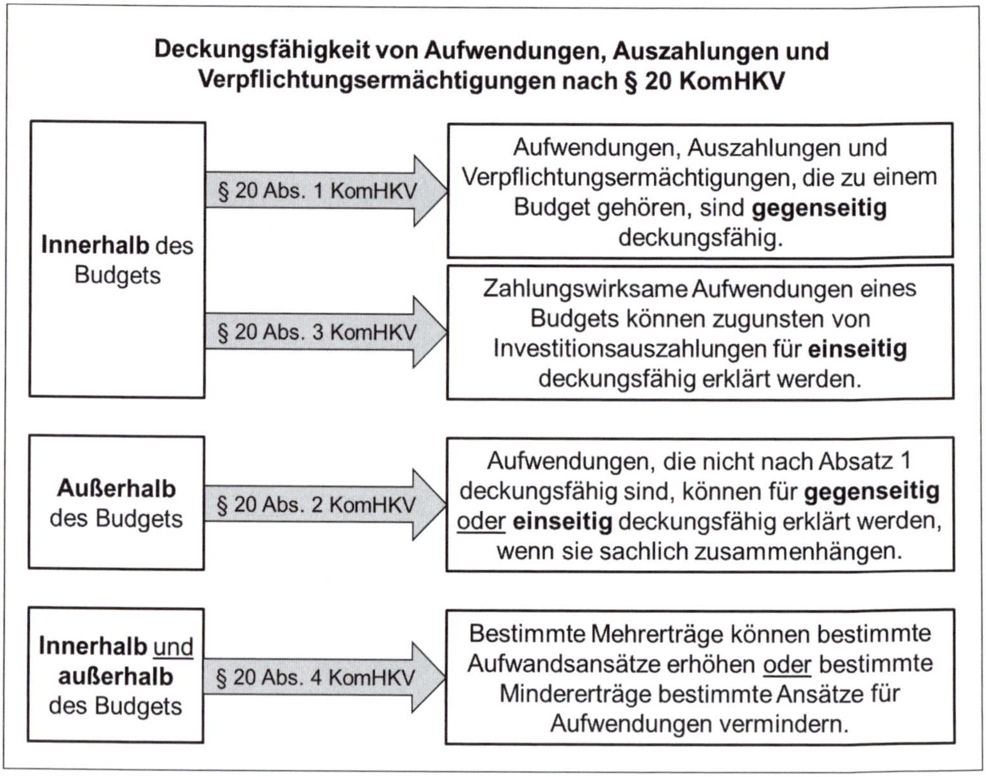

Abbildung 78: Deckungsfähigkeit

Einseitige/gegenseitige Deckungsfähigkeit

Bei der **einseitigen Deckungsfähigkeit** im Rahmen der flexiblen Haushaltsführung wird ein bestimmter Aufwands-/Auszahlungsansatz als Deckungsquelle zwar für einen anderen Ansatz bestimmt, dieser andere Ansatz ist aber nicht Deckungsquelle für den erstgenannten Ansatz. Das hat zur Folge, dass der deckungspflichtige Haushaltsansatz nicht auch deckungsberechtigt ist.

Sie ist somit gegeben, wenn Mehraufwendungen/Mehrauszahlungen für ein bestimmtes Sachkonto nur durch Minderaufwendungen/Minderauszahlungen aus einem anderen Sachkonto bestritten werden können, das letztgenannte Sachkonto jedoch umgekehrt nicht Deckungsquelle ist.

Nach § 20 Abs. 2 KomHKV können Aufwendungen und Auszahlungen sowie die Verpflichtungsermächtigungen, die nicht zum gleichen Budget gehören, für einseitig deckungsfähig erklärt werden, wenn sie sachlich zusammenhängen.

Für zahlungswirksame Aufwendungen eines Budgets, die nach § 20 Abs. 3 KomHKV zugunsten von Investitionsauszahlungen des Budgets deckungsfähig erklärt werden, gilt immer die einseitige Deckungsfähigkeit.

Beispiel für einseitige Deckungsfähigkeit nach § 20 Abs. 1 KomHKV
Sachkonto 5431 (Geschäftsaufwendungen) ist Deckungsquelle für Sachkonto 5261 (Besondere Aufwendungen für Beschäftigte), aber umgekehrt ist SK 5261 nicht Deckungsquelle für SK 5431.

Gegenseitige Deckungsfähigkeit im Rahmen der flexiblen Haushaltsführung liegt vor, wenn Aufwands- /Auszahlungsansätze wechselseitig in Anspruch genommen werden dürfen. Dadurch sind sie gegenseitig deckungsberechtigt und deckungspflichtig.
Alle Aufwendungen und Auszahlungen sowie die Verpflichtungsermächtigungen im Budget sind gemäß § 20 Abs. 1 KomHKV zunächst grundsätzlich gegenseitig deckungsfähig (Budgetdeckung). Haushaltsrechtliche Vorschriften (z.B. Verfügungsmittel, Zweckbindungen etc.) können dies aber ausschließen oder im Haushaltsplan werden andere Festlegungen getroffen (Bewirtschaftungs- oder Budgetregeln).

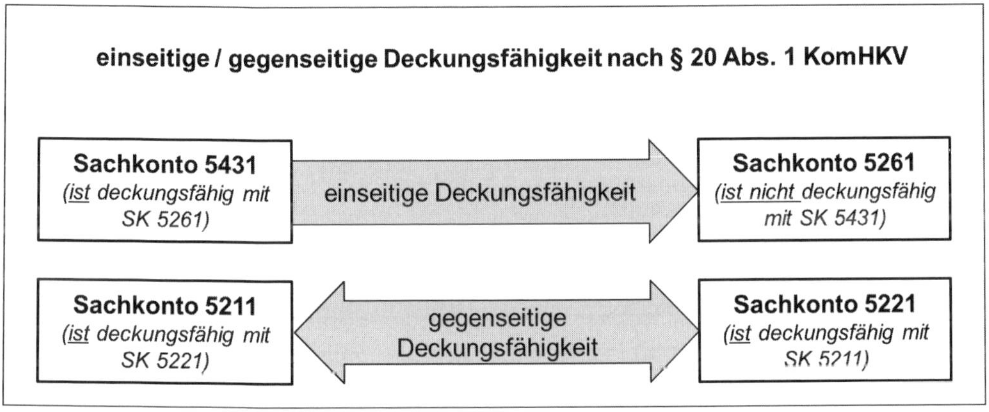

Abbildung 79: Einseitige/gegenseitige Deckungsfähigkeit

Nach § 20 Abs. 2 KomHKV können Aufwendungen und Auszahlungen sowie Verpflichtungsermächtigungen, die nicht zum gleichen Budget gehören, aber auch für gegenseitig deckungsfähig erklärt werden, wenn sie sachlich zusammenhängen.

Beispiel für gegenseitige Deckungsfähigkeit nach § 20 Abs. 2 KomHKV
Produktkonto 2710.5211 (Unterhaltung der Grundstücke und baulichen Anlagen bei Volkshochschulen) ist Deckungsquelle für Produktkonto 2110.5211 (Unterhaltung der Grundstücke und baulichen Anlagen bei Volkshochschulen) und umgekehrt.

<u>Deckungskreise/Deckungsringe</u>

Für die einseitige oder gegenseitige Deckungsfähigkeit nach § 20 Abs. 2 KomHKV können die Kommunen sogenannte Deckungskreise oder -ringe bestimmen, die häufig in Tabellen- oder Listenform – aber auch durch Beschreibung oder Erklärung – die Deckungsfähigkeit der Ergebnis- und Finanzkonten festlegen (siehe Abbildung 80).

Häufig werden die Personal- und Versorgungsaufwendungen, aber auch die Aufwendungen für Sach- und Dienstleistungen sowie sonstige ordentliche Aufwendungen budgetübergreifend für gegenseitig deckungsfähig erklärt.
Soll ein Deckungskreis der gegenseitigen Deckung eingerichtet werden, so müssen mindestens zwei Aufwands-/Auszahlungsansätze zu einem solchen Deckungskreis zusammengefasst werden. Im Unterschied zur einseitigen Deckungsfähigkeit wird die Rolle, die ein Sachkonto innerhalb dieses Deckungskreises einnimmt, nicht vorab definiert. Jedes der Sachkonten kann im konkreten Bewirtschaftungsfall entweder deckungsberechtigt oder deckungspflichtig sein.

Stadt Prenzwalde

Haushalt 20..

Deckungskreise

Über die Deckungsfähigkeit kann die Stadt Prenzwalde nach § 20 Abs. 1 KomHKV eigene Festlegungen treffen.

Für das Haushaltsjahr 20.. gilt:

1. Für alle Konten können Deckungskreise eingerichtet werden.

   Ausgenommen sind:
   - Konten für Aufwendungen aus internen Leistungsbeziehungen
   - Konten, für die eine Einbindung in die Deckungskreise nicht sinnvoll möglich ist
2. Bereits durch Rechtsgeschäfte gebundene, aber noch nicht fällige Aufwendungen und Auszahlungen dürfen nicht zur Deckung eingesetzt werden.
3. Nach § 20 Abs. 2 KomHKV werden folgende Deckungskreise gebildet:
   a) Personalaufwendungen und Versorgungsaufwendungen
   b) Abschreibungen
   c) Aufwendungen für Sach- und Dienstleistungen
   d) Sonstige ordentliche Aufwendungen

   Die eingerichteten Deckungskreise für die Aufwendungen nach a) – d) in den jeweiligen Budgets sind zusätzlich gegenseitig deckungsfähig. Die Deckungsfähigkeit der zugehörigen Finanzkonten gilt entsprechend.

   Mehraufwendungen, die aus den Deckungskreisen gedeckt werden können und die damit im Zusammenhang stehenden Planabweichungen gelten nicht als überplanmäßig.
4. Neu einzurichtende Konten, die sich aufgrund der buchhalterischen Anforderungen ergeben, können nachträglich in die sachlich zugehörigen Deckungskreise aufgenommen werden und gelten nicht als außerplanmäßig.

Abbildung 80: Deckungskreise (Praxisbeispiel)

Geborene/gekorene Deckungsfähigkeit

Die ständige Deckungsfähigkeit kraft Gesetzes nach § 20 Abs. 1 KomHKV (Budgetdeckung) wird auch geborene Deckungsfähigkeit genannt. Sie stellt somit die grundsätzliche Möglichkeit für den Budgetverantwortlichen dar, Haushaltsmittel flexibel einzusetzen und schafft zusätzliche Anreize für wirtschaftliches Handeln.[111] Die durch Haushaltsvermerk oder Deckungskreise/-ringe erklärte einseitige oder gegenseitige Deckungsfähigkeit wird demgegenüber als gekorene Deckungsfähigkeit bezeichnet.

Echte/unechte Deckungsfähigkeit

Die einseitige oder gegenseitige Deckungsfähigkeit von Aufwendungen und von Auszahlungen und der Verpflichtungsermächtigungen für Investitionen und Investitionsförderungsmaßnahmen nach **§ 20 Abs. 1 bis 3 KomHKV** wird als **echte Deckungsfähigkeit** bezeichnet. Hierbei werden Mehraufwendungen/Mehrauszahlungen bzw. höhere Verpflichtungsermächtigungen bei einer Haushaltsposition durch Minderaufwendungen/Minderauszahlungen bzw. geringere Inanspruchnahme von Verpflichtungsermächtigungen bei einer anderen Haushaltsposition ausgeglichen. Dadurch verändert sich nicht das Haushaltsvolumen. Die Summen der Verminderung bzw. Erhöhung sind exakt gleich.
Die Mittelübertragungen im Rahmen der echten Deckungsfähigkeit erhöhen aber nicht die ursprünglichen Planansätze, sondern schreiben sie lediglich fort. Mittelübertragungen können und werden nicht mit dem Haushaltsplan beschlossen, sondern mit dem Jahresabschluss übertragen. Hierfür ist eine separate Spalte (Spalte 2) in der Ergebnis- und Finanzrechnung nach §§ 43, 44 KomHKV vorgesehen (vgl. Abbildung 81). In Spalte 2 sind alle aufgrund zulässiger haushaltswirtschaftlicher Maßnahmen und Entscheidungen vorgenommenen Änderungen an den Ermächtigungsansätzen[112] zu berücksichtigen.

Ergebnisrechnung Haushaltsjahr 20.. - in EUR - *(Muster zu § 43 KomHKV für die Ergebnisrechnung)*						
Ertrags- und Aufwandsarten		**Ergebnis des Vorjahres**	**Planansatz des Haushaltsjahres**	**fortgeschriebener Ansatz des Haushaltsjahres**	**Ergebnis des Haushaltsjahres**	**Vergleich fortgeschriebener Ansatz/ Ergebnis Haushaltsjahr**
1. | 26.	**Gesamtergebnis des Teilhaushaltes (22+25)**					

Abbildung 81: Fortgeschriebener Ansatz in der Ergebnisrechnung

111 Vgl. Erdmann u.a., a.a.O., S. 162 f., S. 154.

112 Z.B. Erhöhungen oder Minderungen im Rahmen von Nachtragssatzungen, aber auch über- oder außerplanmäßig bewilligte Aufwendungen/Auszahlungen sowie aus dem Vorjahr übertragene Ermächtigungen.

Die Deckungsfähigkeit nach **§ 20 Abs. 4 KomHKV** wird dagegen als **unechte Deckungsfähigkeit** bezeichnet, da Mehrerträge bestimmte Ansätze für Aufwendungen sowie Mehreinzahlungen bestimmte Ansätze für Mehrauszahlungen erhöhen bzw. Mehrerträge bzw. Mehreinzahlungen für entsprechende Mehraufwendungen bzw. Mehrauszahlungen verwendet werden dürfen. Auch hier bedarf es dafür keines formellen Bereitstellungsverfahrens, weil entsprechende Deckungsvermerke bereits vorhanden sein müssen.
Die unechte Deckungsfähigkeit stellt eigentlich eine Durchbrechung der Verbindlichkeit des Haushaltsplanes im Innenverhältnis nach § 66 Abs. 3 BbgKVerf dar, da hierdurch die vorgegebenen Haushaltsansätze (Ermächtigungen) überschritten werden können.
Zu beachten ist, dass Mehraufwendungen bzw. Mehrauszahlungen nach § 20 Abs. 4 KomHKV nicht als überplanmäßige Aufwendungen/Auszahlungen (siehe auch Kapitel 8.1.5. – Über- und außerplanmäßige Aufwendungen und Auszahlungen, S. 167) gelten.

Beispiel
Die Stadt Prenzwalde hat im Produkt 2631 – Musikschule – die Erträge aus Spenden von Privatpersonen beim Sachkonto 4148 (Planansatz 10.000 Euro) für zweckgebunden zu Gunsten des Sachkontos 5271 „Besondere Verwaltungs- und Betriebsaufwendungen – Veranstaltungen“ (Planansatz 15.000 Euro) erklärt. Durch eine zusätzliche Spende im laufenden Haushaltsjahr i.H.v. 5.000 Euro dürfen diese Haushaltsmittel aufgrund der unechten Deckungsfähigkeit zusätzlich aufgewendet werden. Damit stehen insgesamt 20.000 Euro für Veranstaltungen zur Verfügung.

<u>Besonderheit der Deckungsfähigkeit nach § 20 Abs. 3 KomHKV</u>
Bei der Deckungsfähigkeit nach § 20 Abs. 3 KomHKV wird der Grundsatz durchbrochen, wonach eine Deckung nur innerhalb der getrennten Bereiche (Komponenten) des Ergebnis- bzw. Finanzhaushalts möglich ist. Diese Vorschrift ermöglicht es der Kommune, zahlungswirksame Aufwendungen eines Budgets für einseitig deckungsfähig zugunsten von Investitionsauszahlungen des Budgets zu erklären. In diesem Fall können also (konsumtive) Aufwendungen als Deckung für (investive) Maßnahmen herangezogen werden. Umgekehrt ist dies nicht möglich, es handelt sich somit um eine einseitige Deckungsfähigkeit. Sinn macht diese Regelung vor allem dann, wenn durch Einsparungen im konsumtiven Bereich langfristige und nachhaltige Investitionen ermöglicht werden.

Beispiel
Die Stadt Prenzwalde hat im Produkt 2631 – Musikschule – die Aufwendungen der Sachkonten 5211 „Unterhaltung der Grundstücke und baulichen Anlagen“ (Ansatz 10.000 Euro) und 5241 „Bewirtschaftung der Grundstücke und baulichen Anlagen“ (Ansatz 25.000 Euro) für einseitig deckungsfähig zu Gunsten des Kontos 7851 – Auszahlungen für Hochbaumaßnahmen – (investiver Ansatz 100.000 Euro) erklärt. Entsprechend § 20 Abs. 3 KomHKV dürfen nunmehr Einsparungen bei den Sachkonten 5211 sowie 5241 für Mehrauszahlungen beim Konto 7851 genutzt werden.

Da die Deckungsfähigkeit nur einseitig gilt, ist sie umgekehrt (Einsparungen beim Sachkonto 7851 dürfen nicht für Mehrauszahlungen bei den Sachkonten 5211/7211 und 5241/7241 verwendet werden) nicht möglich.

<u>Fazit der Deckungsfähigkeit nach § 20 KomHKV</u>
Zusammenfassend kann gesagt werden, dass das im § 23 KomHKV rechtlich vorgegebene hohe Maß an Flexibilität einen erheblichen Vorteil bei der Bewirtschaftung der Mittel darstellt. Es eröffnet den Budgetverantwortlichen, aber auch den Satzungsgebern (Kreistag, Gemeindevertretung, Amtsausschuss) sowie den Kämmerinnen und Kämmerern, die Möglichkeit, den haushaltswirtschaftlichen Spielraum deutlich zu vergrößern.
In der kommunalen Praxis wird jedoch die Wahrnehmung der Budgetverantwortung nicht selten durch völlig unnötige Zweckbindungen, Budgetregelungen und Bewirtschaftungsregeln beschränkt, obwohl diese Einschränkungen dem Geist der flexiblen Haushaltsführung widersprechen und diese auch im doppischen Haushalt vom Gesetzgeber zunächst nicht vorgesehen sind. In Abbildung 78 wird dieses Prinzip der grundsätzlichen Flexibilität mit der Möglichkeit der Deckungsfähigkeit noch einmal verdeutlicht.
Nach dem Grundprinzip der kommunalen Doppik im Land Brandendburg sollen Fach- und Ressourcenverantwortung bzw. Budgetverantwortung in einer Hand sein. Insofern liegt die Zuständigkeit unter Berücksichtigung von § 2 Nr. 12 KomHKV für Maßnahmen im Rahmen der flexiblen Haushaltsführung nach § 20 KomHKV weder bei der Kämmerin oder beim Kämmerer noch beim Hauptverwaltungsbeamten, sondern grundsätzlich beim jeweiligen Budgetverantwortlichen. Eine Abweichung hiervon ist in den gesetzlichen Vorschriften nicht vorgesehen und müsste gesondert durch Beschluss der Gemeindevertretung geregelt werden.

Deckungsfähigkeit nach § 20 KomHKV
Zuständigkeit liegt beim Budgetverantwortlichen

DF = Deckungsfähigkeit	Abs. 1	Abs. 2	Abs. 3	Abs. 4
DF kraft Gesetzes	x			
DF durch HH-Vermerk		x	x	x
echte DF	x	x	x	
unechte DF				x
einseitige DF		x	x	x
gegenseitige DF	x	x		

Abbildung 82: Deckungsfähigkeit nach § 20 KomHKV

8.1.3 Grundsatz der zeitlichen Bindung

Rechtsgrundlage § 65 Abs. 3 BbgKVerf
Der Grundsatz der zeitlichen Bindung besagt, dass die Haushaltssatzung und somit der Haushaltsplan grundsätzlich nur für ein Haushaltsjahr gilt. Im § 65 Abs. 3 BbgKVerf wird verdeutlicht, dass das Haushaltsjahr das Kalenderjahr ist und somit einen Zeitraum vom 01.01.bis zum 31.12.eines jeden Jahres umfasst. Für einzelne Bereiche kann durch Gesetz oder Rechtsverordnung jedoch Abweichendes bestimmt werden. Hierdurch soll sichergestellt werden, dass jedes Jahr aufs Neue und für jedes Haushaltsjahr gesondert ein Haushaltsplan auf- und festgestellt wird.
Eine Inanspruchnahme der Haushaltsermächtigungen kann sich aus verschiedenen Gründen jedoch verzögern (z.B. durch Verschiebungen im Bauablauf, verspätete Fördermittelzusagen etc.). Insbesondere vor dem Hintergrund des Grundsatzes der Vorherigkeit, welcher bestimmt, dass die Haushaltssatzung bereits vor Beginn des Haushaltsjahres aufzustellen ist, können in der Praxis nicht immer alle Eventualitäten bekannt sein bzw. berücksichtigt werden.
Die sich zwangsläufig daraus ergebende Berücksichtigung der nicht verbrauchten Mittel bei der Erstellung des Haushaltsplans des nächsten Jahres ist grundsätzlich nicht möglich, da dieser in einem Zeitraum aufgestellt wird, in dem die genaue Inanspruchnahme der Ermächtigungen des laufenden Jahres noch nicht absehbar ist. Um die Zahl der Übertragungsvermerke in den Haushaltsplänen zu reduzieren, ist im neuen kommunalen Haushaltsrecht eine generelle gesetzliche Übertragbarkeit aller Aufwands- und Auszahlungsermächtigungen geregelt worden.
Nach Ablauf des Haushaltsjahres erlischt somit die im Haushaltsplan ausgesprochene Ermächtigung der Verwaltung, die Aufwendungen und Auszahlungen zu bewirtschaften. Dies hätte zur Folge, dass die bis zum Ende des Jahres nicht verbrauchten Haushaltspositionen im Folgejahr grundsätzlich nicht mehr verwendet werden dürften. Da nicht in Anspruch genommene Haushaltsmittel grundsätzlich verfallen, würde sich für die mittelbewirtschaftende Stelle Sparsamkeit nicht auszahlen.
Dies hatte in den Zeiten der alten Gemeindehaushaltsverordnung das sogenannte „Dezemberfieber“ zur Folge. Unter diesem umgangssprachlichen Begriff verstand man das tatsächliche oder vermeintliche Verhalten der Kommunen, die noch nicht verbrauchten Haushaltsmittel für das Jahr noch um jeden Preis auszugeben (nämlich im Dezember), um für das neue Haushaltsjahr wieder die entsprechenden Mittel bewilligt zu bekommen.[113]

[113] Vgl. Wirtschaft von A bis Z: Grundlagenwissen für Schule und Studium, Beruf und Alltag. 5. Aufl. Mannheim: Bundeszentrale für politische Bildung 2013.

8.1.4 Mittelübertragungen

Die Reform des kommunalen Haushaltsrechts eröffnet für die Kommunen damit die rechtliche Möglichkeit, die Übertragung von nicht in Anspruch genommenen Aufwands- und Auszahlungspositionen bei Bedarf vorzunehmen. Ob davon im Rahmen des Jahresabschlusses tatsächlich Gebrauch gemacht wird, hängt nicht zuletzt von der haushaltswirtschaftlichen Situation ab.[114]
Sofern der Haushaltsplan nicht ausgeglichen ist, kann ein der Haushaltssituation angemessener Teilbetrag der Aufwendungen und Auszahlungen übertragen werden. Bei der Inanspruchnahme der Übertragungsmöglichkeiten ist jedoch die Haushaltssituation der Kommune zu berücksichtigen. Zwar belasten die Übertragungen nicht das Ergebnis des Jahres, in dem die Übertragungen stattfinden, aber sie stellen eine Vorbelastung des folgenden Haushaltsjahres dar. Vor diesem Hintergrund wird die Kommune, insbesondere bei unausgeglichenen Haushalten, sorgfältig abwägen müssen, welche Übertragungen für die Haushaltswirtschaft des folgenden Jahres unabdingbar erforderlich sind. In diesem Fall empfiehlt sich eine Regelung in den jeweiligen Bewirtschaftungs-/Budgetregeln der Kommune. Dort könnte z.B. geregelt sein, dass bei nicht ausgeglichenem Haushalt nur ein genau angegebener Betrag der ersparten Mittel übertragbar ist.[115]
Managementbedingte Mehrerträge/Mehreinzahlungen im Budget berechtigen in sehr vielen Kommunen zu Mehraufwendungen/Mehrauszahlungen des Budgets. Managementbedingte Mehrerträge/Mehreinzahlungen liegen dann vor, wenn sie auf Initiative und durch gezieltes Einwirken und Steuern des budgetverantwortlichen Fachamtes erzielt wurden. Haben Minderaufwendungen/Minderauszahlungen oder managementbedingte Mehrerträge/Mehreinzahlungen zur Reduzierung des Zuschussbedarfs des Budgets geführt (Budgetverbesserungen), werden diese Mittel häufig auf Antrag zu einem bestimmten Prozentbetrag in das nächste Haushaltsjahr übertragen.[116]

---

114 Vgl. Erdmann u.a., a.a.O., S. 160.
115 Vgl. Erdmann u.a., a.a.O., S. 162.
116 So. z.B. die Bewirtschaftungsregeln des Landkreises Uckermark.

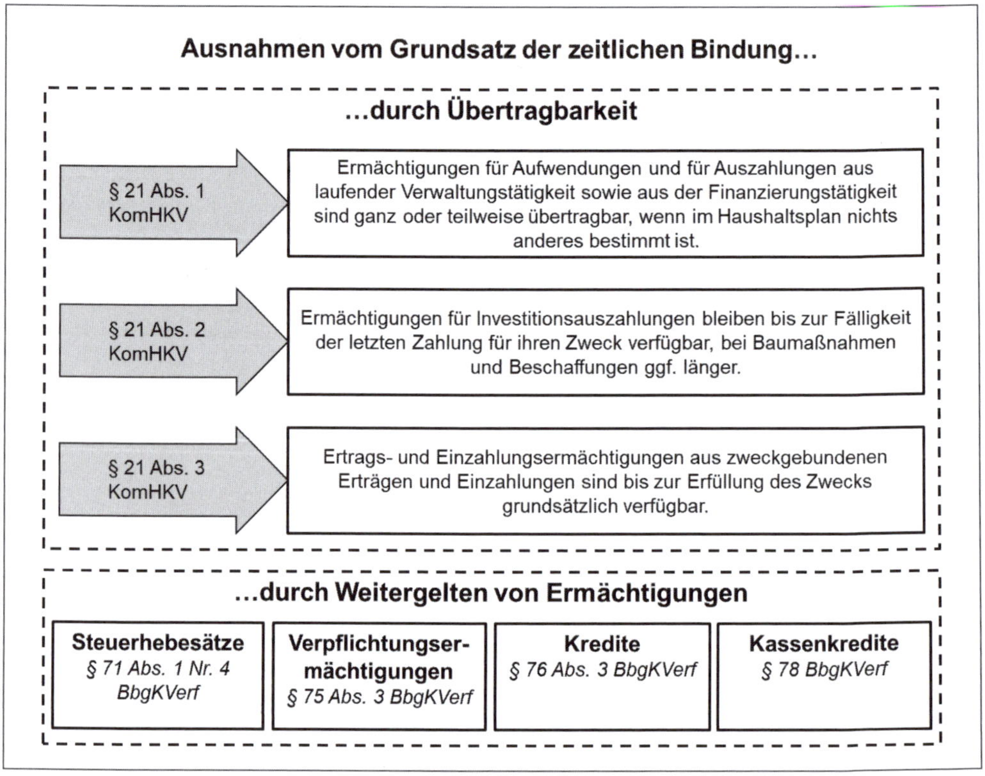

Abbildung 83: Ausnahmen vom Grundsatz der zeitlichen Bindung

<u>Mittelübertragung nach § 21 Abs. 1 KomHKV</u>

Die Möglichkeit der Mittelübertragung soll die Flexibilität, die nach § 20 KomHKV für das laufende Haushaltsjahr vorgesehen ist, durch Anwendung des § 21 Abs. 1 KomHKV fortführen. Die Mittelübertragung ist per Gesetz ausschließlich auf die Darstellung der Auswirkungen auf den Ergebnis- und Finanzhaushalt im Jahresabschluss beschränkt.

In allen Fällen des § 21 Abs. 1 KomHKV sind die übertragenen Ermächtigungen bis zum Ende des folgenden Haushaltsjahres verfügbar. Sie erhöhen somit den Ermächtigungsansatz für das folgende Haushaltsjahr. Hintergrund dieser Regelung ist, dass Ermächtigungen, die bis zum Ende des folgenden Jahres nicht ausgeschöpft werden, für die Bewirtschaftung entweder nicht mehr erforderlich sind oder dass eine Neuveranschlagung im danach folgenden Haushaltsjahr möglich ist. Sie verfallen daher am Ende des auf die Übertragung folgenden Haushaltsjahres.

Nicht verbrauchte und übertragene Haushaltsmittel werden auch als sog. „Haushaltsreste" bezeichnet. Diese Ermächtigungsübertragung führt zu einem „fortgeschriebenen Haushaltsansatz" (vgl. Abbildung 81). Die Übertragbarkeit von Haushaltsermächtigungen bewirkt zusätzliche Aufwendungen und Auszahlungen, die eigentlich das Vorjahr hätten belasten müssen. Insbesondere vor dem Hintergrund des Grundsatzes des Haushaltsausgleichs nach § 62 Abs. 6 BbgKVerf sind für die übertragenen Aufwandspositionen entsprechende Deckungsquellen erforderlich.

Dabei ist zu beachten, dass Verfügungsmittel des Bürgermeisters nach § 16 KomHKV nicht übertragbar sind und nicht für deckungsfähig erklärt werden dürfen.

Mittelübertragung nach § 21 Abs. 2 KomHKV

Ermächtigungen für Investitionsauszahlungen bleiben gemäß § 21 Abs. 2 bis zur Fälligkeit der letzten Zahlung für ihren Zweck verfügbar, bei Baumaßnahmen und Beschaffungen längstens jedoch zwei Jahre nach Schluss des Haushaltsjahres, in dem der Bau in seinen wesentlichen Teilen in Benutzung genommen werden kann.
Werden Investitionsmaßnahmen im Haushaltsjahr nicht begonnen, bleiben die Ermächtigungen bis zum Ende des zweiten dem Haushaltsjahr folgenden Jahres verfügbar. Insbesondere das Einzelveranschlagungsgebot für Investitionen nach § 8 Abs. 2 KomHKV bietet die Grundlage für eine maßnahmenbezogene Übertragung dieser Auszahlungsermächtigungen.

Übertragung zweckgebundener Ermächtigungen nach § 21 Abs. 3 KomHKV

Sind Erträge oder Einzahlungen aufgrund rechtlicher Verpflichtungen (z.B. Spenden, Fördermittel, Erschließungsbeiträge etc.) zweckgebundenen, bleiben diese Ermächtigungen oder die zur Leistung der entsprechenden Aufwendungen gemäß § 21 Abs. 3 KomHKV bis zur Erfüllung des Zwecks und die Ermächtigungen zur Leistung der entsprechenden Auszahlung bis zur Fälligkeit der letzten Zahlung verfügbar. Hierdurch soll sichergestellt werden, dass zweckgebundene Erträge oder Einzahlungen auch in den Folgejahren für ihren Zweck zur Verfügung stehen.

Weitergelten von Ermächtigungen der Haushaltssatzung

Abweichend vom Grundsatz der Jährlichkeit gemäß § 65 Abs. 3 BbgKVerf bleiben bestimmte Regelungen der Haushaltssatzung im Rahmen der vorläufigen Haushaltsführung nach § 71 BbgKVerf über das Haushaltsjahr hinaus gültig, wenn die Haushaltssatzung für das neue Jahr noch nicht in Kraft getreten ist. Dabei handelt es sich um folgende Regelungen:

- (Real)Steuerhebesätze
  Die bisherigen Steuerhebesätze sind gemäß § 71 Abs. 1 Nr. 4 BbgKVerf die Grundlage für die Erhebung der Grund- und Gewerbesteuer während der vorläufigen Haushaltsführung. Ist in der neuen, noch nicht gültigen Haushaltssatzung eine Erhöhung der Steuerhebesätze vorgesehen, kann zunächst nur der alte Hebesatz angewendet werden. Nach Inkrafttreten wird dann der höhere Steuersatz rückwirkend zum 01.01.des Haushaltsjahres erhoben. Zwar findet die rückwirkende Geltung der höheren Hebesätze ihre Grenzen in dem aus dem Rechtsstaatsprinzip folgenden Rückwirkungsverbot, das den Einzelnen in seinem Vertrauen auf den Bestand von Rechtsnormen schützt. Der Grundsatz des Vertrauensschutzes ist aber nicht verletzt, soweit der Betroffene schon in dem Zeitpunkt, in dem die rückwirkende Regelung in Kraft tritt, nicht mit dem Fortbestand der alten Regelung rechnen konnte bzw. im Gegenteil sogar mit der entsprechenden später rückwirkend in Kraft gesetzten Regelung rechnen musste.[117]

[117] So auch VG Gelsenkirchen, Urteil vom 12.04.2013, Az. 5 K 3283/12.

- Kreditermächtigung
  Sie gilt gemäß § 76 Abs. 3 BbgKVerf bis zum Ende des auf das Haushaltsjahr folgenden Jahres und, wenn die Haushaltssatzung für das übernächste Jahr nicht rechtzeitig öffentlich bekannt gemacht wird, bis zum Erlass dieser Haushaltssatzung.

- Verpflichtungsermächtigungen
  gelten nach § 75 Abs. 3 BbgKVerf i.V.m. § 14 KomHKV bis zum Ende des Haushaltsjahres und, wenn die Haushaltssatzung für das folgende Haushaltsjahr nicht rechtzeitig öffentlich bekannt gemacht wird, bis zum Erlass dieser Haushaltssatzung.

Gemäß § 21 Abs. 4 KomHKV gelten die Regelungen der Absätze 1 bis 3 auch für bereits bewilligte über- und außerplanmäßige Aufwendungen und Auszahlungen. Zu beachten ist hier die in der Haushaltssatzung ersichtliche Wertgrenze, nach denen ab einer festzusetzenden Größenordnung die vorherige Zustimmung der Gemeindevertretung erforderlich ist. Soweit es sich um Aufwendungen und Auszahlungen handelt, die nach dem Perioden- bzw. Kassenwirksamkeitsprinzip von vornherein dem folgenden Haushaltsjahr zuzuordnen sind, ist eine Veranschlagung im Folgejahr vorzunehmen bzw. sind ggf. über- und außerplanmäßige Bewilligungen zu den Ansätzen des neuen Haushalts herbeizuführen.[118]

Beispiel

Der Jahresabschluss des vergangenen HH-Jahres ergibt bei planmäßiger Abwicklung einen Überschuss des ordentlichen Ergebnisses von 50.000 Euro, der der „Rücklage aus Überschüssen des ordentlichen Ergebnisses“ (Sachkonto 2021) zugeführt wird. Von den ersparten Aufwandsermächtigungen werden 10.000 Euro in das nächste Haushaltsjahr übertragen. Das Planergebnis „Rücklage ordentliches Ergebnis“ beträgt gleichwohl nur 50.000 Euro, die Übertragung hatte für den Abschluss des vergangenen Haushaltsjahres keine Auswirkungen.

Unterstellt, das Planergebnis des Jahresabschlusses im aktuellen Haushaltsjahr würde 0 Euro betragen, beliefe sich das tatsächliche Ergebnis bei Inanspruchnahme der übertragenden Aufwendungen auf -10.000 Euro. Die Verrechnung des negativen Ergebnisses mit Rücklagen aus Überschüssen ordentliches Ergebnis des vergangenen Haushaltsjahres ergäbe dann einen Bestand Rücklage zum 31.12. des aktuellen Haushaltsjahres in Höhe von 40.000 Euro.

Werden somit Ermächtigungen in das Folgejahr übertragen (vgl. Abbildung 84), erhöhen sie zwar das Volumen der Aufwendungen und Auszahlungen des bereits verabschiedeten Haushalts, beeinflussen dadurch aber den Ergebnishaushalt und auch die vorhandenen Finanzmittel, also die Liquidität. Übertragungen von Aufwandsermächtigungen müssen zwangsläufig zu einer Ergebnisverschlechterung des folgenden Haushaltsjahres führen, da sie im abgeschlossenen Haushaltsjahr zu einer Ergebnisverbesserung in gleicher Höhe geführt haben.

[118] Vgl. Erdmann u.a., a.a.O., S. 163.

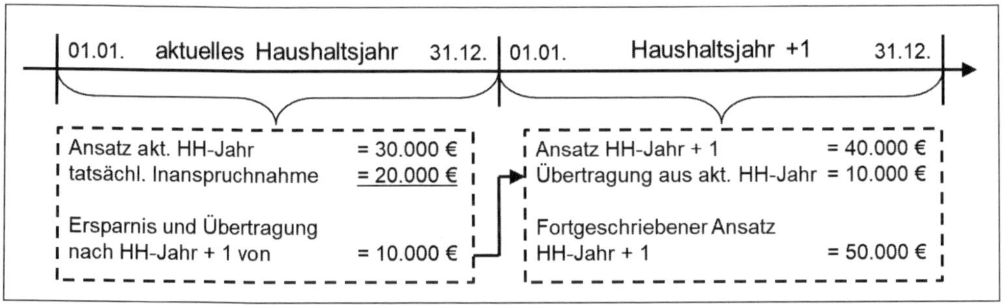

Abbildung 84: Übertragung von Ermächtigungen

Werden Ermächtigungen übertragen, ist dem Jahresabschluss nach §§ 41 ff. KomHKV i.V.m. § 47 Abs. 3 Nr. 1 KomHKV eine Übersicht der übertragenen Haushaltsermächtigungen beizufügen.

8.1.5 Über- und außerplanmäßige Aufwendungen und Auszahlungen

Die Rechtsgrundlage für die Bereitstellung zur Leistung von über- und außerplanmäßigen Mehraufwendungen und Mehrauszahlungen stellt § 72 BbgKVerf dar.

8.1.5.1 Bereitstellung von über- bzw. außerplanmäßigen Aufwendungen und Auszahlungen

Grundlage der kommunalen Haushaltswirtschaft stellen die im Haushaltsplan zur Verfügung gestellten Mittel dar. Diese sind so zu bewirtschaften, dass sie im Sinne von § 26 KomHKV für alle anfallenden Aufwendungen und Auszahlungen im Haushaltsjahr ausreichen. Sie bilden entsprechend § 66 Abs. 3 BbgKVerf die verbindliche Handlungsgrundlage der Kommune. Da der Haushaltsplan nach dem Grundsatz der Vorherigkeit bereits im Vorjahr aufgestellt wird und dieser damit eine Zukunftsprognose darstellt, ist es im laufenden Haushaltsjahr in der Verwaltungspraxis üblich, dass die geplanten Haushaltsmittel nicht ausreichen bzw. Haushaltsmittel für bestimmte Zwecke überhaupt nicht geplant wurden.
Um das Budgetrecht der Gemeindevertretung durch über- und außerplanmäßige Aufwendungen und Auszahlungen nicht auszuhöhlen, schreibt die Kommunalverfassung darüber hinaus vor, dass erhebliche Überschreitungen der vorherigen Zustimmung durch die Gemeindevertretung bedürfen. Dies gilt für alle Aufwendungen, unabhängig davon, ob eine rechtliche Verpflichtung zur Leistung besteht (beispielsweise Personalaufwendungen), ob es sich um Aufwendungen handelt, die erst in späteren Jahren zahlungswirksam werden (Rückstellungen) oder ob die Aufwendungen gar nicht zahlungswirksam werden (z.B. Abschreibungen). Alle diese Aufwendungen verbrauchen Ressourcen und beeinflussen die Haushaltssituation und damit Handlungsfähigkeit künftiger Jahre in erheblichem Maß. Ausnahmen von der vorherigen Zustimmungspflicht durch die Gemeindevertretung hat der Gesetzgeber daher nicht zugelassen.
Eine andere Beurteilung ist lediglich für reine Abschlussbuchungen möglich. Hierzu zählt z.B. die Zuführung eines in der Ergebnisrechnung entstandenen Überschusses an die entsprechende Rücklage. Hierbei werden keine Ressourcen verbraucht, die die Ergeb-

nisrechnung und damit den Haushaltsausgleich beeinflussen. Vielmehr wird der sich aus dem Jahresabschluss rechnerisch ergebende Überschuss entsprechend der gesetzlichen Vorgaben auf die entsprechende Bilanzposition gebucht.[119]

8.1.5.2 Über- oder außerplanmäßig?

Für die Verfahrensweise nach § 72 BbgKVerf spielt es zunächst keine Rolle, ob eine über- oder außerplanmäßige Aufwendung/Auszahlung erfolgen soll. Sie ist in beiden Fällen vom Ablauf und von den Voraussetzungen weitgehend identisch. Eine Unterscheidung ist nur deshalb notwendig, weil § 72 Abs. 2 BbgKVerf nur für überplanmäßige Auszahlungen, nicht aber für außerplanmäßige Auszahlungen gilt.

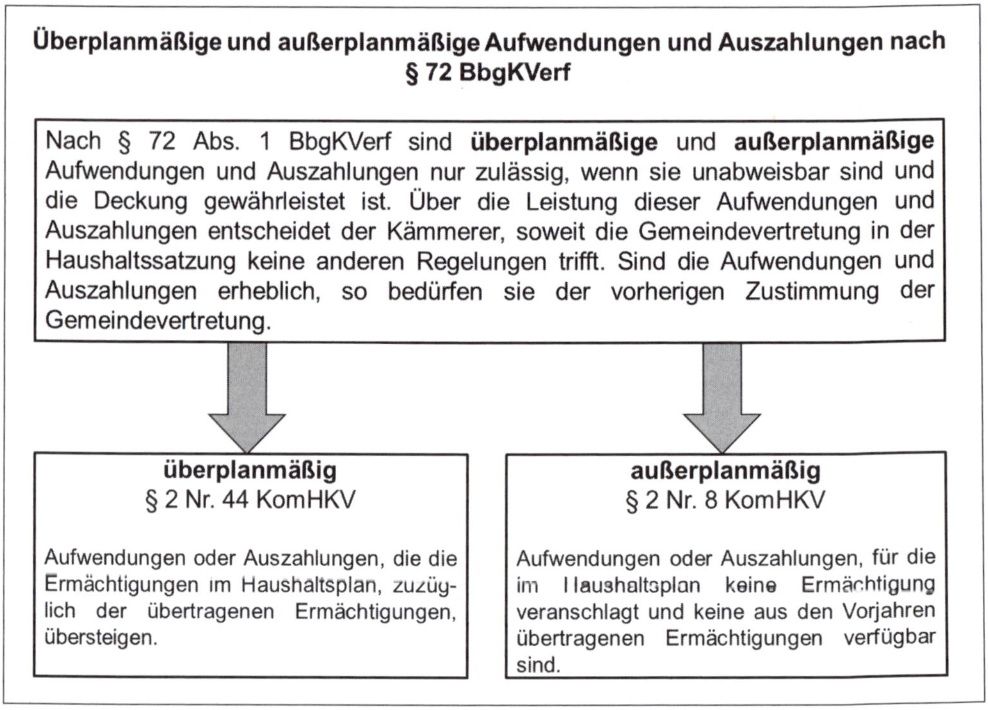

Abbildung 85: üpl/apl Aufwendungen und Auszahlungen

Sowohl in den Begriffen „überplanmäßig“ als auch „außerplanmäßig“ ist das Wort „Plan“ enthalten. Hierbei ist der Haushaltsplan gemeint, welcher in seinen Ansätzen (Planermächtigungen) durch eine Maßnahme nach § 72 BbgKVerf tangiert wird. Es geht bei diesen Begriffen also nicht darum, ob der Mehrbedarf für eine Maßnahme „geplant oder ungeplant“ ist, sondern ob für die Maßnahme – vereinfacht ausgedrückt – ein Produktkonto vorhanden ist, dessen Ansatz nicht ausreicht (überplanmäßig) oder ein Produktkonto nicht vorhanden ist (außerplanmäßig).

Überplanmäßige Aufwendungen/Auszahlungen sind demnach Aufwendungen/Auszahlungen, die den Aufwendungsansatz im Haushaltsplan überschreiten. Dies bezieht sich

119 http://www.doppik-kom.brandenburg.de/cms/detail.php/bb1.c.171634.de.

somit auf die Teilergebnispläne, in denen die Aufwendungs-/Auszahlungsermächtigungen enthalten sind. Entscheidet sich eine Kommune für die Mindestgliederung nach Produktbereichen, steht eine über- bzw. außerplanmäßige Aufwendung/Auszahlung immer im Bezug zu den dort ausgewiesenen Aufwendungs-/Auszahlungspositionen.

Beispiel
Im Produktkonto 2630.5241 „Bewirtschaftung der Grundstücke und baulichen Anlagen der Musikschule" wurde im aktuellen Teilergebnisplan ein Betrag von 20.000 Euro eingestellt bzw. veranschlagt. Dieser Betrag ergab sich aus den Planungen für das aktuelle Haushaltsjahr und setzte sich aus den drei folgenden Positionen zusammen:

- *Betriebsaufwendungen 10.000 EUR*
- *Gebäudeversicherung 2.000 EUR*
- *Hausreinigung 8.000 EUR*

Im Laufe des Haushaltsjahres erhöhen sich die Kosten für die Hausreinigung um 3.000 Euro auf nunmehr 11.000 Euro pro Jahr.
Werden die fehlenden 3.000 Euro vollständig durch Einsparungen bei den beiden anderen Positionen erreicht, liegt hier keine überplanmäßige Aufwendung vor. Der Gesamtansatz des Produktkontos wird nicht überschritten und es ist anzunehmen, dass der zusätzliche Aufwand unterhalb der in der Haushaltssatzung angegebenen Wertgrenze für den Erlass einer Haushaltsnachtragssatzung gemäß § 70 Abs. 2 Nr. 2 BbgKVerf liegen dürfte. Erst wenn ein Ausgleich innerhalb des Produktkontos nicht möglich wäre, käme ggf. eine Maßnahme nach § 72 BbgKVerf in Frage.

Wie bereits an anderer Stelle ausgeführt, werden nach § 66 Abs. 3 Satz 4 BbgKVerf durch den Haushaltsplan keine Ansprüche Dritter begründet noch aufgehoben. Das bedeutet, dass innerhalb des Sachkontos die noch vorhandenen Ansätze für jegliche Maßnahmen verwendet werden können, die dem Produktkonto entsprechen. Dies gilt nicht, wenn Mittel

- bereits verwendet wurden,
- Vormerkungen für Mittel vorliegen oder
- Verträge bereits rechtsgültig geschlossen wurden und hieraus eine Zahlungspflicht für das aktuelle Haushaltsjahr entsteht.

8.1.5.3 Ermittlung des Bereitstellungsbedarfs

Vor dem Beginn des Verfahrens nach § 72 BbgKVerf ist zunächst die Höhe des über- bzw. außerplanmäßigen Bedarfs festzustellen und der zusätzliche Aufwendungs- bzw. Auszahlungsbedarf bis zum Ende des Haushaltsjahres zu ermitteln.
Dies ergibt sich aus dem Grundsatz der Jährlichkeit nach § 65 Abs. 3 BbgKVerf, wonach nicht der aktuelle Bedarf, sondern der Gesamtbedarf maßgeblich ist. Dies wird durch § 72 Abs. 3 noch konkretisiert, wonach die grundsätzlichen Regelungen des § 72 BbgKVerf entsprechende Anwendung auf Maßnahmen finden, durch die später über- oder außerplanmäßige Aufwendungen und Auszahlungen entstehen können.

Beispiel

Die Kommune erkennt im Herbst des aktuellen Haushaltsjahres, dass der Mittelansatz erschöpft ist, jedoch eine Rechnung über 5.000 Euro vorliegt und noch in diesem Haushaltsjahr eine weitere Rechnung über 3.000 Euro eingehen wird. Der zusätzliche Aufwandsbedarf liegt somit bei 8.000 Euro.

Die Höhe des Bereitstellungsbedarfs lässt sich aus der nachfolgenden Abbildung gut erkennen.

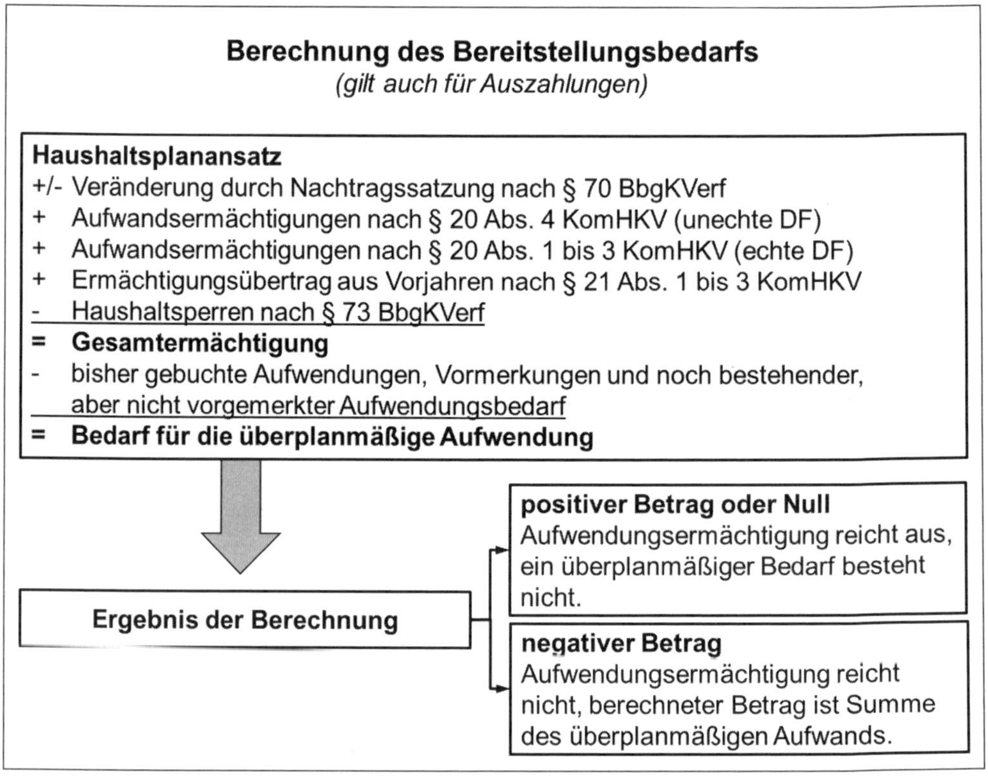

Abbildung 86: Berechnungsschema des Bereitstellungsbedarfs

8.1.5.4 Voraussetzungen

Bevor Haushaltsmittel über- oder außerplanmäßig bereitgestellt werden, müssen zunächst die nachfolgenden Möglichkeiten ausgeschöpft bzw. angewandt werden:

Flexible Haushaltsführung

- unechte Deckungsfähigkeit gem. § 20 Abs. 4 KomHKV
- echte Deckungsfähigkeit gem. § 20 Abs. 1 bis 3 KomHKV
- übertragene Ermächtigungen gem. § 21 Abs. 1 bis 3 KomHKV

Nachtragshaushaltssatzung

Soweit sich nach Ausschöpfung der flexiblen Haushaltsführung immer noch ein Mehrbedarf ergibt, ist zunächst eine mögliche **Pflicht zur Aufstellung einer Nachtragshaushaltssatzung** zu prüfen (§ 70 Abs. 2 BbgKVerf). Soweit eine Pflicht zur Aufstellung einer Nachtragshaushaltssatzung besteht, werden die benötigten Haushaltsmittel bereits dort veranschlagt, und eine Prüfung über-/außerplanmäßiger Aufwendungen und Auszahlungen kann entfallen.
Eine Pflichtnachtragssatzung ist bei bisher nicht veranschlagten oder zusätzlichen Aufwendungen oder Auszahlungen in den Fällen des § 70 Abs. 2 Nr. 2 BbgKVerf erforderlich. Liegen die Tatbestandsmerkmale dieser Bestimmung vor, kann das Verfahren nach § 70 BbgKVerf nicht angewandt werden. Insofern **muss** § 70 Abs. 2 BbgKVerf gegenüber dem Verfahren nach § 72 BbgKVerf vorrangig angewendet werden. Die Prüfungsreihenfolge ist zwingend einzuhalten und wird in Abbildung 87 verdeutlicht.

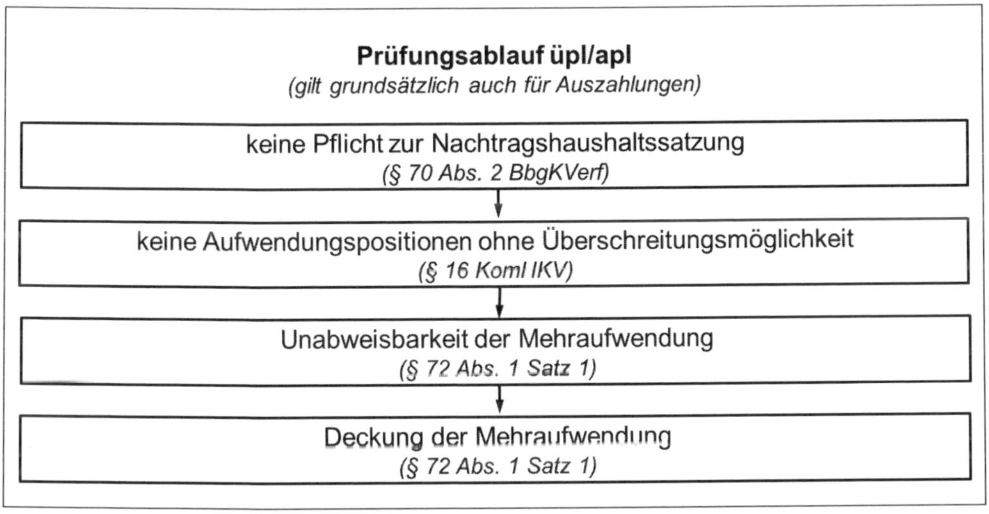

Abbildung 87: Prüfungsablauf üpl/apl

Die Verfügungsmittel nach § 16 KomHKV dürfen nicht überschritten und als Deckungsquelle herangezogen werden und sind daher für überplanmäßige Aufwendungen bzw. Auszahlungen nicht heranzuziehen. Der Gesetzgeber hatte die Absicht, die zweckfreien Verfügungsmittel in ihrer Höhe möglichst gering halten zu halten, um die Einzelveranschlagung zu betonen. Erst wenn die bei beiden oben genannten Tatbestände nicht vorliegen, ist die Prüfung des zum eigentlichen Bewilligungsverfahren der über- und außerplanmäßigen Bereitstellung möglich.

8.1.5.5 Tatbestandsvoraussetzungen des § 72 BbgKVerf

Im § 72 Abs. 1 BbgKVerf werden zwei Tatbestandsmerkmale erwähnt, die beim Zutreffen beider Merkmale zur Rechtsfolge der Bereitstellung von über- oder außerplanmäßigen Aufwendungen/Auszahlungen führt. Die Bewilligung ist jedoch nur zulässig, wenn die Aufwendungen oder Auszahlungen unabweisbar sind und die Deckung gewährleistet ist.

Sachliche Unabweisbarkeit

Eine Aufwendung oder Auszahlung ist dann sachlich unabweisbar, wenn sich aus der Aufgabenerfüllung der Kommune zwingend ein dringendes Bedürfnis zur Erfüllung der Aufgabe ergibt. Gründe hierfür können rechtlicher Art (z.B. veränderte Rechtsgrundlagen, die zur Erhöhung von Transferleistungen führen), vertraglicher Art (z.B. Preisanpassungen, Vertragsstrafen), tatsächlicher Art (z.B. Straßenschäden) oder anderer Art (Gefahrenbegriff nach OBG) sein. Das Bundesverfassungsgericht (BVerfG) hat zur Frage der Unabweisbarkeit ausgeführt. *„Nur wenn eine Ausgabe ohne Beeinträchtigung schwerwiegender politischer, wirtschaftlicher oder sozialer Staatsinteressen nicht mehr zeitlich aufgeschoben werden kann, besteht für sie ein unabweisbares Bedürfnis."*[120] Diese auf den Bundeshaushalt abzielenden Ausführungen können jedoch dem Wesen nach auch auf den kommunalen Haushalt angewendet werden.

Zeitliche Unabweisbarkeit

Eine zeitliche Unabweisbarkeit liegt vor, wenn eine Verschiebung einer sachlich unabweisbaren Aufwendung bzw. Auszahlung in ein späteres Haushaltsjahr nicht möglich oder wirtschaftlich unzweckmäßig wäre.

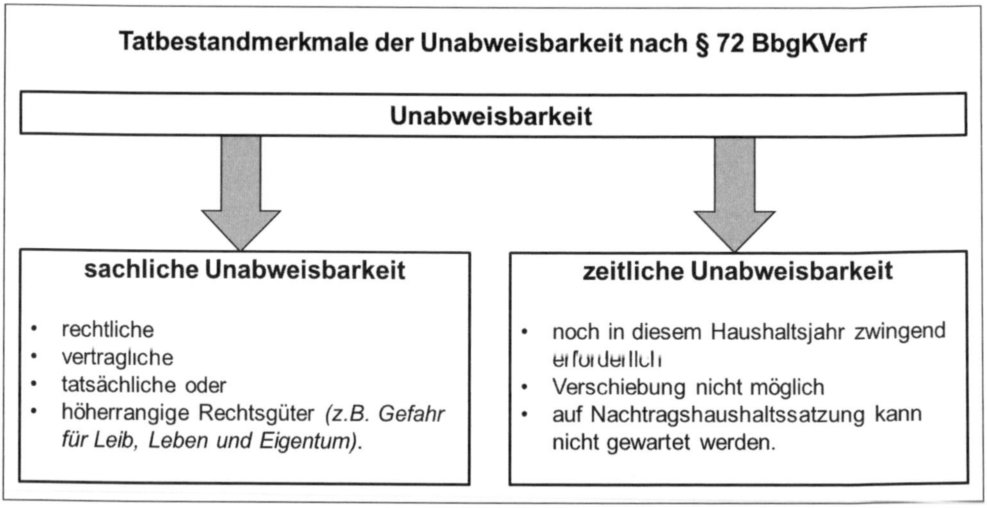

Abbildung 88: Tatbestandsmerkmale der Unabweisbarkeit nach § 70 BbgKVerf

Deckung

Soweit ein Mehrbedarf vorhanden ist, muss nunmehr **die Deckung gewährleistet** sein. Hierbei ist der Grundsatz der Gesamtdeckung nach § 19 KomHKV heranzuziehen. Danach dürfen Deckungsmöglichkeiten innerhalb des Ergebnis- bzw. Finanzplanes herangezogen werden (Minderaufwendungen und -auszahlungen bzw. Mehrerträge und -einzahlungen). Nach dem Grundsatz der Gesamtdeckung ist es grundsätzlich unzulässig, Zweckbindungen von Mitteln vorzunehmen (siehe auch Kapitel 8.1.2.1.). Dennoch können Erträge oder Einzahlungen aufgrund rechtlicher Verpflichtungen zweckgebunden sein und auf die

[120] BVerfG, Grundsatzurteil vom 25.05.1977 (BVerfGE 45,1).

Verwendung bestimmter Aufwendungen und Auszahlungen beschränkt werden. Diese zweckgebundenen Mittel in anderen Produkten/Teilplänen des Haushalts dürfen nicht zur Deckung herangezogen werden. Gleiches gilt für die Verfügungsmittel nach § 16 KomHKV. Somit gelten Einsparungen bei sämtlichen anderen als den oben genannten Aufwandkonten/Auszahlungskonten bzw. Mehrerträge/Mehreinzahlungen dem Grunde nach als Deckungsquellen. Die Deckung muss jeweils im Ergebnishaushalt oder Finanzhaushalt gewährleistet sein.

Deckungsreserve

Die vom Gesetzgeber in § 13 Abs. 3 KomHKV vorgesehene Möglichkeit der Veranschlagung einer Deckungsreserve (eines sogenannten Leertitels) als zweckfreier Planansatz bietet der Kommune die Möglichkeit, Mittel zur Deckung über- und/oder außerplanmäßiger Aufwendungen und Auszahlungen im Ergebnis- und Finanzhaushalt bereits bei der Haushaltsplanung zur Verfügung zu stellen. Der Ansatz darf nicht überschritten werden und die Mittel sind im Sinne des § 21 KomHKV übertragbar, soweit sie zur Finanzierung von Aufwendungen in Anspruch genommen worden sind, die im folgenden Jahr fällig werden. Diese beiden unmittelbaren Voraussetzungen (Unabweisbarkeit und Deckung) sind aber nur dann zu prüfen, wenn nicht eine vorrangige Pflicht zur Nachtragssatzung gemäß § 70 Abs. 2 BbgKVerf besteht oder eine überplanmäßige Bewilligung wegen der Art der Haushaltsposition (z.B. Verfügungsmittel nach § 16 KomHKV) ausscheidet.

Über- und außerplanmäßige Verpflichtungen

Verpflichtungen zur Leistung von Investitionsauszahlungen sowie für Investitionsförderungsmaßnahmen künftiger Jahre dürfen gemäß § 75 Abs. 5 BbgKVerf ausnahmsweise auch über- und außerplanmäßig eingegangen werden, wenn sie unabweisbar sind und der in der Haushaltssatzung festgesetzte Gesamtbetrag der Verpflichtungsermächtigungen nicht überschritten wird. Dabei gelten die Vorschriften des § 72 Abs. 1 Satz 2 und 3 BbgKVerf entsprechend.

Zustimmung

Grundsätzlich entscheidet nach § 72 Abs. 1 Satz 2 BbgKVerf die Kämmerin oder der Kämmerer über die Maßnahme, soweit die Gemeindevertretung in ihrer Haushaltssatzung keine andere Regelung trifft.

Sofern die über-/außerplanmäßigen Aufwendungen und Auszahlungen jedoch nach Umfang oder Bedeutung **erheblich** sind, bedürfen sie nach § 72 Abs. 1 Satz 3 BbgKVerf der **Zustimmung** der Gemeindevertretung. Diese **Zustimmung** muss vor Leistung des Aufwands bzw. der Auszahlung erfolgen, um die kommunale Finanzhoheit der Gemeindevertretung zu gewährleisten (siehe Abbildung 89). Die Erheblichkeitsgrenze ist dabei durch jede Kommune zu definieren und in der Haushaltssatzung festzulegen (vgl. § 65 Abs. 2 Nr. 9 BbgKVerf).

Haushaltssatzung
der Gemeinde Prenzwalde für das Haushaltsjahr 20..
(Muster zu § 65 BbgKVerf für die Haushaltssatzung)

Auf Grund des § 67 der Kommunalverfassung des Landes Brandenburg wird nach Beschluss der Gemeindevertretung vom … folgende Haushaltssatzung erlassen:

§ 1

⋮

§ 5

1. …
2. …
3. Die Wertgrenze, ab der überplanmäßige und außerplanmäßige Aufwendungen und Auszahlungen der vorherigen Zustimmung der Gemeindevertretung bedürfen, wird auf … Euro festgesetzt.
4. …

Abbildung 89: Wertgrenzen

Zudem kann in dringenden Angelegenheiten, deren Erledigung nicht bis zu einer ohne Frist und formlos einberufenen Sitzung der Gemeindevertretung aufgeschoben werden kann, der Hauptverwaltungsbeamte im Einvernehmen mit dem Vorsitzenden der Gemeindevertretung zur Abwehr einer Gefahr oder eines erheblichen Nachteils für die Kommune selbst entscheiden (Eilentscheidung). Die Eilentscheidung bedarf der (nachträglichen) Genehmigung der Gemeindevertretung nach § 58 BbgKVerf.
Erst nach Vorliegen der erforderlichen Zustimmung kann eine über- oder außerplanmäßige Aufwendung geleistet werden.

Zuständigkeit für die Zustimmung zur Maßnahme nach § 72 BbgKVerf

Grundsätzliche Entscheidung durch den **Kämmerer**, soweit die Gemeindevertretung in der Haushaltssatzung keine anderen Regelungen trifft
(§ 72 Abs. 1 Satz 2 BbgKVerf)

↓

Bei erheblichen Mehraufwendungen bedarf die Mittelverwendung der (vorherigen) Zustimmung der **Gemeindevertretung**
(§ 72 Abs. 1 Satz 3 BbgKVerf)

↓

Erst nach Vorliegen der erforderlichen Zustimmung kann eine über- oder außerplanmäßige Aufwendung geleistet werden.

Abbildung 90: Zuständigkeit bei Zustimmung nach § 72 BbgKVerf

8.1.6 Mittelmehrbedarf

Bei einem Zeitraum von mehr als einem Jahr von der Planung zum Vollzug des Haushalts können unvorhergesehene Veränderungen eintreten. Diesen Tatsachen wurde durch entsprechende Verfahrensregeln und Rechtsnormen Rechnung getragen.
Mehrbedarfe im Ergebnis- und Finanzhaushalt stellen grundsätzlich Abweichungen von dem Grundsatz der Vollständigkeit nach § 66 Abs. 1 BbgKVerf dar. Diese zusätzlichen Mittelbedarfe kommen in der Praxis jedoch regelmäßig vor, weil bei Aufstellung des Haushaltsplanes aus der Natur der Sache häufig nur Schätzungen erfolgen oder sich Sachverhalte, politische oder gesellschaftliche Anforderungen und rechtliche Rahmenbedingungen im Laufe des Haushaltsjahres ändern können.
Auch wenn weitgehend die geplanten Mittelansätze mit dem tatsächlichen Bedarf übereinstimmen oder entsprechend den Ansätzen gewirtschaftet wird, werden regelmäßig Mehraufwendungen und Mehrauszahlungen anfallen.

<u>Bereitstellungsmöglichkeiten für Mehraufwendungen und Mehrauszahlungen</u>
Aus der Vielzahl von Deckungsmöglichkeiten für Mehraufwendungen und Mehrauszahlungen ergibt sich daher die Notwendigkeit, eine gewisse Reihenfolge zu schaffen, um die Prüfung zur Bereitstellung der zusätzlichen Bereitstellung der Ermächtigungen rechtlich korrekt, aber auch praktikabel durchführen zu können.

<u>Prüfungsschema zur Bereitstellung zusätzlicher Haushaltsmittel</u>
Das Prüfschema (Abbildung 91) soll in Form von Prüfschritten nachvollziehbar dargestellt werden. Die Frage nach der Reihenfolge der einzelnen Prüfschritte sollte immer unter Beachtung der Rechtsrahmen, jedoch nach dem Verwaltungsaufwand und dem Sinn der Vorschriften betrachtet werden. Es ist in der Regel wirtschaftlicher, ein Verfahren innerhalb der Zuständigkeit des Budgetverantwortlichen durchzuführen (flexible Haushaltsführung), welches ohne großen Verwaltungsaufwand erfolgen kann.
Erst wenn diese Maßnahmen nicht zum gewünschten Erfolg führen, müssen andere Instanzen, wie die Kämmerin oder der Kämmerer oder die Gemeindevertretung, aktiv werden. Es bietet sich unter Beachtung dieser Gesichtspunkte deshalb an, die nachstehend aufgeführte und begründete Reihenfolge der Bereitstellungsarten anzuwenden. Wichtig ist, dass gerade im Rahmen der flexiblen Haushaltsführung die Reihenfolge der Prüfschritte innerhalb des § 20 KomHKV nicht zwingend vorgegeben ist. Dennoch bietet sich an, die Prüfungsschritte nach sachlichen Gesichtspunkten auszuwählen, sofern keine zwingenden rechtlichen Verfahren (z.B. Erlass einer Nachtragshaushaltssatzung) dem entgegenstehen.

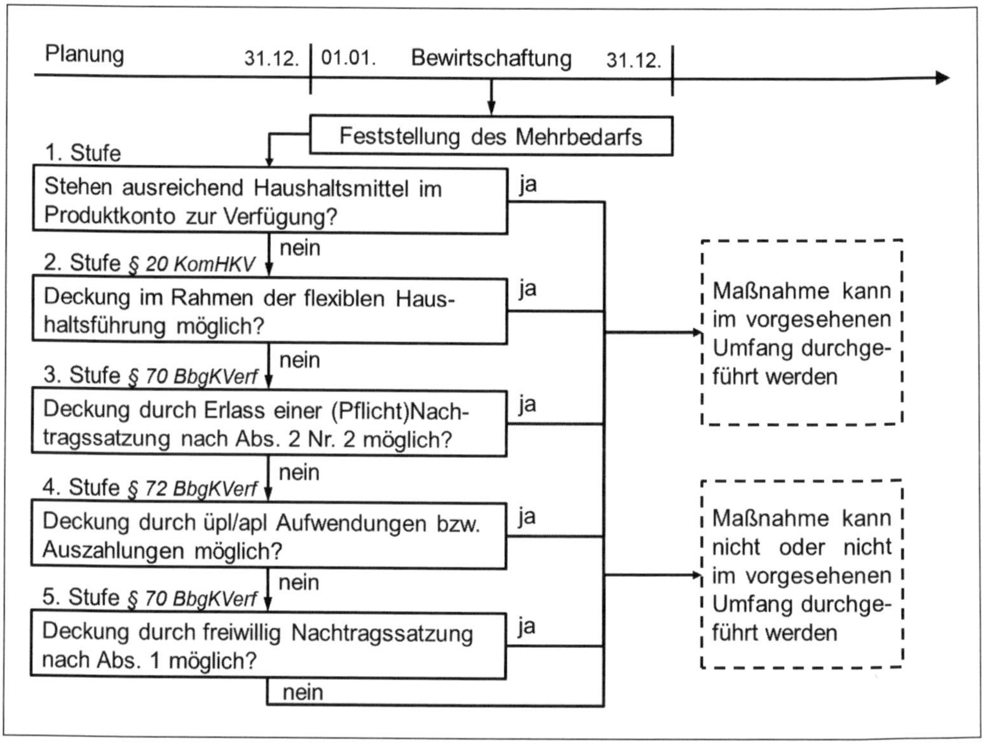

Abbildung 91: Prüfschema zur Bereitstellung zusätzlicher Haushaltsmittel

Wenn im Rahmen einer Mehrbedarfsprüfung bereits ersichtlich wird, dass die Deckung von zusätzlichen Aufwendungen vollständig oder teilweise durch Erträge Dritter erfolgen kann, wird die unechte Deckungsfähigkeit nach § 20 Abs. 4 KomHKV an erster Stelle stehen. Wenn nämlich bereits diese Prüfung ergibt, dass der Mehraufwand vollständig durch entsprechende (Mehr)Erträge gedeckt werden kann, sind weitere Prüfungsschritte im Rahmen der echten Deckungsfähig i.d.R. entbehrlich.

Beispiel

Ein Dienstfahrzeug (angesiedelt im Bereich Allgemeine Verwaltung) wird durch einen nicht verschuldeten Unfall beschädigt, der Sachschaden beläuft sich auf 3.000 Euro. Im entsprechenden Produktkonto 1110.5251 „Haltung von Fahrzeugen“ stehen jedoch nur noch 1.000 Euro zur Verfügung. Wenn gleichzeitig bekannt wird, dass die Versicherung des Unfallverursachers den Schaden komplett erstatten wird (Sachkonto 4461 „Sonstige privatrechtliche Erstattung“), macht es Sinn, vor allen anderen Maßnahmen zu prüfen, ob der Mehrbedarf durch eine unechte Deckungsfähigkeit nach § 20 Abs. 4 KomHKV gedeckt werden kann.

Ausgangspunkt:
Mehrbedarf im Vergleich zur Haushaltsplanung bei einer Haushaltsposition *(vergl. Abbildung 86)*

1. Stufe: Stehen noch Mittel im entsprechenden Produktkonto zur Verfügung?
Wie bereits ausgeführt, werden nach § 66 Abs. 3 BbgKVerf durch den Haushaltsplan keine Ansprüche Dritter begründet noch aufgehoben. Das bedeutet, dass innerhalb des Sachkontos die noch vorhandenen Ansätze für jegliche Maßnahmen verwendet werden können, die dem Produktkonto entsprechen. Dies hat zur Folge, dass zunächst die noch verfügbaren Mittel des entsprechenden Produktkontos zu verwenden sind.
Reicht der Ansatz jedoch nicht aus oder ist er bereits vollständig ausgeschöpft, beginnt die eigentliche Mehrbedarfsprüfung.

2. Stufe: Deckung im Rahmen der flexiblen Haushaltsführung?

- Deckung im Rahmen der unechten Deckungsfähigkeit (Budgetverantwortung) bei Mehrerträgen/Mehreinzahlungen nach § 20 Abs. 4 KomHKV (siehe oben)
- Deckung im Rahmen der echten Deckungsfähigkeit im Budget nach § 20 Abs. 1 bis 3 KomHKV
- Deckung durch übertragene Haushaltsmittel vom Vorjahr nach § 21 Abs. 1 bis 3 KomHKV)

Reicht der Ansatz durch die Deckung im Rahmen der flexiblen Haushaltsführung nunmehr aus, ist die Mehrbedarfsprüfung an dieser Stelle beendet und die Maßnahme kann durchgeführt werden.
Reicht die Deckung durch das Instrument der flexiblen Haushaltsführung dagegen nicht aus, wird nunmehr die Notwendigkeit des Erlasses einer Pflichtnachtragssatzung geprüft.

3. Stufe: Deckung durch Erlass einer (Pflicht)Nachtragshaushaltssatzung?
Wenn die Deckung im Rahmen der flexiblen Haushaltsführung nicht möglich ist, dann muss im nächsten Schritt geprüft werden, ob die Voraussetzungen zum Erlass einer (Pflicht)Nachtragshaushaltssatzung nach § 70 Abs. 2 Nr. 2 BbgKVerf vorliegen. Demnach hat die Kommune unverzüglich eine Nachtragssatzung zu erlassen, wenn bisher nicht veranschlagte oder zusätzliche Einzelaufwendungen oder Einzelauszahlungen in einem im Verhältnis zu den gesamten Aufwendungen oder Auszahlungen erheblichen Umfang geleistet werden sollen. Die Höhe der maßgeblichen Erheblichkeitsgrenze wird in der Haushaltssatzung festgelegt (Abbildung 92).

Haushaltssatzung
der Gemeinde Prenzwalde für das Haushaltsjahr 20..
(Muster zu § 65 BbgKVerf für die Haushaltssatzung)

Auf Grund des § 67 der Kommunalverfassung des Landes Brandenburg wird nach Beschluss der Gemeindevertretung vom … folgende Haushaltssatzung erlassen:

§ 1

⋮

§ 5

1. …
2. …
3. …
4. Die Wertgrenzen, ab der eine Nachtragssatzung zu erlassen ist, werden bei:
   a) der Entstehung eines Fehlbetrages auf … Euro und
   b) bei bisher nicht veranschlagten oder zusätzlichen Einzelaufwendungen oder Einzelauszahlungen auf … Euro festgesetzt.

Abbildung 92: Wertgrenze für Nachtragssatzungen

- **Freiwillige Nachtragshaushaltssatzung** nach § 70 Abs. 1 BbgKVerf bis Ende des Haushaltsjahres möglich.
- Pflicht zum Erlass einer **Pflicht-Nachtragshaushaltssatzung** nach § 70 Abs. 2 Nr. 2 BbgKVerf, wenn Wertgrenze überschritten wird.

Soweit diese Voraussetzungen erfüllt sind und eine Nachtragspflicht gegeben ist, ist die Deckung durch eine Nachtragssatzung zu gewährleisten. Auf die Nachtragssatzung sind die Vorschriften über die Haushaltssatzung anzuwenden.
Durch die Pflicht zur vollständigen Deckung des Mehrbedarfs mittels Nachtragssatzung ist die Mehrbedarfsprüfung an dieser Stelle ebenfalls beendet und die Maßnahme kann durchgeführt werden.

4. Stufe: Deckung durch über- oder außerplanmäßige Aufwendungen/Auszahlungen?
Wenn eine Deckung im Rahmen der flexiblen Haushaltsführung nicht oder nicht vollständig möglich ist und die Voraussetzungen für eine Pflichtnachtragssatzung nicht vorliegen, ist eine Prüfung über die Möglichkeiten der Deckung im Rahmen von über- oder außerplanmäßigen Aufwendungen/Auszahlungen nach § 72 BbgKVerf notwendig.
Wie bereits im Kapitel 8.1.5. ab Seite 167 beschrieben, müssen vor der Anordnung der Maßnahme durch die Kämmerin oder den Kämmerer oder die Gemeindevertretung folgende Merkmale geprüft werden:

- Deckung des Mehrbedarfs muss unter Beachtung des Grundsatzes der Gesamtdeckung nach § 19 KomHKV gewährleistet sein
- sachliche Unabweisbarkeit und zeitliche Unabweisbarkeit muss vorliegen
- Zuständigkeit der Gemeindevertretung bei Überschreiten der Erheblichkeitsgrenze
- ggf. Eilentscheidung nach § 58 BbgKVerf

5. Stufe: Deckung durch freiwillige Nachtragssatzung?
Sollten alle bis zu diesem Punkt durchzuführenden Schritte nicht zum gewünschten Erfolg führen und somit weiterhin keine ausreichenden Mittel zur Verfügung stehen, ist es der Kommune grundsätzlich nicht gestattet, die Maßnahme dennoch durchzuführen.
Es bliebe daher nur die Möglichkeit, ganz allgemein eine freiwillige Nachtragssatzung nach § 70 Abs. 1 Satz 1 unter Beachtung der vorgegebenen Verfahrensregeln und -abläufe zu beschließen.
Diese Maßnahme stellt in der Praxis die letzte Möglichkeit dar, welche mit einem erheblichen Aufwand verbunden ist. Sofern im Rahmen einer freiwilligen Nachtragssatzung keine anderen oder zusätzlichen satzungsrelevanten Änderungen erfolgen, wird eine Gemeindevertretung tendenziell eher zurückhaltend in Bezug auf Erlass einer Nachtragssatzung sein, vor allem, wenn sich der Fehlbedarf in einer geringen Größenordnung bewegt. Hier ist der Grundsatz der Wirtschaftlichkeit und Sparsamkeit nach § 62 Abs. 2 BbgKVerf zu beachten.
In diesem Falle bleibt der Kommune nichts anderes übrig, als u.a.

- die Maßnahme nicht oder unter anderen finanziellen Vorgaben durchzuführen,
- eine Aufgabenumverteilung im Sinne von § 19 KomHKV vorzunehmen,
- Maßnahmen zeitlich in spätere Haushaltsjahre zu verschieben,
- Nachverhandlungen durchzuführen,
- Vormerkungen herauszunehmen,
- andere Prioritäten bei den Aufwands-,/Auszahlungsansätzen zu finden.

8.2 Ablauf der Haushaltsbewirtschaftung

Der Haushaltsplan stellt nach § 66 Abs. 3 BbgKVerf die verbindliche Grundlage der Haushaltswirtschaft der Kommune dar.
Die im Haushaltsplan festgeschriebenen Haushaltsansätze müssen nach § 26 Abs. 1 KomHKV so bewirtschaftet werden, dass sie zur Deckung aller Aufwendungen und Auszahlungen im Haushaltsjahr ausreichen. Sie dürfen erst dann in Anspruch genommen werden, wenn die Aufgabenerfüllung es erfordert. Dabei ist insbesondere der Grundsatz der Wirtschaftlichkeit und Sparsamkeit nach § 62 Abs. 2 BbgKVerf zu beachten (Rabatte ausnutzen, Skonto in Anspruch nehmen). Darüber hinaus ist das verwaltungstypische und das durch den Grundsatz der Jährlichkeit provozierte „Dezemberfieber" (unnötige Auszahlungen leisten, nur um den Haushaltsansatz zu verbrauchen) strikt zu vermeiden.
In der Praxis hat sich der nachfolgende Ablauf entwickelt:[121]

[121] Vgl. hierzu auch Düngen/Zeiler, Rechnungswesen in der öffentlichen Verwaltung, Braunschweig 2013, S. 30.

Ablauf der Haushaltsbewirtschaftung	
Überprüfung der Haushaltsmittel	Bevor ein Bestellvorgang o.ä. erfolgt, muss zwingend der Bestand an verfügbaren Haushaltsmitteln überprüft und ggf. angepasst werden (z.B. durch flexible Haushaltsführung oder überplanmäßige Mittelbereitstellungen).
Mittelreservierung (Vormerkung)	Die benötigten Mittel werden in der Haushaltsüberwachungsliste vorgemerkt und verringern dadurch die verfügbaren Haushaltsmittel.
Prüfung des Vergabeverfahren	Prüfung der vergaberechtlichen Voraussetzungen und ggf. Einleitung Vergabeverfahren.
Bestellvorgang/Vergabe	Auslösung des Auftrags und Vermerk in der Haushaltsüberwachungsliste, soweit nicht schon eine Vormerkung erfolgt ist.
Lieferung und Rechnungsbearbeitung	Prüfung der Lieferung und der Rechnung, Erfassung und Buchung im Haushaltsprogramm.
Zahlungsanweisung	Erstellung der Kassenanordnung entsprechend KomHKV, Feststellung der sachlichen und rechnerischen Richtigkeit, Anordnung der Zahlung, Austragung Auftrag in der Haushaltsüberwachungslisten (HÜL).
Prüfung durch das Rechnungsprüfungsamt	Ggf. erfolgt eine Visa-Kontrolle[122] durch das Rechnungsprüfungsamt.
Abwicklung der Zahlung	Prüfung des Zahlungsbelegs (Kontonummer, Betrag, etc.), Übergabe elektronischer Datenträger an Bank, Buchen der Zahlung durch die Stadtkasse.

Abbildung 93: Ablauf der Haushaltsbewirtschaftung

Die Inanspruchnahme von Aufwands- und Auszahlungsermächtigungen entsprechend § 26 Abs. 2 KomHKV ist dabei laufend zu überwachen. Diese Überwachung ist Aufgabe jeder anordnungsberechtigten Person in der Kommune. Um jederzeit zu erkennen, bei welchen Konten noch wie viele Haushaltsmittel zur Verfügung stehen, sind diese in den HKR-Programmen hinterlegt und somit jederzeit einsehbar (Berichte und Übersichten).[123]

---

[122] Die sogenannte Visakontrolle findet als Stichprobenprüfung statt. Die Prüfung soll gewährleisten, dass die von Dritten der Stadt in Rechnung gestellten Beträge sachlich und rechnerisch sowie – erforderlichenfalls – in technischer Hinsicht richtig sind.

[123] In der kameralen Haushaltswirtschaft wurden diese Übersichten als Haushaltsüberwachungslisten (HÜL) bezeichnet.

8.3 Jahresabschluss

8.3.1 Bestandteile und Funktion des Jahresabschlusses

Die Ausführung bzw. Bewirtschaftung des Haushaltsplanes finden entsprechend dem Grundsatz der Jährlichkeit und zeitlichen Bindung zwischen dem 01.01. und dem 31.12. des Haushaltsjahres statt. Hier werden die anfallenden Geschäftsvorfälle im Rahmen der doppelten Buchführung gebucht. Nach Abschluss des Haushaltsjahres werden die geplanten Haushaltsermächtigungen mit der tatsächlichen Bewirtschaftung gegenübergestellt (Kontrolle/Rückschau). Daraus wird der Jahresabschluss entwickelt und aufgestellt. Der Jahresabschluss stellt das Gegenstück zum Haushaltsplan dar. Hieraus wird deutlich, dass sich die Planung, Bewirtschaftung und Kontrolle eines Haushaltsjahres über insgesamt drei Jahre erstrecken.
Nach § 80 BbgKVerf hat die Gemeinde für den Schluss eines jeden Haushaltsjahres einen Jahresabschluss aufzustellen, welcher nach den Grundsätzen ordnungsmäßiger Buchführung unter Berücksichtigung der besonderen gemeindehaushaltsrechtlichen Bestimmungen aufzustellen ist. Dort ist grundsätzlich die tatsächliche Vermögens-, Ertrags- und Finanzlage der Gemeinde darzustellen.

Der Jahresabschluss besteht aus

- der Bilanz,
- der Ergebnisrechnung,
- der Finanzrechnung und
- den Teilrechnungen.

Darüber hinaus sind dem Jahresabschluss:

- der Anhang,
- die Anlagenübersicht,
- die Forderungsübersicht,
- die Verbindlichkeitenübersicht,
- der Lagebericht und
- der Beteiligungsbericht

als Anlagen beizufügen.

Insbesondere durch den Anhang und Lagebericht (vormals Rechenschaftsbericht) gemäß §§ 47 und 48 BbgKVerf wird deutlich, dass dem Jahresabschluss vor allem Kontrollfunktion und damit auch die Grundlage für ggf. erforderliche Steuerungsmaßnahmen zuteilwird. Durch den Jahresabschluss sind der Planung die tatsächlich eingetretenen Entwicklungen und Erfordernisse im Laufe des Haushaltsjahres, aber auch die Ergebnisse der Vorjahre gegenübergestellt. Vor allem sind diese Entwicklungen auch nachvollziehbar zu erläutern. Der Anhang gemäß § 47 KomHKV nimmt dabei hauptsächlich die Perspektive der Bilanz und wesentliche Abweichungen zum Vorjahr des Abschlussjahres ein. Hierbei treten häufig z.B. Veränderungen in der Gesetzeslandschaft oder auch wirtschaftlich unterschiedliche Entwicklungen über das abgelaufene Jahr hinaus zu Tage.

Der Lagebericht gemäß § 48 KomHKV konzentriert sich dann auf den Vergleich der (fortgeschriebenen) Planansätze für das abgelaufene Haushaltsjahr mit den tatsächlichen Ereignissen und Buchungen. Hierbei wird insbesondere die Verwaltung aufgefordert nachvollziehbar zu begründen, weshalb die Planansätze nicht umfassend in Anspruch genommen wurden oder Erträge und Einzahlungen nicht wie geplant generiert wurden. Im Regelfall darf es abseits der Regelungen um § 20 KomHKV und § 72 BbgKVerf (Budgetdeckung sowie ÜPL/APL-Verfahren) keine Ansatzüberschreitungen bei Aufwendungen und Auszahlungen geben.
Im Jahresabschluss liegt weiterhin erstmals Augenmerk auch auf der Bilanz und inwiefern sich die tatsächliche Haushaltswirtschaft des vergangenen Haushaltsjahres, aber gleichsam die der Vorjahre auf die Vermögens- und Kapitalstruktur ausgewirkt haben. Zum Thema Bilanz wird auf die ausführlichen Ausführungen im Lehrbuch „Rechnungswesen und Buchführung in den Kommunen des Landes Brandenburg“ verwiesen.[124]
Durch den Jahresabschluss und seine Bestandteile soll das Gremium, aber auch die Verwaltungsführung, in die Lage versetzt werden, nachvollziehen zu können, wo Plan und Realität abweichen und ob und wie Gegenmaßnahmen einzuleiten sind. Dem Jahresabschluss sind entsprechend Funktionen wie Dokumentation und Rechenschaftslegung, aber auch Kapitalerhalt und Steuerung der weiteren Haushaltswirtschaft beizumessen.

8.3.2 Verfahren

Die Verfahrensschritte orientieren sich im Wesentlichen am Verfahren zur Aufstellung der Haushaltssatzung. Anders als bei der Haushaltssatzung stellt die Kämmerin oder der Kämmerer den Entwurf des Jahresabschlusses mit seinen Anlagen auf und leitet diesen zunächst dem Rechnungsprüfungsamt zur Prüfung zu. Dieses überprüft, ob die gesetzlichen Vorgaben eingehalten wurden oder sich aus den Büchern ggf. Anlass zur Beanstandung ergibt. Erst danach wird der geprüfte Entwurf der Hauptverwaltungsbeamtin oder dem Hauptverwaltungsbeamten zur Feststellung vorgelegt. Anschließend wird der festgestellte Jahresabschluss mit seinen Anlagen der Gemeindevertretung rechtzeitig zur Beschlussfassung vorgelegt.
Die Gemeindevertretung muss nach § 80 Abs. 4 BbgKVerf einen Beschluss über den geprüften Jahresabschluss bis spätestens zum 31.12. des auf das Haushaltsjahr folgenden Jahres herbeiführen. In einem gesonderten Beschluss entscheidet die Gemeindevertretung über die Entlastung der Hauptverwaltungsbeamtin oder des Hauptverwaltungsbeamten. Die weiteren Einzelheiten, die Grundsätze für die Gliederung und Verfahrensschritte, sind dem § 80 Abs. 3 bis 5 sowie dem Abschnitt 7 in den § 41 ff. KomHKV zu entnehmen.
Da das gesetzlich normierte Verfahren, wie schon bei der Haushaltssatzung bzw. der damit verbundenen Haushaltsplanung, ab dem bestehenden Entwurf einsetzt, ist zwingend ein internes Verfahren zur Einhaltung der Fristen erforderlich. In diesem internen Verfahren werden die erforderlichen Zwischenschritte in der Regel vom Fachamt Finanzen o. der Kämmerei koordiniert. Es wird geregelt und überwacht bis wann welche Zuarbeiten

[124] Lubosch/Vogelsang/Jakob, Rechnungswesen und Buchführung in den Kommunen des Landes Brandenburg, 3. Aufl. 2024.

durch welche Stelle bzw. welchen Bereich zu erbringen sind. Wesentliche Arbeitspakete sind dabei häufig der Abschluss der Kasse, der Abschluss der Anlagenbuchhaltung und schließlich der Abschluss der Zahlenwerke sowie daran anschließend dann das Zusammentragen von Informationen, um die Erläuterungen und Begründungen im Anhang sowie Lageberichte erstellen zu können. Darunter fallen z.B. (nicht abschließende/beispielhafte Darstellung):

- technischer Abschluss sowie Nachweisführung in der Kasse (u.a. Tagesabschlüsse, Abschluss von Zahlwegen sowie erforderliche Nachweisführung)
- Überprüfung und Abschluss von im Laufe des Haushaltsjahres zu aktivierenden Vermögensgegenständen (insbesondere „Anlagen im Bau")
- das aktive Anfordern oder Erstellen von Übersichten zu ausstehenden Rechnungen,
- das aktive Anfordern oder Erstellen von Übersichten und Nachweise zu Rückstellungen bzw. -rückstellungssachverhalten
- Koordination eines internen Verfahrens sowie Prüfung und technische Abwicklung von Übertragungen gemäß § 21 KomHKV
- das Ermitteln und Begründen von Abweichungen
- Erstellung sämtlicher Dokumentationen

Direkt im Anschluss oder bereits parallel ist dann das Prüfungsverfahren einzuleiten und zu begleiten. Der Entwurf und die zugehörigen Unterlagen werden durch das Rechnungsprüfungsamt oder einen Wirtschaftsprüfer geprüft. Dazu werden häufig weitere (begründende) Unterlagen oder Rückfragen zur Erklärung abgefordert. Die Zuarbeiten werden soweit möglich vom Fachamt Finanzen geleistet bzw. wenn erforderlich von den zuständigen Fachämtern abgefordert.
Es ist zu unterstreichen, dass wie bereits im Zusammenhang mit der Haushaltsplanung erläutert zwingend inhaltliche Zuarbeiten durch die ausführenden Fachämter selbst erforderlich sind. Werden diese nicht, nicht fristgerecht oder nur unzureichend erbracht, tritt schnell Verzug in Bezug auf die Erstellung des Jahresabschlusses ein.
Dass dem Jahresabschluss und der Auseinandersetzung mit der tatsächlichen Haushaltswirtschaft dringend mehr Gewicht beizulegen ist, hat die Novellierung der BbgKVerf aufgegriffen, indem die Planung bzw. Haushaltssatzung für neue Haushaltsjahre nunmehr durch § 69 Abs. 6 BbgKVerf unmittelbar an das Vorliegen fristgerechter Abschlüsse gekoppelt wurde.
Liegen die Voraussetzungen zu den jeweiligen Jahresabschlüssen nicht entsprechend vor, sind neue Haushaltssatzung nicht zu genehmigen bzw. dürfen nicht veröffentlicht werden und können somit nicht wirksam werden. Die Haushaltswirtschaft darf, solange diese Voraussetzungen zu den Jahresabschlüssen nicht erfüllt sind, also nur unter den strengen und stark einschränkenden Vorgaben der vorläufigen Haushaltsführung gemäß § 71 BbgKVerf erfolgen. Dadurch sollen eine stärkere Priorisierung und Fokussierung auch von Jahresabschlüssen neben den Planungen erzwungen werden, die traditionell eher im „Interesse" von Fachbereichen, Hauptverwaltungsbeamten und den Gremien standen als die Auseinandersetzung mit den zurückliegenden Abläufen.

9 Kommunales Kassenrecht

Die Gemeindekasse erledigt nach § 82 BbgKVerf alle Kassengeschäfte der Gemeinde. Hiervon kann die Buchführung ganz oder teilweise abgetrennt werden. Entsprechend § 82 Abs. 1 BbgKVerf (die Gemeindekasse erledigt alle Kassengeschäfte der Kommune) gilt der sogenannte Grundsatz der Einheitskasse. Werden Zahlstellen, Einnahmekassen oder Handvorschüsse eingerichtet, sind diese unter der Verantwortung und Aufsicht der Gemeindekasse selbst zu stellen. Hierbei werden dem Kassenverwalter auch regelmäßig fachamtsübergreifende Anweisungsbefugnisse diesbezüglich eingeräumt.
Die Aufgaben der Gemeindekasse sind dann im den §§ 55 ff. KomHKV definiert. Hierzu zählen die Annahme der Einzahlungen und die Leistung der Auszahlungen einschließlich Aufrechnungen, die Verwaltung der Kassenmittel und die damit verbundene Liquiditätsplanung, die Verwahrung von Wertgegenständen, die Buchführung sowie die Beitreibung von Geldbeträgen im Verwaltungszwangsverfahren und die Einleitung der Zwangsvollstreckung nach der Zivilprozessordnung.[125]
Zu den Kassengeschäften, die die Gemeindekasse nach § 55 Abs. 1 und 2 KomHKV zu erledigen hat, gehören insbesondere

- die Annahme der Einzahlungen und die Leistung der Auszahlungen (Zahlungsverkehr),
- die Verwaltung der Finanzmittel sowie
- die Buchführung einschließlich der Sammlung der Belege, soweit nicht eine andere Stelle ganz oder zum Teil damit beauftragt ist,
- die Mahnung,
- die Beitreibung von Forderungen und die Einleitung der Zwangsvollstreckung, soweit nichts anderes bestimmt ist, sowie die Festsetzung, Stundung, Niederschlagung und der Erlass der resultierenden Nebenforderungen (Gebühren, Säumniszuschläge, Verzinsungen und Auslagen).

Soweit ein externer Dritter ganz oder teilweise mit der Buchführung beauftragt wird, obliegt der Gemeindekasse nach § 55 Abs. 3 KomHKV zumindest die Erfassung und Dokumentation der Zahlungen sowie die Führung und Abstimmung der Konten für die liquiden Mittel und für die Finanzrechnung.
(3) Der Gemeindekasse können darüber hinaus nach § 55 Abs. 4 KomHKV weitere Aufgaben übertragen werden, soweit Rechtsvorschriften nicht entgegenstehen und die Erledigung der Aufgaben nach den Absätzen 1 und 2 nicht beeinträchtigt werden.

[125] Für die Beitreibung von Forderungen wird auf das Handbuch für das Verwaltungszwangsverfahren (VZV-Handbuch) des Verbandes der kommunalen Kassenleiter verwiesen.

9.1 Anordnungsrecht

Traditionell bestätigt die Kasse mit der Annahme und Leistung von Auszahlungen gemäß § 59 Abs. 4 KomHKV, dass die **formellen Anforderungen** dafür gegeben sind (u.a. auch § 60 KomHKV dazu). Dazu sind zunächst bestimmte Begrifflichkeiten rund um die jeweils zwingend erforderliche zugrundeliegende Anordnung zu klären.
Die budgetbewirtschaftenden Organisationseinheiten werden durch den Haushaltsplan ermächtigt, Erträge/Einzahlungen anzunehmen sowie Aufwendungen/Auszahlungen zu leisten (vgl. Wirkung des Haushaltplanes, § 66 Abs. 3 BbgKVerf). Die in der Phase der Haushaltsbewirtschaftung anfallenden Geschäftsvorfälle und die damit verbundenen Buchungen werden durch die budgetbewirtschaftenden Organisationseinheiten angeordnet und durch die Gemeindekasse ausgeführt.
Entsprechend § 59 Abs. 3 KomHKV darf die Gemeindekasse nur aufgrund einer schriftlichen oder bei automatisierten Verfahren auf elektronischem Wege übermittelten Anordnung Zahlungen leisten bzw. annehmen. Das bedeutet, dass die Gemeindekasse Zahlungsvorgänge ausschließlich durch Verfügung der anordnenden Organisationseinheiten vornehmen darf, die zwingend außerhalb der Kasse liegen bzw. gefertigt werden müssen. Das Anordnungsrecht stellt damit das Bindeglied zwischen den budgetverantwortlichen Dienststellen und der Gemeindekasse dar.

9.1.1 Anordnungsbefugnis

Entsprechend § 25 KomHKV hat die Kommune sicherzustellen, dass die ihr zustehenden Erträge erfasst und die Forderungen rechtzeitig eingezogen werden sowie nach § 26 KomHKV Aufwendungen und Auszahlungen in Anspruch zu nehmen bzw. umzusetzen, wenn die Aufgabenerfüllung es erfordert. Hieraus ableitend sind die im Haushaltsplan enthaltenen Ermächtigungen zur Leistung von Aufwendungen und Auszahlungen so zu bewirtschaften, dass sie für das gesamte Haushaltsjahr ausreichen. Sie dürfen erst dann in Anspruch genommen werden, wenn es die Aufgabenerfüllung erfordert. Eine konkrete Ausführung des Haushaltsplanes, sowohl hinsichtlich Erträgen und Einzahlungen als auch bezüglich Aufwendungen und Auszahlungen, ist erst und nur durch eine Anordnung möglich.
Um eine Anordnung zu vollziehen, ist eine Anordnungsbefugnis erforderlich. Eine Anordnungsbefugnis ist das Recht, eine Kassenanordnung unterschriftlich zu vollziehen und für die Gemeindekasse ausführungsreif zu machen.[126] Das originäre Recht der Anordnungsbefugnis steht dem Hauptverwaltungsbeamten zu. Nach § 54 Abs. 1 Nr. 2 BbgKVerf ist der Hauptverwaltungsbeamte (hauptamtlicher Bürgermeister/Landrat/Amtsdirektor) für den Vollzug der Beschlüsse der Gemeindevertretung verantwortlich. Hierzu zählt auch der Beschluss der Vertretung über die Haushaltssatzung und damit des Haushaltsplanes nach § 66 BbgKVerf.

[126] Bernhard/Schünemann/Schwingeler: Kommunales Anordnungs-, Kassen-, Rechnungslegungs- und Prüfungsrecht NW, 6. Auflage Witten, Verlag Bernhard/Schünemann 1996, S. 27.

Praktisch ist es jedoch nicht möglich, dass der Hauptverwaltungsbeamte sämtliche Zahlungsvorgänge in der Kommune anordnet. Hierfür sieht die KomHKV bestimmte Vertretungsregelungen (z.B. Beigeordnete nach § 59 BbgKVerf) vor. Diese gesetzliche Anordnungsbefugnis wird aus Zweckmäßigkeitsgründen auf nachgeordnete Mitarbeiter der Verwaltung (Amtsleiter, Fachbereichsleiter, Abteilungsleiter etc.) delegiert, sofern diese über die fachlichen Voraussetzungen verfügen. Dies hängt maßgeblich von der Größe der Verwaltung ab.
Diese Befugnisdelegation erfolgt in der Regel durch interne Verwaltungsanordnungen, Dienstanweisungen oder Geschäftsverteilungspläne. Dabei werden zum einen organisationsspezifische Abgrenzungen vorgenommen (z.B. Amts- und Fachbereichsleiter erhalten die Anordnungsbefugnis für die in ihrer Zuständigkeit liegenden Organisationseinheiten). Zum anderen erfolgt üblicherweise eine betragsmäßige Abstufung (z.B., Abteilungsleiter sind bis zu einem Betrag von 10.000 Euro anordnungsbefugt). In Einzelfällen und bei besonderer Dringlichkeit können auch einzelne Mitarbeiter für bestimmte Vorgänge oder Produktkonten eine Anordnungsbefugnis erhalten. Damit wird ausgeschlossen, dass Unbefugte in den Haushaltsablauf eingreifen.[127]

Beispiel einer Anordnungsbefugnis mit betragsmäßiger Einschränkung

A n o r d n u n g s b e f u g n i s

Unterschriftenkarte Nr.:	**0815**		
Produktbereiche:	**54 - Tiefbauamt**	mit Wirkung vom:	**01.01.2025**
Einschränkungen:		widerrufen ab:	
bis zu einem Betrag von 50.000 EUR, alle Produktkonten			

Dienststellung	Stelleninhaber - Druckschrift -	Stelleninhaber - persönliche Unterschrift -
Fachbereichsleiter Tiefbau	**Schludrick, Göttrick**	Schludrick
bestätigt durch: **Dezernent**	**Lemming, Uwe**	Lemming

Abbildung 94: Anordnungsbefugnis

Die Anordnungsbefugnis (Abbildung 94) wird grundsätzlich personenkonkret erstellt. Dabei hat die jeweilige zur Anordnung befugte Person eine Unterschriftsprobe zu leisten. Diese dient der Gemeindekasse und dem Prüfbereich (z. B. Rechnungsprüfungsamt) zur späteren Überprüfung einzelner Zahlungsanordnungen.

---

127 Rose, Kommunale Finanzwirtschaft Niedersachsen, 3. Aufl., Kiel 2008, S. 347.

9.1.2 Anordnungszwang

Die Gemeindekasse darf nur auf eine schriftliche oder digitale Kassenanordnung Einzahlungen tätigen oder Auszahlungen leisten. Sie darf keinesfalls auf eine mündliche oder fernmündliche Anordnung hin im Rahmen der Kassenaufgaben tätig werden. Beim Eingang der Kassenanordnungen obliegt der Gemeindekasse die Prüfung, ob die Anordnungen den Vorschriften entsprechen.[128]
Kassenanordnungen, die in der Form nicht den Vorschriften entsprechen oder die sonst zu Bedenken Anlass geben, darf sie nach § 59 Abs. 4 KomHKV erst ausführen, wenn die anordnende Stelle die Anordnung berichtigt hat oder sie aufrechterhält. Dies entbindet jedoch nicht die budgetbewirtschaftenden Fachämter davon, im Vorfeld der Mittelbindung und Anordnung zu prüfen, inwieweit die erforderlichen Haushaltsmittel zur Verfügung stehen. Dies ist keine Aufgabe der Gemeindekasse.
Ein Anordnungszwang besteht insbesondere, um

- Einzahlungen anzunehmen oder Auszahlungen zu leisten (Zahlungsanweisung),
- Buchungen vorzunehmen, die die Bücher ändern und sich nicht in Verbindung mit Zahlungen ergeben (Buchungsanordnung), *z.B. Abschreibungen, interne Leistungsverrechnungen, Rückstellungen,*
- Gegenstände zur Verwahrung anzunehmen oder verwahrte Gegenstände auszuliefern (Ein- und Auslieferungsanordnungen) *z.B. Urkunden, Kfz-Briefe, Schmuck.*

9.1.3 Ausnahmen vom Anordnungszwang

Generell kommt dem Anordnungszwang ein hoher Stellenwert zu. Die Ausnahmen vom Anordnungszwang sind in § 60 Abs. 4 und 5 KomHKV geregelt. Danach hat die Gemeindekasse Einzahlungen und Auszahlungen auch ohne Zahlungsanweisung anzunehmen und zu leisten, wenn

- die Gemeindekasse von einer anderen Stelle Finanzmittel für Auszahlungen für Rechnung dieser Stelle erhält,
- Einzahlungen, die irrtümlich bei der Gemeindekasse eingezahlt und dann zurückgezahlt oder weitergeleitet werden,
- die Gemeindekasse Einzahlungen nach § 55 Abs. 2 Nr. 2 selbst festsetzt (z.B. Gebühren, Nebenforderungen etc.).[129]

Einzahlungen ohne Anordnung werden dabei in der Praxis zunächst auf einen sog. Kassenverwahr gebucht. Nach § 60 Abs. 3 KomHKV ist die Annahmeanordnung jedoch unverzüglich nachzuholen. Die Kasse versucht somit die für die Einzahlung zuständige Stelle in Erfahrung zu bringen, um die entsprechende fehlende Anordnung zu bekommen. Durch die Nachholung der Annahmeanordnung erfolgt anschließend die Verbuchung auf den sachlich richtigen Ertrags- und Einzahlungskonten. Dies kann je nach Organisations-

[128] Fachverband der Kommunalkassenverwalter e.V., Handbuch für das Kassen- und Rechnungswesen, Stand 2013, Siegburg 2013, Punkt 12.1, S. 1.
[129] Z.B. Mahngebühren.

struktur aufwendig sein und ist wieder mit erforderlicher Zuarbeit aus den Fachbereichen verbunden. Beispielsweise sind hier nicht angekündigte Spenden oder vorzeitig (vor der eigentlichen Fälligkeit) gezahlte Abgaben der Bürger zu nennen. In der Mehrzahl der übrigen Sachverhalte ist die Anordnung vor Eingang der Zahlung durch die zuständigen Fachbereiche zu gewährleisten oder die Kasse zu informieren.
Daneben bedarf es nach § 60 Abs. 5 KomHKV für abzuführende Mittel, welche für eine andere Stelle angenommen wurden, keiner Auszahlungsanordnung. Hier sind insbesondere die Amtshilfeersuchen im Rahmen der Zwangsvollstreckung für andere Behörden zu nennen. Zieht die Gemeindekasse/Vollstreckungsstelle entsprechende Mittel von dem jeweiligen Schuldner ein, stellen diese eine Verbindlichkeit in der städtischen Vermögensrechnung (Bilanz) dar, da sie an die entsprechenden Behörden weiterzuleiten sind (z.B. GEZ-Gebühren oder Bußgelder anderer Städte und Gemeinden).

9.1.4 Arten, Formen und Inhalt der Kassenanordnungen

Nach § 55 Abs. 1 KomHKV werden die nachfolgenden Kassenanordnungen unterschieden:[130]

Zahlungsanweisungen § 55 Abs. 1 Nr. 1 KomHKV	Schriftliche Anordnung, um Einzahlungen anzunehmen oder Auszahlungen zu leisten und die damit verbundenen Buchungen vorzunehmen.
Buchungsanordnungen § 55 Abs. 1 Nr. 3 KomHKV	Schriftliche Anordnung, Buchungen vorzunehmen, die die Bücher ändern und die sich nicht in Verbindung mit Zahlungen ergeben (z.B. Abschreibungen oder interne Leistungsverrechnungen).

Beispiel einer Zahlungsanweisung nach § 60 KomHKV[131]

Stadtkasse Prenzwalde
Kassenanordnung
zur Annahme von Einzahlungen
(Ausgangsrechnung)

Haushaltsjahr:[5]	2025
Journalnummer:	34.646
Anordnungsnummer:	765

[130] Vgl. auch Fachverband der Kommunalkassenverwalter e.V., Handbuch für das Kassen- und Rechnungswesen, Stand 2013, Siegburg 2013, Punkt 12.3, S. 4.

[131] Dies stellt kein verbindliches Muster dar. Es sollen nur die verbindlichen Bestandteile einer Zahlungsanweisung anschaulich und praxisnah dargestellt werden.

Produktkonto:[5]	27110.43210/63210
Forderungskonto:	27110.16111
Forderungsart:	öffentlich-rechtliche Forderung
Forderungsbezeichnung:	Benutzungsgebühr
Mahnsperre:	nein
Betrag:[1]	360,00 EUR
Zahlungsgrund:[2]	Teilnehmergebühr Kochkurs 2025 Az.: 10013/2016
Fälligkeit:[4]	17.06.2025
Personenkonto:[3]	401909 J. Klopp Pressingstr. 09 16123 Prenzwalde

sachliche Richtigkeit[6]	rechnerische Richtigkeit[6]
G. Schludrig	G. Schludrig

Datum der Anordnung:	15.05.2025[7] Lemming Anordnungsbefugter[8]
Zahlungsvermerke:	keine
Prüfungsvermerke:	keine

Daten für die Kosten- und Leistungsrechnung

Kostenstellen:	27110
Kostenträger:	21110000
Erlösart:	93210

Daten für die Anlagenbuchhaltung

Inventarisierungspflichtig: Nein

Erstellt durch Benutzer: 4015 – Herr Achtsam am 15.05.2025

Abbildung 96: Zahlungsanweisung (Beispiel)

Die **Mindestinhalte** einer Zahlungsanordnung ergeben sich aus § 60 Abs. 1 KomHKV. Anhand der vorangestellten Zahlungsanordnung lassen sich diese wie folgt beschreiben:

1) Entsprechend Nr. 1 ist der anzunehmende oder auszuzahlende Betrag darzustellen. Hierbei ist je nach Haushaltsprogramm ggf. ein abzuziehender Skonto als Minderung des Anschaffungspreises anzusetzen vgl. u.a. § 38 Abs. 2 Satz 3 KomHKV).

2) Der Grund der Zahlung ist nach Nr. 2 zwingender Bestandteil einer Zahlungsanordnung. Hierbei ist insbesondere durch die Angabe von Rechnungsnummer, Belegnummer, Aktenzeichen, Bescheid-Nummer oder Verwaltungsvorgang ein Bezug zum jeweiligen Geschäftsvorfall herzustellen. Der Grund ist zwingend mit einem zugehörigen Beleg nachzuweisen.
3) Der Zahlungspflichtige oder Empfangsberechtigte ist nach Nr. 3 in die Zahlungsanordnung aufzunehmen. Diese werden in der Praxis im Rahmen der Buchhaltung häufig als Personen- oder Bürgerkonten geführt. Entscheidend dabei ist, dass der Zahlungspflichtige oder Empfangsberechtigte nicht nur benannt, sondern auch zweifelsfrei zu identifizieren sein muss. D.h., er muss regelmäßig mit vollstreckungs- und damit zustellfähigen Adressen erfasst werden.[132]
4) Der Fälligkeitstag als pflichtiger Bestandteil nach Nr. 4 ist einer der wirtschaftlich wichtigsten Inhalte einer Zahlungsanordnung. Insbesondere bei der in der Praxis vielfach angespannten Liquiditätslage sollten Auszahlungen nicht vor Fälligkeitstag ausgezahlt und Einzahlungen am Fälligkeitstag durch den Bürger eingezahlt oder per Lastschriftverfahren eingezogen werden. Daher sollte insbesondere in Bescheiden etc. ein eindeutiges Fälligkeitsdatum angegeben werden. Darüber hinaus ist der Fälligkeitstag bei Auszahlungen für einen möglichen Skontoabzug seitens der Kommune ausschlaggebend.
5) Die der Einzahlung oder Auszahlung zugrunde liegende Kontierung[133] und das Haushaltsjahr (Nr. 5) sind maßgebend u.a. für eine periodengerechte Zuordnung der einzelnen Vorgänge bzw. für die Prüfung der sachlich richtigen Zuordnung zum Produkt bzw. Konto entsprechend dem vom Statistischen Landesamt vorgegebenen Produkt- und Kontenrahmenplan. Darüber hinaus ist die Angabe entscheidend, um nachvollziehen zu können, ob für diesen Zweck noch Haushaltsmittel zur Verfügung stehen bzw. ggf. zusätzliche Haushaltsmittel im Rahmen der flexiblen Haushaltsführung durch Nachtragshaushaltssatzung oder über- und außerplanmäßige Aufwendungen/Auszahlungen bereitgestellt werden müssen.
6) Die Bestätigung der sachlichen und rechnerischen Richtigkeit[134] (Nr. 6) nach § 59 Abs. 2 KomHKV ist ein wesentlicher und unabdingbarer Bestandteil einer jeden Zahlungsanordnung. Die Bestätigung gibt Auskunft über die vorgenommene inhaltliche und rechnerische Prüfung der Anordnung und des damit verbundenen Geschäftsvorfalls (z.B. Rechnung). Sie dient auch dem Nachweis darüber, dass geprüft wurde, ob ausreichend Haushaltsmittel zur Verfügung stehen.
7) Das Datum der Anordnung (Nr. 7) ist maßgeblich für den Nachweis, wann eine Anordnung erstellt wurde. Dabei wird insbesondere Nachweis geführt, wann z.B. eine Rechnung in der Verwaltung vorliegt und zu welchem Zeitpunkt die Anordnung erstellt wird. Vielfach wird in der Praxis insbesondere bei Auszahlungen eine Anordnung erst erstellt, wenn bereits das Fälligkeitsdatum verstrichen ist. Hier sind insbesondere organisatorische Anpassungen vorzunehmen und Prüfroutinen zu entwickeln, um als öffentliche Hand eine gute Zahlungsmoral nachzuweisen.

---

132 Klomfaß, Kommunales Kassenwesen, 1. Auflage, Siegburg 2011, S. 47.
133 Vielfach auch als Produktkonto bezeichnet (früher Haushaltsstelle).
134 Vgl. Feststellungsbefugnis.

8) Der Freigabeberechtigte oder Anordnungsbefugte (Nr. 8) gibt die Anordnung zur Zahlung durch die Gemeindekasse frei. Die Gemeindekasse[135] überprüft dabei, ob die Unterschrift von einer zur Anordnung befugten Person vorgenommen wird. Dabei ist die bereits dargestellte Unterschriftskarte mit der jeweiligen Unterschriftsprobe oder entsprechend digitalen Signatur maßgebend.

Über den Mindestinhalt hinaus kann eine Zahlungsanordnung weitere für die Buchhaltung bzw. Nebenbuchhaltungen wichtige Daten und Informationen enthalten. Hier sind z.B. notwendige Daten für die Anlagenbuchhaltung (Inventarisierungspflicht, Inventarnummer etc.) oder Daten für die Kosten- und Leistungsrechnung (Kostenstelle, Kostenträger, Kostenart) zu nennen.

9.1.4.1 Befangenheit

Nach § 82 Abs. 2 BbgKVerf hat die Kommune einen Kassenverwalter und einen Stellvertreter zu bestellen, wenn sie ihre Kassengeschäfte nicht durch eine Stelle außerhalb der Gemeindeverwaltung besorgen lässt. Dabei gelten besondere Anforderungen an diese Personen. So können etwa anordnungsbefugte Gemeindebedienstete sowie der Leiter/in und die Prüfer/innen des Rechnungsprüfungsamtes nicht gleichzeitig die Stellung eines Kassenverwalters oder seines Stellvertreters innehaben.

Um Befangenheit auszuschließen, dürfen der Kassenverwalter und sein Stellvertreter außerdem untereinander, zum Hauptverwaltungsbeamten und zu anordnungsbefugten Bediensteten der Gemeinde oder des Amtes sowie zum Leiter und zu den Prüfern des Rechnungsprüfungsamtes in keinem die Befangenheit begründenden Verhältnis stehen (vgl. § 22 BbgKVerf).

Zudem sind der Kassenverwalter, sein Stellvertreter und die übrigen Beschäftigten der Gemeindekasse prinzipiell nicht befugt, Zahlungen anzuordnen. So soll verhindert werden, dass Kassenverwalter ihrer kontrollierenden Funktion nicht objektiv nachkommen bzw. selbst nicht wiederum einer ausreichend objektiv kontrollierenden Instanz gegenüberstehen.

9.1.4.2 Trennungsgrundsatz/Vier-Augen-Prinzip

Der Trennungsgrundsatz nach § 59 KomHKV besagt, dass die Freigabe von Buchungen mit und ohne Zahlungswirksamkeit und die Ausführung der Buchungen nicht von derselben Person wahrgenommen werden dürfen. Zudem müssen Buchungsunterlagen sachlich und rechnerisch geprüft und festgestellt sowie von einem Berechtigten verantwortlich freigegeben werden.

Zu beachten ist weiterhin, dass Zahlungen grundsätzlich – wie zuvor erläutert – nur aufgrund einer schriftlichen Zahlungsanweisung angenommen oder geleistet werden dürfen[136].

Die Gemeindekasse hat entsprechende Zahlungsanweisungen und Buchungsunterlagen vor ihrer Ausführung daraufhin zu prüfen, ob diese den rechtlichen Anforderungen entspre-

[135] I.d.R. eine Stichprobenüberprüfung.

[136] Bei automatisierten Verfahren müssen Zahlungen auf elektronischem Wege durch entsprechende Verfahren oder Signaturen freigegeben werden.

chen. Sie darf Zahlungsanweisungen, die den genannten Vorschriften nicht entsprechen, erst nach Berichtigung durch die anordnende Stelle ausführen. Analog gilt dies für die Vornahme von Buchungen, die nicht zahlungswirksam sind.
Im Hinblick darauf, dass gerade kleine Kommunen ihre Kassengeschäfte immer häufiger von externen Dritten (Rechenzentren, private Dienstleister, andere Kommunen im Wege der interkommunalen Zusammenarbeit) aus- und durchführen lassen, nehmen die Regelungen des § 59 Abs. 2 und 3 KomHKV immer größeren Raum ein. Danach dürfen bei automatisierten Verfahren Zahlungen auf elektronischem Wege nur dann übermittelt werden, wenn sie den Anforderungen des § 59 Abs. 1 und 2 KomHKV entsprechen. Bei automatisierten Verfahren kann anstelle der im schriftlichen Feststellungs- oder Freigabeverfahren zu leistenden Unterschriften die elektronische Signatur nach § 2 Nr. 2 oder 3 des Signaturgesetzes eingesetzt werden.
Beim Einsatz von automatisierter Datenverarbeitung in der Finanzbuchhaltung gelten nach § 61 Abs. 2 Nr. 2 KomHKV besondere Standards, die in Form von Dienstanweisungen bestimmt werden. Hierbei muss

- die Freigabe von Verfahren,
- die Berechtigungen im Verfahren,
- die Dokumentation der eingegebenen Daten und ihrer Veränderungen,
- die Identifikation innerhalb der sachlichen und zeitlichen Buchung,
- die Nachprüfbarkeit von elektronischen Signaturen,
- die Sicherung und Kontrolle der Verfahren und
- die Abgrenzung der Administration von Informationssystemen und automatisierten Verfahren von der fachlichen Sachbearbeitung und der Erledigung von Kassenaufgaben

festgelegt werden.

9.2 Feststellungsbefugnis

Nach § 59 Abs. 2 und § 60 Abs. 1 Nr. 6 KomHKV sind alle eine Buchung auslösenden Vorfälle, insbesondere jeder Anspruch und jede Zahlungsverpflichtung, auf ihren Grund und ihre Höhe zu überprüfen. Die Richtigkeit ist schriftlich oder durch elektronische Signatur zu bestätigen. Dies wird als Feststellung der **sachlichen und rechnerischen Richtigkeit** bezeichnet.
Konkrete Regelungen zur Feststellungsbefugnis und deren Form werden entsprechend § 61 Abs. 1 KomHKV in einer vom Hauptverwaltungsbeamten zu erlassenden Dienstanweisung festgelegt. Generell ist es möglich, die Befugnis für die sachliche Richtigkeit und die rechnerische Richtigkeit zusammen oder getrennt zu erteilen. Einen Überblick gibt die nachfolgende Darstellung:[137]

[137] Vgl. Fachverband der Kommunalkassenverwalter e.V., Handbuch für das Kassen- und Rechnungswesen, Stand 2013, Siegburg 2013, Punkt 12.3, S. 8.

sachliche Richtigkeit	rechnerische Richtigkeit
Die Zahlungsanordnung, die Anlagen und begründenden Unterlagen sind richtig. Es wurde wirtschaftlich und sparsam entsprechend § 62 Abs. 2 BbgKVerf gehandelt. Die Lieferung und Leistung ist ordnungsgemäß durchgeführt.	Der anzunehmende oder auszuzahlende Betrag sowie alle Angaben in den Anlagen oder begründenden Unterlagen, welche zur Ermittlung des Betrages erforderlich sind, sind richtig.
Feststeller sollte nur sein, wer alle Sachverhalte, deren Richtigkeit er zu bescheinigen hat, zu überblicken und zu beurteilen vermag.[138] Auszubildende dürfen nicht zur Feststellung ermächtigt werden.[139]	Feststeller sollte nur sein, wer zumindest Beschäftigter oder Beamter des mittleren allgemeinen Verwaltungsdienstes etc. ist *(konkrete Regelungen in internen Dienstanweisungen etc.).* Auszubildende dürfen nicht zur Feststellung ermächtigt werden.[140]
Die Feststellung hat grundsätzlich schriftlich durch den Vermerk „sachlich richtig" auf der Anordnung zu erfolgen. Bei mehreren Feststellern (z.B. Bauingenieure für einzelne Gewerke) ist die jeweilige Verantwortung durch mehrere Vermerke deutlich zu machen.	Die Feststellung hat grundsätzlich schriftlich durch den Vermerk „rechnerisch richtig" auf der Anordnung zu erfolgen. Bei mehreren Feststellern (z.B. Bauingenieure für einzelne Gewerke) ist die jeweilige Verantwortung durch mehrere Vermerke deutlich zu machen.
In Abhängigkeit der jeweiligen Organisationsstruktur der Verwaltung können die Befugnis zur sachlichen und rechnerischen Richtigkeit eine oder mehrere Personen innehaben. Hat die Befugnis nur eine Person inne, ist der Vermerk „sachlich und rechnerisch richtig" auf der Anordnung anzubringen. Dies kann auch digital erfolgen, wenn sichergestellt ist, dass dies entsprechend einer Unterschrift gleichkommend ausgestaltet ist (z.B. Signaturen im sog. Rechnungs-Workflow).	

9.3 Veränderung von Ansprüchen

Nach § 25 KomHKV sind Erträge vollständig zu erfassen und die rechtzeitige (zum Fälligkeitstermin) Einziehung der Forderungen sicherzustellen. Die Erhebung der Forderung stellt dabei eine Aufgabe des jeweiligen Fachbereiches dar. Grundlage für den Erlass z.B. von Bescheiden sind im hoheitlichen Bereich Satzungen, Gesetze oder Verordnungen bzw. Verträge im Rahmen des privatrechtlichen Handelns (z.B. Mietverträge). Damit die Stadtkasse Kenntnis von der Forderung erlangt, ist eine Annahmeanordnung zu fertigen. Soweit der Schuldner (Debitor) seiner Zahlungspflicht nicht nachkommt, ist es Aufgabe der Stadtkasse bzw. des Forderungsmanagements, die Forderung gemäß § 55 Abs. 2 zu mahnen, beizutreiben bzw. sofern erforderlich die Vollstreckung einzuleiten. Diese zwangsweise Einziehung kann z.B. Kontopfändungen, Gehaltspfändungen, Parkkrallen

[138] Fachverband der Kommunalkassenverwalter e.V., Handbuch für das Kassen- und Rechnungswesen, Stand 2013, Siegburg 2013, Punkt 12.3, S. 8.

[139] Bernhard/Schünemann/Schwingeler: Kommunales Anordnungs-, Kassen-, Rechnungslegungs- und Prüfungs-recht NW, 6. Auflage Witten, Verlag Bernhard/Schünemann 1996, S. 91.

[140] Bernhard/Schünemann/Schwingeler: Kommunales Anordnungs-, Kassen-, Rechnungslegungs- und Prüfungs-recht NW, 6. Auflage Witten, Verlag Bernhard/Schünemann 1996, S. 91.

oder den klassischen Besuch des Vollstreckungsaußendienstes zur Folge haben. Hinsichtlich öffentlich-rechtlicher Forderungen ist die Kommune dazu eigenständig befugt. Bei privatrechtlichen Forderungen erwirkt die Kommune einen Mahnbescheid beim Amtsgericht und überlässt die Eintreibung der Forderungen einem Gerichtsvollzieher.
Kann der Schuldner seinen Zahlungspflichten nicht nachkommen, bietet § 29 KomHKV zur Sicherung einer (zeitversetzten) Erfüllung bzw. zum Teil auch als Ausnahmereglung zu § 25 KomHKV mehrere Möglichkeiten, den Anspruch der Kommune zu verändern.
In § 29 KomHKV wird bewusst auf eine Definition der Begriffe „Stundung, Niederschlagung und Erlass" verzichtet und stattdessen auf die bundeseinheitliche steuerrechtliche Regelung der Abgabenordnung (AO) verwiesen und diese hier für anwendbar erklärt.

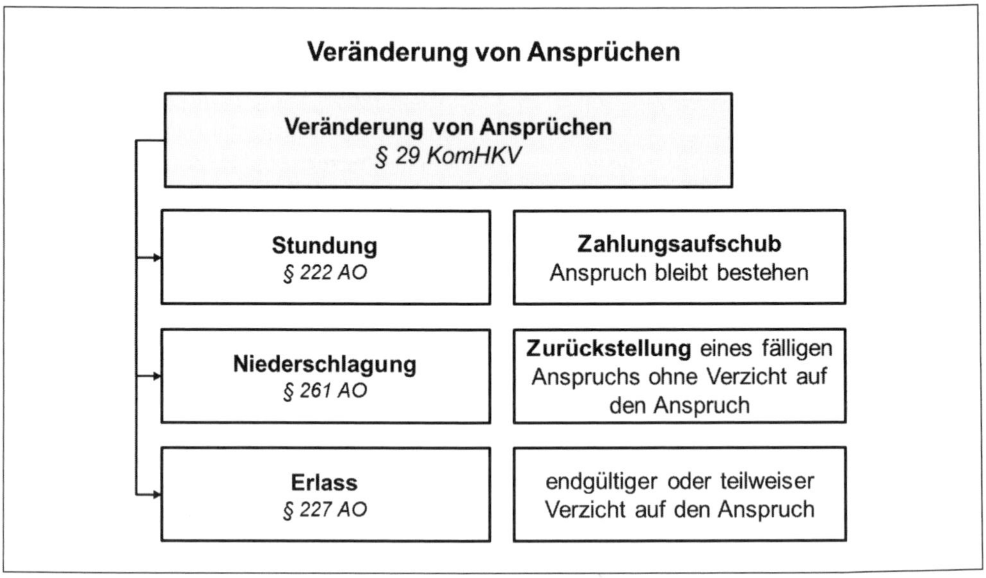

Abbildung 97: Veränderung von Ansprüchen

9.3.1 Stundung

Eine Stundung i.S.d. § 222 AO bewirkt zunächst einen Zahlungsaufschub. D.h., der ursprüngliche Fälligkeitstermin wird hinausgeschoben. Die Kommunen können somit Ansprüche aus Forderungen ganz oder teilweise stunden, wenn die Einziehung bei Fälligkeit eine erhebliche Härte für den Schuldner bedeuten würde und der Anspruch durch die Stundung nicht gefährdet erscheint. Bei der Gewährung einer Stundung hat die Kommune einen Beurteilungsspielraum („dürfen"). Der Beurteilungsspielraum ist dabei möglichst intern in der Ausübung zu regeln und hat sich an den Kommentierungen zur AO auszurichten, welche in umfangreicher Form existieren.
Voraussetzung hierfür ist u.a. ein Antrag des Schuldners sowie die Erbringung zugehöriger Nachweise. Der Schuldner kann auf die Möglichkeit einer Stundung hingewiesen werden, muss aber ein formelles Verfahren dazu einleiten (Antrag stellen). Hierbei muss

der Schuldner darstellen, dass die Einziehung der Forderung bei Fälligkeit für ihn eine erhebliche Härte bedeuten würde (z.B. vorübergehende Zahlungsschwierigkeiten durch verspätete Lohnzahlungen). Wird eine Stundung gewährt, sind im Vorfeld die Voraussetzungen zu prüfen. Dazu zählt, ob tatsächlich keine Möglichkeiten zur Begleichung der Forderung bestehen und ob der Anspruch durch die Stundung nicht gefährdet wird, d.h., der Schuldner muss nach dem neuen Fälligkeitstermin noch zahlungsfähig sein (z.B. Kontoauszüge, Einkommensnachweise, Erklärung zu vollständiger und umfassender Erklärung der Vermögenssituation). In der Regel sind Stundungen auch von Sicherheiten abhängig zu machen.
Im Rahmen der Stundung setzt die Kommune zunächst eine Stundungsfrist fest (einmalige Zahlung zu einem späteren Zeitpunkt, mehrere Raten). Dies teilt sie in einem Stundungsbescheid dem Schuldner mit. Dabei werden analog § 234 AO i.d.R. auch Stundungszinsen festgesetzt, die aber geringer ausfallen als Verzugszinsen. Letztlich wird die Stadtkasse über die Stundung informiert, damit keine zwangsweisen Einziehungsversuche und auch keine Festsetzungen von Verzugszinsen erfolgen.

9.3.2 Niederschlagung

Bei einer Niederschlagung i.S.d. § 261 AO handelt es sich um eine befristete oder unbefristete Zurückstellung der Weiterverfolgung eines fälligen Anspruchs ohne Verzicht auf den Anspruch selbst. Für diese verwaltungsinterne Maßnahme ist keine Antragstellung erforderlich. Voraussetzung dafür ist, dass a) die Einziehung keinen Erfolg hat bzw. bisher hatte und b) die Kosten der Einziehung zur Höhe des Anspruchs unverhältnismäßig sind. Die Niederschlagung ist immer nachrangig zur Stundung. D.h., im Vorfeld sollte versucht werden z.B. durch eine Ratenzahlung o.ä. die Forderung einzutreiben.
Eine befristete Niederschlagung erfolgt, wenn die Einziehung wegen der wirtschaftlichen Verhältnisse oder aus anderen Gründen vorübergehend keinen Erfolg haben würde, eine Stundung aus verschiedenen Gründen aber ausscheidet (z.B. Arbeitslosigkeit, mehrere Schulden/Gläubiger, Krankheit – also z.B. keine Ratenzahlung möglich). Dabei muss die Kommune darauf achten, durch rechtzeitige Vollstreckungsmaßnahmen die Verjährung zu unterbrechen.
Eine unbefristete Niederschlagung erfolgt, wenn die Einziehung wegen der wirtschaftlichen Verhältnisse oder aus anderen Gründen dauerhaft keinen Erfolg haben wird (z.B. Tod des Schuldners, mehrere fruchtlose Vollstreckungen, Auflösung der Firma, Arbeitslosigkeit im Alter).
Dabei räumt § 261 AO durch die Formulierung „dürfen" einen Ermessensspielraum ein. Auch hier sind weitere Maßgaben zur Ausübung dieses Spielraumes intern z.B. über eine Dienstanweisung zu regeln.
Im Unterschied zur Stundung bleibt die Fälligkeit wie ursprünglich festgesetzt und der Schuldner ist während dieses Zeitraums in Verzug. Für diesen Zeitraum können somit auch Verzugszinsen festgesetzt werden und die weiterhin offene bestehende Forderung noch „anwachsen" lassen.

9.3.3 Erlass

Die Voraussetzung für einen Erlass regelt § 227 AO. Ein Erlass ist ein endgültiger oder teilweiser Verzicht auf den Anspruch. Er erfolgt auf Antrag des Schuldners. Voraussetzung für einen Erlass ist, dass die Einziehung der Forderung nach Lage des Schuldners eine besondere Härte darstellen würde. D.h., dass der Schuldner z.B. unverschuldet in eine wirtschaftliche Notlage geraten ist und die Weiterverfolgung des Anspruchs seine Existenz gefährden würde (z.B. Einziehung einer Forderung führt zur Insolvenz eines Gewerbebetriebes, oder die Person müsste Sozialhilfe beantragen, wenn die Forderung eingezogen wird).
Vorrangig ist jedoch immer die Stundung oder die Niederschlagung der Forderung zu prüfen, da durch den Erlass endgültig auf den Anspruch verzichtet wird. D.h., ein Erlass wird nur im äußersten Notfall ausgesprochen.

9.3.4 Ausnahmen

Die Kommune kann nach § 29 Abs. 2 KomHKV davon absehen, Ansprüche beizutreiben, wenn die Einziehung unwirtschaftlich ist, es sei denn, dass die Einziehung aus grundsätzlichen Erwägungen oder aufgrund gesetzlicher Vorschriften geboten ist. Die ursprünglich hier normierte feste Bagatellgrenze von 20 Euro ist im Rahmen der Novellierung der KomHKV gestrichen worden. Die Prüfung und Anwendung von Bagatellgrenzen ist somit durch die Kommune individuell zu beurteilen.

10 Prüfungswesen

Der Abschnitt 5 der Brandenburgischen Kommunalverfassung enthält die Rechtsgrundlagen zu den im Folgenden vertieft behandelten Fragestellungen zum Prüfungswesen in den Gemeinden des Landes Brandenburg. Die entsprechende Anwendung der Rechtsvorschriften für die Landkreise und Ämter ist in den §§ 131 und 140 BbgKVerf geregelt.

10.1 Einrichtung des Rechnungsprüfungsamtes

Durch die Formulierung des § 101 Abs. 1 BbgKVerf werden die kreisfreien Städte (Potsdam, Brandenburg/Havel, Frankfurt/Oder, Cottbus) im Land Brandenburg zur Einrichtung eines Rechnungsprüfungsamtes gesetzlich verpflichtet.
Andere amtsfreie Gemeinden können ein Rechnungsprüfungsamt einrichten, wenn hierfür ein Bedarf besteht und die Kosten in angemessenem Verhältnis zum Umfang der Verwaltung stehen. Dies schließt einerseits die Einrichtung eines Rechnungsprüfungsamtes in einer amtsangehörigen Gemeinde aus und stellt andererseits mit den Begrifflichkeiten „Bedarf" und „angemessenem Verhältnis" in zweifacher Hinsicht eine Unbestimmtheit dar, die nur am jeweiligen Einzelfall ausgerichtet entschieden werden kann. Die Wirtschaftswissenschaft definiert die noch bis 2024 geltende Formulierung eines bestehenden „Bedürfnisses" als ein Verlangen oder Wunsch, der aus einem subjektiven Mangelempfinden resultiert, demgegenüber ist der Bedarf ein konkretisiertes, materielles Bedürfnis, zu dessen Erfüllung finanzielle Mittel vorhanden sind.
Die Entscheidung zur Einrichtung eines Rechnungsprüfungsamtes trifft, abgeleitet aus den Zuständigkeiten des § 28 Abs. 2 BbgKVerf, die Gemeindevertretung oder der Amtsausschuss. Dieses schließt auch den Stellenplan als Bestandteil des Haushaltsplanes mit ein, der dann entsprechende Stellen zu enthalten hat.
Sollte ein Rechnungsprüfungsamt eingerichtet werden, so ist die fachliche Qualifikation der Prüfer zu gewährleisten und die Personalausstattung so zu bemessen, dass zur Aufrechterhaltung der Arbeitsfähigkeit gegenseitige Vertretungen möglich sind.
Die Kosten eines eigenen Rechnungsprüfungsamtes setzen sich aus den Personalkosten der Prüfer, sonstigen Dienstkräften und den entstehenden Nebenkosten für die Büronutzung, die Ausstattung mit PC-Technik, das Büromaterial und die Kosten für Fort- und Weiterbildungen zusammen.
Auch interne Kosten für die Inanspruchnahme von Querschnittsbereichen der jeweiligen Verwaltung (Lohnbuchhaltung; Fuhrpark) sind zu berücksichtigen.

Als wesentliche Grundlage zur Ermittlung der Arbeitsplatzkosten kann der regelmäßig erscheinende Bericht der KGSt zu den „Kosten eines Arbeitsplatzes" herangezogen werden.
Ist kein eigenes Rechnungsprüfungsamt vorhanden, so kann sich die Gemeinde zur Erfüllung der gesetzlichen Prüfungsverpflichtungen auch eines anderen Rechnungsprüfungsamtes bedienen. Macht sie von dieser Möglichkeit keinen Gebrauch, ist das in den Landkreisverwaltungen vorhandene Rechnungsprüfungsamt in der Prüfungspflicht.
Das Rechnungsprüfungsamt ist gemäß § 101 Abs. 3 BbgKVerf der Gemeindevertretung unmittelbar verantwortlich und in seiner sachlichen Tätigkeit ihr unmittelbar unterstellt.
Die Gemeindevertretung, der Haupausschuss und der Hauptverwaltungsbeamte haben das Recht, dem Rechnungsprüfungsamt Prüfungsaufträge zu erteilen.
Aus diesen Tatsachen heraus ergibt sich eine fast zwingende Zuordnung des Rechnungsprüfungsamtes zum Verantwortungsbereich des Hauptverwaltungsbeamten. In der kommunalen Praxis wurden jedoch auch andere Zuordnungen getroffen. Letztlich muss dabei aber die rechtliche Normierung der Unabhängigkeit bei der sachlichen Beurteilung von Prüfungsvorgängen und die Weisungsungebundenheit gewährleistet bleiben.

10.2 Der Rechnungsprüfungsausschuss

Der „Rechnungsprüfungsausschuss" findet in der Kommunalverfassung keine Erwähnung, dies wiederum bedeutet, dass es sich nicht um einen Pflichtausschuss handelt und, sofern dieser gebildet wird, seine konkrete Bezeichnung, personelle Stärke und seine inhaltliche Zuständigkeit durch Regelungen in der Hauptsatzung formuliert werden muss.
Er ist also ein fakultativ zu bildender Ausschuss. Die Regelungen zum Vorsitz und der Zusammensetzung des Ausschusses erfolgen nach den kommunalwahlrechtlichen Grundsätzen. Um eine zusätzliche fachliche Expertise zu gewährleisten werden oftmals sachkundige Einwohner von den die Mitglieder entsendenden Fraktionen in den Ausschuss berufen.
Wenn ein Rechnungsprüfungsausschuss in der Gemeinde vorhanden ist, befasst sich dieser mit der Vorbereitung von Beschlüssen der Vertretungskörperschaft, die in das Aufgabengebiet der Rechnungsprüfung fallen. Dazu gehören u.a. Themen der Jahresabschluss-, Vergabe- und Kassenprüfung.
Die Abstimmungsergebnisse des Ausschusses haben dabei empfehlenden Charakter an den Hauptausschuss bzw. die Gemeindevertretung.
Aber auch die Abstimmung einer jährlichen Planung zu den Prüfungsvorhaben eines eigenen Rechnungsprüfungsamtes und die Diskussion von unterschiedlichen Prüfungsberichten gehören dann zu seinen Aufgaben. Hierbei werden Vertreter der geprüften Verwaltungsbereiche zu den Sitzungen geladen und haben zu den Fragen, die sich aus den Prüfungsberichten ergeben, gegenüber den Ausschussmitgliedern Stellung zu nehmen.
Ist kein Rechnungsprüfungsausschuss vorhanden, müssen sich andere Ausschüsse, z.B. ein vorhandener Finanzausschuss oder der pflichtig zu bildende Hauptausschuss mit den Themen der Rechnungsprüfung befassen. Entsprechend klarstellende Regelungen sollte die Hauptsatzung enthalten.

10.3 Unterscheidung von Prüfungen

Die Prüfungen des Rechnungsprüfungsamtes werden in die **örtliche** und die **überörtliche Prüfung** unterschieden.

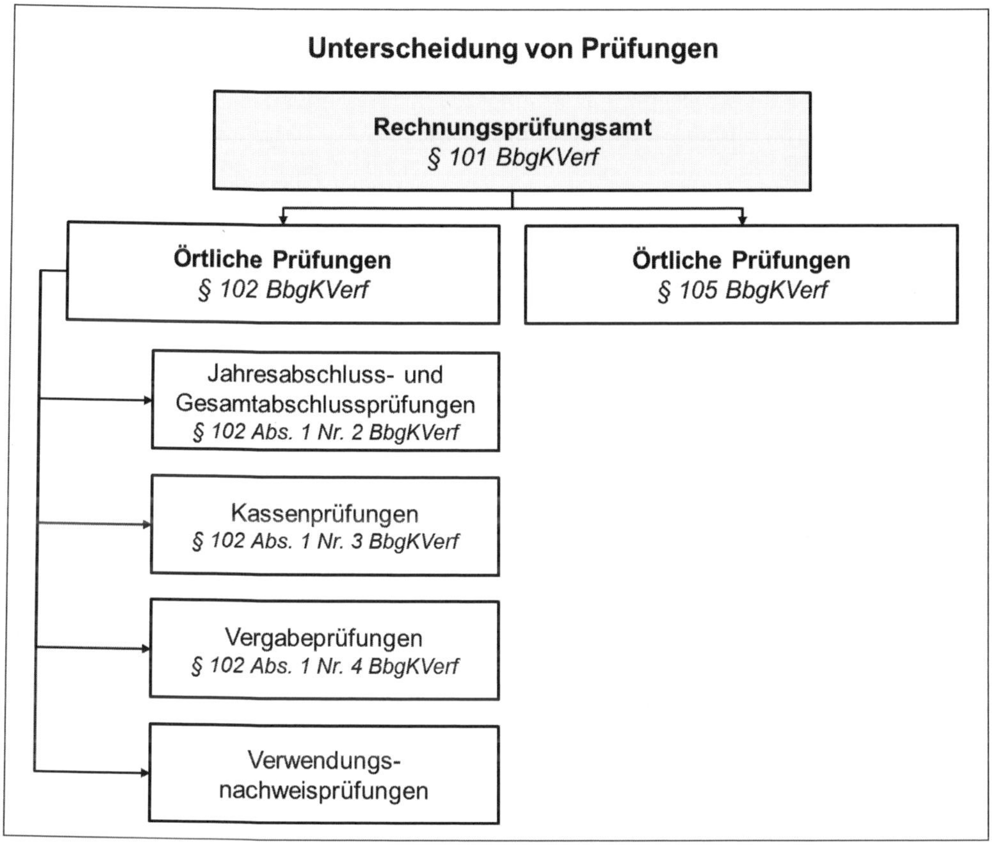

Abbildung 90. Rechnungsprüfungen

10.3.1 Örtliche Prüfungen

Gemäß § 102 BbgKVerf erstrecken sich diese Prüfungen auf das Haushalts-, Kassen- und Rechnungswesen der Gemeinden, wobei hier auch Prüfungen der Wirtschaftsführung und des Rechnungswesens von Sondervermögen einbezogen werden.
Die verantwortliche Prüfungsbehörde für diese Prüfungen ist das von der Gemeinde eingerichtete Rechnungsprüfungsamt, das Rechnungsprüfungsamt, dessen sich die Gemeinde bedient oder das Rechnungsprüfungsamt des Landkreises.
Nachfolgend werden unterschiedliche Arten von Prüfungen erläutert.

10.3.1.1 Jahresabschluss- und Gesamtabschlussprüfungen

Die Kämmerin oder der Kämmerer der Gemeinde ist gemäß § 80 BbgKVerf verpflichtet, für den Schluss eines jeden Haushaltsjahres den Entwurf eines Jahresabschlusses zu erstellen. Dieser Entwurf des Jahresabschlusses besteht gemäß den gesetzlichen Vorgaben aus der Ergebnisrechnung, der Finanzrechnung, den Teilrechnungen, der Bilanz und dem Rechenschaftsbericht. Als Anlagen sind der Anhang, die Anlagenübersicht, die Forderungsübersicht, die Verbindlichkeitenübersicht sowie der Beteiligungsbericht beizufügen. Der Gesetzgeber hat dem Rechnungsprüfungsamt für die Prüfung eines Jahresabschlusses einen Katalog an Prüfungselementen vorgegeben, die in § 104 BbgKVerf normiert sind. Die zentral zu klärende Fragestellung ist dabei die, ob die Ergebnis-, Finanz- und Teilrechnungen sowie die Bilanz ein zutreffendes Bild über die tatsächlichen Verhältnisse der Vermögens-, Schulden-, Ertrags-, und Finanzlage vermitteln. Dabei müssen auch Risiken, die die stetige Aufgabenerfüllung der Gemeinde in Frage stellen könnten, berücksichtigt werden. Das Rechnungsprüfungsamt hat auch zu prüfen, ob der Haushaltsplan eingehalten wurde und ob bei der Buchführung die Grundsätze ordnungsgemäßer Buchführung beachtet wurden. Dies betrifft im Wesentlichen die Tätigkeit der Finanz- und Geschäftsbuchhaltung der Gemeinde, da hier die Beitreibung der Forderungen sowie die gesamten Buchungen für das Haushalts- und Kassenwesen durchgeführt werden.

Aber auch die Anlagenbuchhaltung mit ihrer Verantwortung zum ordnungsgemäßen Nachweis des kommunalen Vermögens, der Organisation der regelmäßigen Inventuren und der korrekten Ermittlung von Abschreibungen stehen im Fokus der Prüfung.

Letztlich erstreckt sich die Jahresabschlussprüfung auch auf alle anderen Organisationseinheiten der Kommunalverwaltung, da die Einhaltung und Bewirtschaftung des Haushaltsplanes, die Bildung von Rückstellungen, die Übertragung von Haushaltsermächtigungen und die zeitnahe Zuarbeit relevanter Informationen an die Kämmerei zur Erstellung eines Jahresabschlusses ebenso in der Verantwortung der Budgetverantwortlichen und Haushaltssachbearbeiter stehen.

Die weiteren Vorschriften des § 80 BbgKVerf beziehen sich auf den Rechenschaftsbericht und die gesetzliche bzw. satzungsgemäße Verwendung von Finanzmitteln. Auch diese Prüfungsinhalte gehören inhaltlich dazu, um im Ergebnis dem Jahresabschluss die o.g. Ordnungsmäßigkeit bestätigen zu können.

Neben den Prüfungsinhalten zum Jahresabschluss ist auch der Gesamtabschluss zu prüfen. Der Gesamtabschluss ist gemäß § 81 BbgKVerf aufzustellen und stellt das öffentlich-rechtliche Spiegelbild eines Konzernabschlusses dar.

Auch hier besteht das Hauptziel der Prüfung darin, dass nachvollzogen werden kann, ob der Gesamtabschluss ein den tatsächlichen Verhältnissen entsprechendes Bild der Gesamtertrags-, Gesamtfinanz- und Gesamtvermögenslage der Gemeinde wiedergibt. An dieser Stelle findet jedoch keine inhaltliche Vertiefung statt.

Im Anschluss an die erfolgte Prüfung stellt die Hauptverwaltungsbeamtin oder der Hauptverwaltungsbeamte den geprüften Jahresabschluss fest und leitet diesen der Gemeindevertretung zur Beschlussfassung zu.

Diese hat bis zum 31.12. des auf das Haushaltsjahr folgenden Jahres die entsprechenden Beschlüsse zu fassen. Dabei wird einerseits der Jahresabschluss als Gegenstück zum Haushaltsplan beschlossen und andererseits die Entlastung der Hauptverwaltungsbeamtin oder des Hauptverwaltungsbeamten vorgenommen. Diese Entlastung hat eine politische und rechtliche Dimension. Sie drückt das Vertrauen der Gemeindevertretung in die aus haushalterischer Sicht ordnungsgemäß erfolgte Arbeit der Hauptverwaltungsbeamtin oder des Hauptverwaltungsbeamten aus.

10.3.1.2 Kassenprüfungen

Gemäß § 102 Abs. 1 Nr. 3 BbgKVerf ist das Rechnungsprüfungsamt für die Vornahme der Kassenprüfungen zuständig.
Diese Prüfungen unterscheiden sich in die Durchführung von unvermuteten Kassenbestandsaufnahmen und die Prüfung der Gemeindekasse.
Durch die unvermutete Kassenbestandsaufnahme ist zu ermitteln, ob der Kassen-Istbestand mit dem Kassen-Sollbestand übereinstimmt.
Der Kassen-Istbestand stellt den in der Kasse durch Nachzählen ermittelten Bargeldbestand dar. Der Kassen-Sollbestand ergibt sich aus den schriftlichen Aufzeichnungen zu den Einzahlungen und Auszahlungen aus dem Kassenbuch.
Bei der Kassenprüfung wird durch den Prüfer weiterhin festgestellt, ob die ortsrechtlichen Vorschriften eingehalten werden, die in Dienstanweisungen für die Kassen und Zahlstellen durch die Hauptverwaltungsbeamtin oder den Hauptverwaltungsbeamten oder der Kämmerin oder den Kämmerer für die Gemeinde als verbindlich geregelt wurden.
Dabei wird unter anderem geprüft, ob

- eine Genehmigung für die Zahlstelle vorliegt,
- das festgesetzte Kassenlimit (versicherter Bargeldhöchstbestand) eingehalten wurde,
- das Bargeld und die Quittungsblöcke zugriffsicher aufbewahrt werden,
- die Quittungen die erforderlichen Bestandteile enthalten,
- die Namen und Unterschriftsproben der zur Quittungsleistung ermächtigten Mitarbeiter durch Aushang im Kassenraum bekannt gemacht wurden,
- nur Quittungsblöcke verwendet werden, die von der Gemeindekasse nummeriert und zentral herausgegeben wurden,
- die vereinnahmten Gelder ordnungsgemäß abgerechnet wurden,
- die interne Aufsicht über die Kasse/Zahlstelle ausgeübt wurde.

Durch die Prüfung der Gemeindekasse ist über die oben beschriebenen Prüfungshandlungen hinaus bzw. in einer eigenständigen Prüfung festzustellen, ob

- der Zahlungsverkehr ordnungsgemäß abgewickelt wird, insbesondere die Einzahlungen und Auszahlungen rechtzeitig und vollständig eingezogen oder geleistet und Verwahrgelder und Vorschüsse unverzüglich abgewickelt worden sind,
- die Bücher ordnungsgemäß geführt werden,
- die erforderlichen Belege vorhanden sind und nach Form und Inhalt den Vorschriften entsprechen,
- der tägliche Bestand an Bargeld (Einhaltung des Kassenlimits) und auf den für den Zahlungsverkehr bei Kreditinstituten errichteten Konten den notwendigen Umfang nicht überschreitet,
- die Gemeindekasse gem. § 62 BbgKVerf eine angemessene Liquiditätsplanung hat, die ihre Zahlungsfähigkeit sicherstellt und
- die verwahrten Wertgegenstände und andere Gegenstände vorhanden sind und die Kassengeschäfte ordnungsgemäß und wirtschaftlich erledigt werden.

Die Kassenbestandsaufnahme und die Kassenprüfung umfassen regulär den Zeitraum seit der letzten Kassenprüfung; die Bücher und Belege eines abgeschlossenen Jahresabschlusses können von der Prüfung ausgenommen werden.
Abschließend wird ein Prüfbericht mit den getroffenen Feststellungen erarbeitet. Dieser wird über die Hauptverwaltungsbeamtin oder den Hauptverwaltungsbeamten und den evtl. vorhandenen Bediensteten, dem die Aufsicht über die Kasse übertragen wurde, an die geprüfte Kasse zur Kenntnis und weiteren Veranlassung zugeleitet.

10.3.1.3 Vergabeprüfungen

Die Prüfung von Vergaben gehört gem. § 102 Abs. 1 Nr. 4 BbgKVerf zu den Aufgaben der Rechnungsprüfung im Rahmen der örtlichen Rechnungsprüfung.
Diese kann nachgängig oder prozessbegleitend stattfinden.
Die Vergabe von öffentlichen Aufträgen wird in § 28 KomHKV ausführlich beschrieben. Hier wird auch auf die unterschiedlichen Arten von Ausschreibungen eingegangen. Weitere spezielle Rechtsvorschriften in Form der Vergabe- und Vertragsordnungen sind anzuwenden.
Die endgültige Vergabe von Aufträgen an einen Auftragnehmer hat dem Haushaltsgrundsatz der Sparsamkeit und **Wirtschaftlichkeit** Rechnung zu tragen.
Die Prüfungstätigkeiten beziehen sich neben den Aspekten der Sparsamkeit und Wirtschaftlichkeit schwerpunktmäßig auf die **Ordnungsmäßigkeit** des gesamten Vergabeverfahrens.
Dabei wird geprüft, ob

- die haushalterischen Voraussetzungen (Veranschlagung/Bereitstellung der erforderlichen Finanzmittel) vorliegen,
- die richtige Vergabeart gewählt wurde und die daraus resultierende Bekanntmachung ordnungsgemäß erfolgte,
- sofern zutreffend, eine produktneutrale Ausschreibung erfolgte,
- die Eröffnung der Angebote ordnungsgemäß durchgeführt und ein entsprechendes Protokoll vorhanden ist,
- die Auswahl des Bieters, dem der Zuschlag erteilt werden soll, transparent und nachvollziehbar ist und
- der Vergabevermerk erstellt und dieser vollständig ist.

Sollte eine Vergabestelle in der Gemeinde bestehen, ist zu prüfen, ob diese entsprechend den ortsrechtlichen Regelungen im Verfahrensablauf eingebunden war.
Da es sich bei der Auftragsvergabe an die private Wirtschaft um größere Auftragssummen handeln kann, stellt auch die Korruptionsprävention einen wichtigen Prüfungsaspekt dar. Im Interesse der Gemeinde als öffentlicher Auftraggeber ist ein transparentes Vergabeverfahren durchzuführen, da Unternehmen, die sich wettbewerbsrechtlich benachteiligt sehen, z.B. weil sie den Zuschlag nicht erhalten haben, unter Umständen die Möglichkeit nutzen, vor der Vergabekammer des Landes Brandenburg ein Nachprüfungsverfahren durchführen zu lassen. Dieses hemmt den gesamten Verfahrensablauf der beabsichtigten Vergabe und damit die Umsetzung des geplanten Vorhabens.
In Kommunen, die über ein eigenes Rechnungsprüfungsamt verfügen, wird dieses oftmals bereits innerhalb des Vergabeverfahrens (prozessbegleitend) einbezogen. Nach

der Wertung der Angebote und der Feststellung zur beabsichtigten Vergabeentscheidung durch die entsprechende Fachabteilung erfolgt eine Vorprüfung durch das örtliche Rechnungsprüfungsamt. Dieses bewertet, ob das Vergabeverfahren bis zu diesem Zeitpunkt ordnungsmäßig verlaufen und ob die Entscheidung für einen bestimmten Bieter nachvollziehbar zu Stande gekommen ist. Nach erfolgter Prüfungsbestätigung kann es zur Auftragsauslösung kommen. Werden „Mängel" im Verfahren ermittelt, ist durch die Fachabteilung festzustellen, ob diese rechtlich heilbar sind oder ob das Vergabeverfahren aufgehoben und erneut durchgeführt werden muss.
Zu diesem Zwecke werden in Kommunen mit eigenem Rechnungsprüfungsamt in den Dienstanweisungen zur Vergabe von Aufträgen Regelungen getroffen, unter welchen Bedingungen (z.B. Auftragssummen) die Rechnungsprüfung im Verfahrensablauf zu beteiligen ist.

10.3.1.4 Verwendungsnachweisprüfungen

Wegen der engen finanziellen Spielräume vieler Kommunen, aber auch der praktizierten Fördermittelpolitik vergangener Jahre, steht die Durchführung von kommunalen Investitionen und sonstigen Projekten und Maßnahmen oftmals unter der haushalterischen Bedingung, dass dafür Fördermittel zur Verfügung stehen.
Dies wird bereits bei der Planung des Haushaltes mit der Anbringung entsprechender Haushaltsvermerke vorweggenommen. Bestimmte Auszahlungen dürfen nur dann geleistet werden, wenn entsprechende Einzahlungen zur Verfügung stehen, d.h. konkrete Fördermittelzusagen bestehen.
Diese Fördermittelzusagen werden von unterschiedlichen Bundes- oder Landesministerien erteilt und verfolgen entsprechend der bedienten Politikfelder politische, wirtschaftspolitische, soziale und infrastrukturelle Zielrichtungen. Dabei stehen Fördermittel für den Bau von Schulen, Kindergärten und Straßen, ebenso wie für die Personalkosten in Frauenhäusern und in der Suchtberatung zur Verfügung. Die Finanzmittel können dabei einmalig, oder andauernd über mehrere Jahre hinweg bereitgestellt werden.
Möchte eine kommunale Körperschaft Fördermittel erhalten, hat sie in der Regel einen Projektantrag mit einer Projektbeschreibung und einem Ausgaben- und Finanzierungsplan zu erstellen. Dabei sind Richtlinien zur Projektförderung zu beachten, deren Einhaltung bereits im Vorfeld darüber entscheidet, ob ein entsprechender Antrag überhaupt bewilligt werden kann.
Diese Unterlagen werden bei der fördermittelgebenden Stelle, in der Regel einem Ministerium, zur Prüfung und Genehmigung eingereicht.
Bewilligt die fördermittelgebende Stelle einen Antrag, erstellt diese einen Zuwendungsbescheid.
In diesem Zuwendungsbescheid werden konkrete Maßnahmen (Zweckbestimmung) mit einer Zielstellung beschrieben. Zur Durchführung/Umsetzung dieser Zweckbestimmung wird ein bestimmter Geldbetrag bewilligt, der innerhalb einer bestimmten Zeit (Bewilligungszeitraum) abzurufen ist.
Diese Bewilligungszeiträume entstehen durch den Haushaltsgrundsatz der Jährlichkeit in den öffentlichen Haushalten, der die finanziellen Mittel nur im jeweiligen Haushaltsjahr zur Verfügung stellt.

In Zuwendungsbescheiden können in Bezug auf die Ausreichung der Finanzmittel unterschiedliche Arten von Finanzierungen enthalten sein. Die gängigsten Arten stellen die Festbetrags- und die Anteilsfinanzierung dar.
Bei der Festbetragsfinanzierung wird eine konkrete Fördersumme in Aussicht gestellt. Je nach den Einzelheiten des Zuwendungsbescheides wird der Betrag in einer Summe oder in Teilbeträgen ausgezahlt.
Bei der Anteilsfinanzierung wird ein prozentualer Teil der Gesamtsumme durch den Fördermittelgeber übernommen. Diese Anteile können wie folgt aufgeteilt sein: 90/10; 80/20; 50/50. Der nicht durch den Fördermittelgeber übernommene Teil wird als Eigenanteil der Kommune bezeichnet und ist in die Gesamtfinanzierung mit einzubringen. Verändert sich bei der Durchführung der Maßnahmen die absolute Summe der Fördermittel, sind auch die Eigenanteile dementsprechend anzupassen.
Die für die Generierung von Fördermitteln verantwortlichen Mitarbeiter in den Kommunen müssen oftmals besonders aufmerksam bei der Umsetzung von Fördermittelprogrammen sein, da als Eigenmittel u.U. auch Fördermittel aus anderen Programmen angerechnet werden können. Mit einer geschickten Kombination kann also der tatsächliche Eigenanteil der Kommune weiter reduziert werden.
Entsprechende Regelungen dazu enthalten die Fördermittelrichtlinien und die Zuwendungsbescheide.
In den Nebenbestimmungen eines Zuwendungsbescheides regelt der Zuwendungsgeber einen einzuhaltenden Rechtsrahmen sowie zusätzliche Bedingungen und Auflagen.
Eine mögliche Nebenbestimmung kann die auf Jahre befristete, zweckentsprechende Nutzung eines Objektes sein (Jugendclub), für das Fördermittel gewährt wurden. Sollte eine vorfristige Umnutzung erfolgen, sind dann die Fördermittel ganz oder teilweise zurückzuzahlen.
Nach der Durchführung der Maßnahme durch den Zuwendungsempfänger erstellt dieser einen Verwendungsnachweis. Auch der tatsächliche Einsatz der bereits beschriebenen Eigenmittel hat bei der Erstellung des Verwendungsnachweises zu erfolgen.
Gegenüber der Rechnungsprüfung wird der Verwendungsnachweis mit den begründenden Belegen versehen und damit der Nachweis über die zweckentsprechende Mittelverwendung erbracht. Zu den begründenden Belegen gehören Rechnungen für erfolgte Leistungen von externen Dienstleistern und Nachweise für intern entstandene, abrechenbare Kosten, wie z.B. Personalaufwendungen.
In vielen Zuwendungsbescheiden ist in den Nebenbestimmungen Folgendes geregelt:

„Unterhält der Zuwendungsempfänger eine eigene Prüfungseinrichtung, ist von dieser der Verwendungsnachweis vorher zu prüfen und die Prüfung unter Angabe ihres Ergebnisses zu bescheinigen.“

Durch diese Formulierung werden, mit Annahme des Zuwendungsbescheides, die in den Kommunen vorhandenen Rechnungsprüfungsämter prüfungspflichtig.
Bevor der Verwendungsnachweis an den Zuwendungsgeber übersandt wird, hat das Rechnungsprüfungsamt dessen Ordnungs- und Rechtmäßigkeit zu bestätigen.
Die Prüfung von Verwendungsnachweisen verfolgt das Ziel, die zweckentsprechende Verausgabung nach den vom Zuwendungsgeber im Zuwendungsbescheid aufgestell-

ten Kriterien nachzuvollziehen. Auch eine Korrektur des Verwendungsnachweises ist zu diesem Zeitpunkt oftmals noch möglich, wenn bei der Prüfung Fehler gefunden werden. Je nach Anzahl und Umfang der im Jahresverlauf zu prüfenden Verwendungsnachweise kann die Durchführung solcher Prüfungen mit einer erheblichen Bindung personeller Kapazitäten in der Rechnungsprüfung einhergehen.
Die Kosten dieser Prüfungen stellen interne Kosten des Zuwendungsempfängers dar, die grundsätzlich nicht mit in den Ansatz der Fördermaßnahme gebracht werden können.
Abschließend wird der Verwendungsnachweis zusammen mit dem Prüfungsvermerk des Rechnungsprüfungsamtes an den Zuwendungsgeber übersandt. Die Umfänglichkeit der nun abschließend durch den Zuwendungsgeber vorzunehmenden Prüfung wird sicher auch davon abhängen, ob bereits ein Rechnungsprüfungsamt die Vorprüfung erledigte. Sollte der Prüfungsvermerk Beanstandungen enthalten oder der Zuwendungsgeber aus seiner Sicht Fehler bei der Nachweisführung feststellen, wird dieser darüber entscheiden, ob es zu einer anteiligen oder vollständigen Rückforderung von Fördermitteln kommt. Die Rückforderung von Fördermitteln ist immer wieder auch mit der Erhebung von „Strafzinsen" durch den Fördermittelgeber verbunden.

10.3.2 Überörtliche Prüfungen

Die einschlägige Rechtsgrundlage stellt **§ 105 BbgKVerf** dar.
Zuständige Prüfungsbehörde für die Vornahme dieser Prüfungen in den kreisangehörigen Städten, Gemeinden und Ämtern ist die Landrätin oder der Landrat als allgemeine untere Landesbehörde, der sich zur Durchführung der beschriebenen Aufgaben des in der Landkreisverwaltung vorhandenen Rechnungsprüfungsamtes bedient.
Der wesentliche Inhalt dieser Prüfungen soll es sein, festzustellen, ob die Rechtsvorschriften und die zur Erfüllung von Aufgaben ergangenen Weisungen eingehalten sind (Ordnungsprüfung) und die zweckgebundenen Zuwendungen bestimmungsgemäß verwendet wurden (Verwendungsprüfung).
Hierbei sollen auch Prüfungen vorgenommen werden, mit Hilfe derer die Kommunen in ihrer jeweiligen Aufgabenerfüllung untereinander verglichen werden können. Dies kann auch durch ein in einem Prüfungsbericht dargestelltes Benchmarking geschehen. Damit soll es möglich sein, ein in Bezug auf die jeweilige Aufgabenerfüllung „Best Practice" zu finden, an dem sich andere Gemeinden orientieren.
Die Gemeinden können im Rahmen des § 105 BbgKVerf auch bei der Landrätin, dem Landrat oder dem Rechnungsprüfungsamt beantragen, dass diese in Organisations- und Wirtschaftlichkeitsfragen beraten werden. Hier besteht für die Rechnungsprüfung die Möglichkeit, ihr Wissen aus der Durchführung von Prüfungen direkt in die Beratung einfließen zu lassen.
Für die überörtliche Prüfung der Landkreise und kreisfreien Städte (Brandenburg, Cottbus, Frankfurt/Oder, Potsdam) ist das Kommunale Prüfungsamt, das beim Ministerium des Innern und für Kommunales angesiedelt ist, zuständig.
Auf seiner Internetpräsenz erklärt es Folgendes: *„Das Kommunale Prüfungsamt ... untersucht im Rahmen seiner Prüfungen auch die Wirtschaftlichkeit des Verwaltungshan-*

delns in allen Landkreisen und kreisfreien Städten des Landes Brandenburg anhand von Vergleichszahlen."
Hier werden auch die Prüfungsberichte und Erhebungsbögen veröffentlicht, die die Grundlage der Prüfungen bildeten.
In den vergangenen Jahren wurden u.a. folgende Prüfungsthemen behandelt:

- Prüfung der Kataster- und Vermessungsämter in den Landkreisen
- Querschnittsprüfung der unteren Straßenverkehrsbehörden in den Landkreisen
- Querschnittsprüfung Landwirtschaftsämter
- Prüfung zentraler Service- und Querschnittstätigkeiten in den Landkreisen

Die überörtlichen Prüfungen entfalten dann ihre volle Wirkung, wenn sich im Anschluss an diese die geprüften Kommunen untereinander austauschen, um sich mit neuen Erkenntnissen in der jeweiligen Aufgabenerfüllung gegenseitig voranzubringen.
Die Hauptverwaltungsbeamtin oder der Hauptverwaltungsbeamte ist verpflichtet, den Prüfbericht und die dazu von der geprüften Verwaltung erarbeitete Stellungnahme der Gemeindevertretung zur Kenntnis vorzulegen.

10.4 Prüfungskosten

Gemäß § 101 BbgKVerf erfolgt in den Gemeinden, die kein eigenes Rechnungsprüfungsamt eingerichtet haben und sich nicht eines anderen Rechnungsprüfungsamt bedienen, die Prüfung durch das Rechnungsprüfungsamt des Landkreises auf Kosten der jeweiligen Gemeinde.
Diese Kostentragung durch die Gemeinde kann auf unterschiedlichem Wege erfolgen:

- In einigen brandenburgischen Landkreisen sind die Leistungen der Rechnungsprüfung mit der Zahlung der Kreisumlage durch die Gemeinden abgegolten.
- In anderen Landkreisen sind mit Verwaltungskostenerstattungsordnungen Pauschalen eingeführt worden, die orientiert an den Kosten einer Jahresabschlussprüfung einen bestimmten Betrag zur Zahlung durch die Gemeinde vorsehen.
- Als weitere Möglichkeit besteht die Ermittlung eines in Euro/Stunde errechneten Kostensatzes, der sich an den Arbeitsplatzkosten der KGSt oder an einer eigenen Kosten- und Leistungsrechnung orientiert. Hierbei wird ein Stundenverrechnungssatz ermittelt. Dieser wird mit den tatsächlich verwendeten Prüfungsstunden multipliziert und der Gemeinde in Rechnung gestellt.

Beim Ansatz der Kosten werden die anteiligen Personalkosten sowie die Aufwendungen für Büroausstattung, Fortbildungen usw. refinanziert.
Für die Durchführung der in § 105 BbgKVerf dargestellten überörtliche Prüfungen werden keine Prüfungskosten an die Gemeinden berechnet.
Sollte die Gemeinde jedoch Gebrauch von der Möglichkeit machen, sich in Organisations- und Wirtschaftlichkeitsfragen auf Antrag hin beraten zu lassen, so sind entsprechend den gesetzlichen Regelungen in Absatz 2 diese Kosten auf Nachweis zu erstatten.

10.5 Unabhängigkeit des Rechnungsprüfungsamtes

Die Unabhängigkeit des Rechnungsprüfungsamtes stellt eine tragende Säule seiner Tätigkeit dar.
Das den Prüfungsergebnissen entgegengebrachte Vertrauen basiert im Wesentlichen auf der Unvoreingenommenheit und Unbeeinflussbarkeit der Prüferinnen und Prüfer als Personen und des Rechnungsprüfungsamtes als Organisationseinheit.
Hierbei grenzt sich die Rechnungsprüfung deutlich gegenüber dem Controlling und der internen Revision ab, die naturgemäß gerade nicht unabhängig sind.
Mögliche Zweifel an der Unabhängigkeit sind unbedingt zu verhindern, da diese in der Folge auch Zweifel am Zustandekommen und der Wahrheitsmäßigkeit von Prüfungsergebnissen nach sich ziehen. Die Prüfungsergebnisse des Rechnungsprüfungsamtes bilden die Grundlage von Entlastungsentscheidungen der Gemeindevertretung gegenüber der Hauptverwaltungsbeamtin oder dem Hauptverwaltungsbeamten und von Veränderungsprozessen innerhalb der Verwaltungen.
Es liegt also in der Verantwortung aller Akteure, Gewähr dafür zu tragen, dass die Unabhängigkeit des Rechnungsprüfungsamt nicht in Frage gestellt wird.
Die Regelungen des § 101 Abs. 3 BbgKVerf ordnen die Verantwortlichkeit des Rechnungsprüfungsamts für seine sachliche Tätigkeit unmittelbar der Gemeindevertretung zu.
Um einen Wissenstransfer zwischen den Rechnungsprüfungsämtern zu gewährleisten und die Tätigkeit zukunftsorientiert zu entwickeln sind diese beispielsweise landesweit innerhalb eines Arbeitskreises oder bundesweit im Institut der Rechnungsprüfer organisiert.

10.6 Personal der Rechnungsprüfungsämter

Die Prüferinnen und Prüfer in den Rechnungsprüfungsämtern müssen fachlich und persönlich geeignet sein, wobei sich die erforderlichen Qualifikationen an den auszuübenden Prüfungsaufgaben orientieren.
Das Rechnungsprüfungsamt versteht sich als Sachverständiger, Problemlöser und insistierender Berater in der Begleitung und Überwachung des gesamten Verwaltungshandelns. Dementsprechend sind Mitarbeiterinnen und Mitarbeiter mit hoher Qualifikation erforderlich.
Im KGSt-Bericht 09/2002 wird auf die fachlichen Mindestanforderungen von Prüferinnen und Prüfern in den Rechnungsprüfungsämtern eingegangen.
Dazu gehören:

- die Fähigkeit zur komplexen Erfassung von finanziellen und gesetzlichen Zusammenhängen
- eine hohe Eigenverantwortung
- die Qualifizierung in buchungstechnischen Fachverfahren zum Haushalts- und Kassenwesen
- ein gutes Ausdrucks- und analytisches Denk- und Urteilsvermögen

Neben den beschriebenen Sach- und Fachkenntnissen benötigen Prüferinnen und Prüfer ein hohes Maß an sozialer Kompetenz im Sinne einer Vertrauenskultur.
Soziale Kompetenz bedeutet dabei auch, sich in die Situation des Geprüften hinein zuversetzen und durch in Fortbildungen angeeignete kommunikative Fähigkeiten Spannungen in der Prüfungssituation zu erkennen und möglichst abzubauen.
Für die Gewährleistung der fachlichen Expertise stellen Abschlüsse als Verwaltungsfachwirt oder ein Diplom bzw. Bachelor in den Wirtschafts- und Verwaltungswissenschaften die erforderliche Grundqualifikation dar.
Daneben besteht die Qualifikation von Prüferinnen und Prüfern zum erheblichen Teil aus den jahrelangen Erfahrungen, die in der Ausübung der Tätigkeit gesammelt werden. Sie bildet das Humankapital vieler Rechnungsprüfungsämter.
Lebenslanges Lernen ist für das Personal von Rechnungsprüfungsämtern mehr als nur eine schnell wiederholte Phrase. Die Effizienz von Prüfungen hängt oftmals von einem Wissensvorsprung des Prüfers ab. Diese entsteht durch die eben erwähnte jahrelange Erfahrung, muss aber auch durch das ständige individuelle Wollen eines jeden Einzelnen, sich permanent weiterzubilden und damit weiterzuentwickeln, getragen werden.
Da auch in der Rechnungsprüfung wegen der demografischen Entwicklung in den kommenden Jahren eine Vielzahl langjähriger Prüferinnen und Prüfer in den Ruhestand geht, ist es im Rahmen von wirksamen Personalentwicklungskonzepten wichtig, einen gezielten Wissenstransfer über Prüfergenerationen hinweg zu ermöglichen.
Gem. § 101 Abs. 4 BbgKVerf dürfen die Leiterin oder der Leiter und die Prüferinnen und Prüfer eine andere Stellung in der Gemeinde nur innehaben, wenn dies mit ihren Prüfungsaufgaben vereinbar ist. Hier ist also eine sehr genaue Abwägung vorzunehmen, bevor entsprechende Entscheidungen getroffen werden.
Da Ausführung und Kontrolle nicht in einer Hand liegen dürfen, ist es im Rahmen der Inkompatibilität den Rechnungsprüfern auch nicht möglich, sich als Kandidaten innerhalb von Kommunalwahlen der Gemeindevertretungen für die zu prüfenden Gemeindeverwaltungen aufstellen und wählen zu lassen. Die Übernahme von Wahlämtern bei gleichzeitiger Ruhendstellung der Tätigkeit in der Rechnungsprüfung ist möglich.

10.7 Prüfungsverfahren

Die Rechtsgrundlage für das Prüfungsverfahren stellt **§ 103 BbgKVerf** dar.

10.7.1 Vorbereitung der Prüfung

Um eine Prüfung ordnungsgemäß durchführen zu können, sind unterschiedliche Prozessschritte wichtig, die im Folgenden dargestellt werden.
Im ersten Schritt ist es erforderlich, dass vorzubereitende Unterlagen zum Prüfungsbeginn vollständig und prüfbereit vorliegen. Außerdem müssen sachkundige Auskunftspersonen verfügbar sein, die den Prüferinnen und Prüfern unbeschränkten Zugang zu den für die Prüfung erforderlichen Aufzeichnungen, Schriftstücken und sonstigen Informationen gewähren.

Prüfungsankündigung

Die Prüfungsankündigung stellt die offizielle Information an die Hauptverwaltungsbeamtin oder den Hauptverwaltungsbeamten und die Kämmerin oder den Kämmerer zum unmittelbaren Beginn der Prüfung dar und erfolgt in der Regel schriftlich. Dabei sollte der Hauptverwaltungsbeamtin oder dem Hauptverwaltungsbeamten auch die Gelegenheit gegeben werden, bestehende Fragen oder Wünsche zur konkreten Ausgestaltung der Prüfung äußern zu können.

Prüfungsplanung (risikoorientiert)

Da das Rechnungsprüfungsamt Art und Umfang der im Einzelfall erforderlichen Prüfungshandlungen nach pflichtgemäßem Ermessen bestimmen soll, ist eine qualitative und quantitative Planung der Prüfung erforderlich.

Auch Prüfungen haben unter wirtschaftlichen Gesichtspunkten zu erfolgen, denn für die Durchführung von Prüfungen entstehen Ausgaben. Diese entstehen u.a. durch die von den Prüferinnen und Prüfern verwendete Arbeitszeit in Form von Personalkosten, aber auch durch die Aufwendungen von Sach- und Betriebskosten und nicht zuletzt auch die Personalkosten der zu Prüfenden, wenn diese sich mit der Bearbeitung von Nachfragen oder der zur Verfügungstellung von Unterlagen beschäftigen müssen.

Die Rechnungsprüfung hat dabei ihrer Verantwortung durch die Gestaltung eines angemessenen Verhältnisses zwischen den Kosten und dem Nutzen der Prüfungen nachzukommen.

Ein wichtiges Instrument stellt dabei die **Prüfungsplanung** dar.

Die Prüfungsplanung wird vor Beginn einer Prüfung erstellt. Die Durchführung der Prüfungen erfolgt nach pflichtgemäßem Ermessen. Das bedeutet, dass basierend auf einer Risikobewertung des jeweiligen Prüfungsobjektes die Prüfung konzipiert wird. Dadurch werden über die Jahre hinweg unterschiedliche Prüfungsschwerpunkte gesetzt. In diesem Zusammenhang wird auch die Begrifflichkeit der „Prüfungslandkarte" benutzt.

Einen wichtigen Indikator zur Festlegung von Prüfungshandlungen stellt das Fehlerrisiko dar.

Das Fehlerrisiko ist die Wahrscheinlichkeit, dass wesentliche Fehler, z.B. innerhalb eines Jahresabschlusses, vorhanden sind.

Gleichzeitig besteht das sogenannte Prüfungsrisiko, das die Wahrscheinlichkeit beschreibt, dass der Prüfer wesentliche Fehler im Prüfungsobjekt nicht findet. Ein Ziel der Prüfungsplanung besteht darin, dieses Risiko zu reduzieren.

Aus diesen Risiken ergibt sich eine Risikoanalyse, für die dem Rechnungsprüfungsamt unterschiedliche Instrumente zur Verfügung stehen.

Dazu gehören der Prüfbericht der Vorjahresprüfung, der Anhang zum Jahresabschluss, der Entwicklungen zwischen dem Vorjahr und dem Prüfungsjahr darstellt. Zu den vorbereitenden Schritten zur Erstellung einer Prüfungsplanung gehört auch die Kontrolle, ob festgestellte Fehler durch die geprüfte Verwaltung abgearbeitet wurden. Zusätzlich erfolgt eine Bewertung zu möglichen organisatorischen Änderungen in der zu prüfenden Verwaltung und deren Umfeld, die eine Risikobewertung darstellen und damit zur Planung der Prüfung gehören

Im Folgenden wird das Beispiel einer Prüfungsplanung, das sich in der Abbildung am Aufbau der Bilanz orientiert, dargestellt:

Jahresabschlussprüfung Rechnungsprüfungsamt Landkreis Teltow-Barnim			**Prüfungsjahr:** Kommune: Datum:	**2024** Stadt Prenzwalde 21.05.2025
Posten-Nr./ Position-Nr.	**Prüffeld**	**Prüfer/in**	**Status (Ampelsystem)**	**Prüfungshandlung**
1.1.	Immaterielle Vermögensgegenstände	Meyer	rot	Software Neuanschaffung prüfen
1.2.1.	Unbebaute Grundstücke und grundstücksgleiche Rechte	Meyer		
1.2.2.	Bebaute Grundstücke und grundstücksgleiche Rechte	Meyer	gelb	Zugang im Konto 0331 prüfen
1.2.3.	Grundstücke und Bauten des Infrastrukturvermögens ...	Meyer		
1.2.4.	Bauten auf fremdem Grund und Boden	Meyer		
1.2.5.	Kunstgegenstände, Kulturdenkmäler	Meyer	grün	Bewertung Denkmal Marktplatz ansehen
1.2.6.	Fahrzeuge, Maschinen und technische Anlagen	Meyer		
1.2.7.	Betriebs- und Geschäftsausstattung	Meyer	gelb	
1.2.8.	Geleistete Anzahlungen und Anlagen im Bau	Meyer	rot	
	Inventur	Meyer		Im rechtlichen Zeitraum ordnungsgemäß durchgeführt?
	Anlagenübersicht	Meyer	rot	
1.	Anlagevermögen			
1.3.1.	Rechte an Eigenbetrieben	Schmidt		
1.3.2.	Anteile an verbundenen Unternehmen	Schmidt	grün	
1.3.3.	Mitgliedschaft in Zweckverbänden	Schmidt		
1.3.4.	Anteile an sonstigen Beteiligungen	Schmidt	rot	
1.3.5.	Wertpapiere des Anlagevermögens	Schmidt		
1.3.6.	Ausleihungen	Schmidt	gelb	
	Beteiligungsbericht	Schmidt	gelb	

Abbildung 99: Prüfungsplanung

10.7.2 Durchführung der Prüfung

10.7.2.1 Begleitende Prüfung

Hierbei werden bereits während des Erstellungsprozesses des späteren Prüfobjektes (Jahresabschluss) Prüfungshandlungen vorgenommen. Diese Prüfungsart wird auch mit der Begrifflichkeit „ex ante" beschrieben. Sie bietet der Rechnungsprüfung die Möglichkeit, durch eine enge Kommunikation mit den Geprüften und eine umfangreiche Beratung auf die inhaltliche Richtigkeit des Prüfobjektes hinzuwirken.
Am Beispiel einer Jahresabschlussprüfung soll dies folgend verdeutlicht werden.

Beispiel:

So können, wenn das abgelaufene Haushaltsjahr beendet ist, aber der Jahresabschluss noch nicht vollends durch die Kämmerei erstellt wurde, einzelne Posten der Bilanz bereits einer Prüfung unterzogen werden.
Dies trifft u.a. für die Prüfung des Anlagevermögens zu. Werden dabei Prüfungsfeststellungen getroffen, weil z.B. Abschreibungsdauern falsch hinterlegt wurden, kann eine Korrektur noch vor der abschließenden Erstellung des Jahresabschlusses erfolgen. Mögliche Folgefehler in der Ergebnisrechnung, durch falsche Abschreibungsaufwendungen, werden damit ebenfalls behoben.
Auch gesetzlich ist diese Form der Prüfung normiert. In § 102 Abs. 1 BbgKVerf wird auf die Prüfung der Vorgänge in der Finanzbuchhaltung zur ***Vorbereitung*** *der Prüfung des Jahresabschlusses verwiesen. Diese Vorbereitung der Prüfung stellt ebenfalls eine Möglichkeit der begleitenden Prüfung dar.*
Die begleitende Prüfung hat daneben auch prüfungsökonomische Vorteile. Langwierige Ausräumungsverfahren nach der Feststellung von entstandenen Fehlern, die erst bei einer nachgängigen Prüfung zusammengefasst an die Kämmerei übermittelt werden, können einen erheblichen zeitlichen Verzug zwischen der eigentlichen Prüfung und der endgültigen Beschlussfassung des Jahresabschlusses in der Gemeindevertretung bedeuten. Dem kann mit der begleitenden Prüfung zum Teil begegnet werden.

Mit dieser Prüfungssystematik ist es also möglich, am Ende des Erstellungsprozesses eines Jahresabschlusses durch die Kämmerei, bereits erhebliche Teile dessen geprüft vorliegend zu haben. Für die abschließende Vergabe des Prüfungstestates verbleiben dann nur noch wenige Restarbeiten.
Damit ist es auch möglich, mehrere Prüfungen zeitlich überlagernd durchzuführen und entsprechend den gesetzlichen Fristen fertig zu stellen.

10.7.2.2 Nachgängige Prüfung

Die nachgängige Prüfung ist die gebräuchlichste Form der Prüfung. Diese basiert auf der Prüfung eines fertiggestellten Prüfobjektes. Hierbei ist es das Ziel, einen zu erreichenden Soll-Zustand mit dem vorhandenen Ist-Zustand abzugleichen und mögliche vorhandene Fehler zu identifizieren. Diese Prüfungsart wird mit dem Fachbegriff „ex post" bezeichnet. Beispielhaft stellen bei der Jahresabschlussprüfung folgende Kriterien den zu erreichenden

Soll-Zustand dar, der nicht erst durch die Prüfung, sondern bereits bei der Aufstellung durch das zuständige Fachamt, in der Regel die Kämmerei, zu erzeugen ist:

Beispiel

1. *Es wird ein den tatsächlichen Verhältnissen entsprechendes Bild der Vermögens- Ertrags- und Finanzlage im Jahresabschluss vermittelt.*
2. *Es wurde nach den Grundsätzen ordnungsgemäßer Buchführung verfahren.*
3. *Bei den Erträgen, Aufwendungen, Einzahlungen und Auszahlungen wurde nach den geltenden Vorschriften verfahren.*

Die Prüfung durch das Rechnungsprüfungsamt wird an der Kontrolle der Einhaltung dieser Kriterien ausgerichtet, in organisatorischer und inhaltlicher Weise geplant und anschließend durchgeführt.
Als Zwischenergebnis wird eine Fehlerliste mit den festgestellten Normabweichungen erstellt und an die geprüfte Einheit übergeben.
Die Abarbeitung dieser Fehlerliste geht, soweit möglich, mit der Korrektur des Prüfungsobjektes einher und wird dann erneut bei der Rechnungsprüfung eingereicht.
Diese führt einen Abgleich der vorgenommenen Korrekturen durch und erstellt abschließend den Prüfungsbericht mit dem Prüfungstestat.
Bei ordnungsgemäßer Abarbeitung der Prüfungshinweise können die o.g. Kriterien bestätigt werden oder werden mit Einschränkungen versehen, die im Prüfbericht näher erläutert werden.

10.7.3 Zweck der Prüfungen

Die Prüfungen sollen an erster Stelle Transparenz herstellen. Mit dieser Transparenz ist es möglich, einen Abgleich zwischen dem bereits beschriebenen „SOLL-Zustand“ und dem vorgefundenen „IST-Zustand“ zu erzeugen.
Für diesen Abgleich können auch die folgenden Fragestellungen von Bedeutung sein:

- Ist die Ordnungsmäßigkeit gewährleistet, indem nach den einschlägigen kommunalverfassungsrechtlichen und haushaltsrechtlichen Vorschriften (z.B. Einhaltung der Haushaltsgrundsätze) gehandelt worden ist?
- Funktioniert das in der Gemeinde vorhandene interne Kontrollsystem, das Regelungen und Maßnahmen enthält, die einerseits Risiken minimieren und andererseits die Einhaltung gesetzlicher Vorschriften gewährleisten sollen (zu diesem internen Kontrollsystem gehören insbesondere Dienst- und Geschäftsanweisungen)?
- Wurden die Beschaffungen von Wirtschaftsgütern nach den Grundsätzen der Wirtschaftlichkeit vorgenommen?
- Ist die stetige Aufgabenerfüllung der Gemeinde gewährleistet?
- Sind Entscheidungen unter Maßgabe der Zweckmäßigkeit getroffen worden, sind diese also erfolgsdienlich und sachgerecht?
- Wurden innerhalb von Verwaltungsverfahren Ermessensspielräume ordnungsgemäß ausgeübt?
- Wurden Beschlüsse der Gemeindevertretung korrekt umgesetzt?

Bei der Beantwortung dieser Fragestellungen wird eine wesentliche Aufgabe der Rechnungsprüfung deutlich.
Durch die Bestätigung der Rechnungsprüfung für das korrekte Arbeiten der Verwaltung trägt sie auch Verantwortung dafür, dass ein Vertrauen der Bürger in das Verwaltungshandeln als gerechtfertigt angesehen werden kann.

10.7.4 Prüfungsbericht

Gemäß **§ 103 Abs. 2 BbgKVerf** soll das Rechnungsprüfungsamt einen schriftlichen Prüfungsbericht erstellen. In diesem Bericht sind dann der Gegenstand, die Art und der Umfang der Prüfung zu beschreiben.
Jeder Prüfbericht enthält einige Kernelemente, auf die nachfolgend eingegangen werden soll:

Prüfungsauftrag
Hier erfolgt die Definition der rechtlichen Grundlagen für die Durchführung der Prüfung.

Prüfungszeitraum
Innerhalb welchen kalendarischen Zeitraumes die Prüfung vorgenommen wurde, wird unter diesem Anstrich im Prüfungsbericht vermerkt. Bei der Vornahme von Kassenprüfungen kann hier auch der Zeitraum vermerkt sein, für den die Buchungen kontrolliert wurden.

Prüfungsfeststellungen
Viele Rechnungsprüfungsämter nehmen eine Differenzierung ihrer Prüfungsfeststellungen vor. Dazu gehören u.a.:

B	Beanstandung, zu der eine Stellungnahme nicht erforderlich ist, wenn diese anerkannt und künftig beachtet wird
B mit Ziffer	Beanstandung, zu der eine Stellungnahme seitens der Verwaltung erforderlich ist
H	Hinweis, dessen Beachtung empfohlen wird

Unwesentliche Prüfungsfeststellungen bleiben, ebenso wie innerhalb der Prüfungen erledigte Beanstandungen, unerwähnt. Dabei wird in der Berichtspflicht darauf abgestellt, ob die Prüfungsfeststellungen eine grundsätzliche Bedeutung oder Auswirkungen auf die Folgezeit haben können. An dieser Stelle soll auf die schlussfolgernden Einwirkungsmöglichkeiten im Rahmen des Haushaltskreislaufes verwiesen werden.

Für das Layout der Prüfungsberichte gibt es keine gesetzlichen oder untergesetzlichen Vorgaben. Dies führt dazu, dass sich die Berichte der Rechnungsprüfungsämter in ihrer äußeren Form sehr unterschiedlich präsentieren.
Der Prüfungsbericht ist der Hauptverwaltungsbeamtin oder dem Hauptverwaltungsbeamten vorzulegen, der ihn der Gemeindevertretung bekanntgibt.
Auch im Anschluss an die Prüfung des Jahresabschlusses ist ein Prüfungsbericht zu erstellen. Gemäß § 104 Abs. 4 BbgKVerf hat der Schlussbericht eine Bewertung zum

Jahresabschluss einschließlich des Vorschlags zur Entlastung der Hauptverwaltungsbeamtin oder des Hauptverwaltungsbeamten zu enthalten.
Der Hauptverwaltungsbeamtin oder dem Hauptverwaltungsbeamten ist Gelegenheit zur Stellungnahme zu geben. Der Schlussbericht ist dann zusammen mit der Stellungnahme der Gemeindevertretung zuzuleiten.
Die **Empfehlung zur Beschlussfassung** der Gemeindevertretung über den Jahresabschluss und die **Entlastungsempfehlung für die Hauptverwaltungsbeamtin oder den Hauptverwaltungsbeamten** stellen Kernaussagen des Prüfungsberichtes dar.
Die Prüfungsberichte sind vom Rechnungsprüfungsamt adressatengerecht zu verfassen. Obwohl eine direkte Zuleitung an die Hauptverwaltungsbeamtin oder den Hauptverwaltungsbeamten und damit an die geprüfte Verwaltung erfolgt, sind die Hauptadressaten grundsätzlich die Mitglieder der Gemeindevertretung. Deshalb ist bei der Berichtsabfassung darauf zu achten, dass sprachliche Formulierungen so gewählt werden, dass finanzwirtschaftlich komplexe Sachverhalte so dargestellt werden, dass ehrenamtliche Abgeordnete, die oftmals nur einen geringen oder keinen Bezug zum Haushaltswesen der öffentlichen Verwaltung haben, die Inhalte trotzdem antizipieren und Feststellungen nachvollziehen können. Dazu kann auch unterstützend eine grafische Aufbereitung von Zahlenmaterial dienen.
Im politischen Willensbildungsprozess gehört es auch zu den Aufgaben von Abgeordneten, die Verwaltung nach der Korrektur entstandener Fehler zu befragen, die Umsetzung zu begleiten und Schlussfolgerungen zu ziehen. Diese kommen damit auch ihrer Kontrollfunktion gemäß § 29 BbgKVerf über die Verwaltung nach.

10.7.5 Abschlussgespräch

Als formaler Abschluss der Prüfung findet ein Abschlussgespräch statt.
Bei durchgeführter Jahresabschlussprüfung gehören zu den Teilnehmenden dieses Gesprächs oftmals die Amtsleitung des Rechnungsprüfungsamtes, die Hauptverwaltungsbeamtin oder der Hauptverwaltungsbeamte und die Kämmerin oder der Kämmerer. Haben bereichs- oder fachspezifische Prüfungen stattgefunden, kann dieses Abschlussgespräch auch unmittelbar zwischen den beteiligten Prüferinnen und Prüfern und der direkten Führungskraft erfolgen.
Dabei werden die wichtigsten Prüfungsthemen und die wesentlichsten inhaltlichen Feststellungen (Beanstandungen, Hinweise) besprochen. Auch eine Auswertung zum Werdegang der Prüfung und notwendige Ableitungen für die Durchführung zukünftiger Prüfungen werden hier erörtert.
Der Gesprächstermin liegt in der Regel vor der kommunalpolitischen Befassung in der Gemeindevertretung mit dem Prüfungsbericht.

10.8 Moderne Entwicklungen in der Rechnungsprüfung

Ebenso wie die Verwaltung im Ganzen befindet sich auch die Rechnungsprüfung in einem permanenten Wandel. Dieser hat sich durch die Einführung der Doppik in den Kommunalverwaltungen des Landes Brandenburg und durch die zunehmende Digitalisierung weiter beschleunigt.

In dem von Prof. Dr. Martin Richter erstellten „Gutachten zum Leitbild einer modernen kommunalen Rechnungsprüfung“[141] kommen wichtige Aspekte zum Ausdruck, die Anforderungen an ein modernes Rechnungsprüfungsamt stellen.

Zu diesen Aspekten gehören die in Abbildung 100 dargestellte Orientierung bzw. die Funktionen, die einerseits in der Person des Prüfers und andererseits in dem gelebten Rollenverständnis der Rechnungsprüfung zu finden sein sollen.

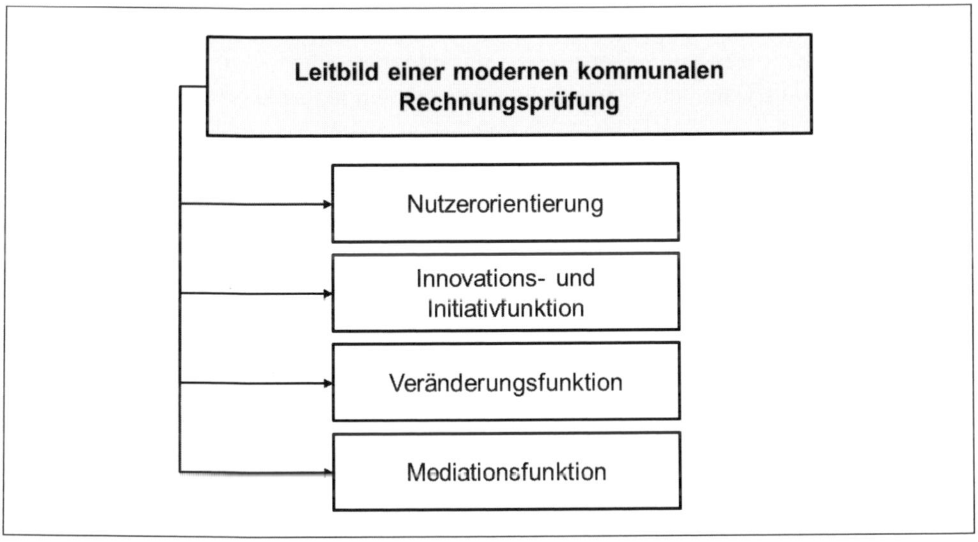

Abbildung 100: Leitbild Rechnungsprüfung

<u>Nutzenorientierung</u>

Die Tätigkeit der Rechnungsprüfung muss darauf ausgerichtet sein, „Nutzen“ zu stiften, um mit ihren Arbeitsergebnissen den „Gesamtnutzen“ der Verwaltung zu erhöhen. Insbesondere der Nutzen-Aspekt und das Nutzen-Aufwand-Verhältnis von Prüfungen stehen immer wieder im Brennpunkt einer kritischen Sichtweise, über die sich die Rechnungsprüfung bewusst sein muss.

Die Prüfungen haben nur dann eine Daseinsberechtigung, wenn sie mit der Umsetzung der aus ihnen gewonnenen Erkenntnisse den Nutzen mehren, den das Verwaltungshandeln für die örtliche Gemeinschaft stiften soll.

---

141 Aus: Gutachten von Prof. Dr. Martin Richter, Universität Potsdam, 30.06.2013.

Innovations- und Initiativfunktion

Durch Innovationen sollen die Verwaltungen in der Lage sein, Neuerungen rascher, kreativer, öffentlicher und partizipativer zu generieren. Die Prüferinnen und Prüfer haben die Aufgabe, sie dabei zu unterstützen, indem Prüfungen durchgeführt werden, in denen ein großer Teil des gesammelten Wissens der Prüferinnen und Prüfer Anwendung finden kann und deren spätere konkrete Umsetzung möglich ist. Dieses Prüferwissen kann aus verschiedensten Quellen kommen, wobei u.a. die Kenntnis aus der Umwelt der zu prüfenden Kommunen, Benchmarking-Informationen, wissenschaftliche Veröffentlichungen und Best-Practice-Anwendungen relevant sind. Die Informationsweiterleitung in die Verwaltung hinein erfolgt durch „Denkanstöße" und „Hinweise".

Veränderungsfunktion

Ein wesentlicher Nutzen von Prüfungen liegt in der Initiierung von Veränderungen. Die Prüferin oder der Prüfer steht damit in der Verantwortung, Veränderungsmöglichkeiten zu erkennen, auf diese zu verweisen und darauf hinzuwirken, dass diese tatsächlich umgesetzt werden. Dafür ist eine gezielte, persönliche und fachkundige Kommunikation erforderlich, die in der Lage ist, durch Argumentation zu überzeugen. Die Prüferinnen und Prüfer müssen sich über evtl. vorhandene Widerstände bewusst werden und Strategien entwickeln, um diese zu überwinden. Ein begonnener Veränderungsprozess sollte begleitet werden und nachhaltige Unterstützung durch die Prüferin und den Prüfer beinhalten.

Mediationsfunktion

Die in Verwaltungen anzutreffenden Akteure kennzeichnen sich durch unterschiedlichste Interessenlagen und Verflechtungen. Diese können auf bzw. zwischen vielen Ebenen entstehen und verlaufen zum Teil gleichgerichtet, zum Teil widerstrebend. Diese Ebenen, innerhalb derer sich die Akteure bewegen, stellen u.a. Verwaltung, Politik, Einheiten innerhalb der Verwaltung und auch die Rechnungsprüfung selbst dar.

Die bei der Interaktion zwischen den Akteuren entstehenden Konfliktpotenziale können konstruktiv genutzt werden oder aber in negativen Konfliktspiralen münden.

Entscheidend zu einer positiven Entwicklung beitragen kann dabei die Rechnungsprüfung, wenn sie sich selbst als Mediator einbringt, der sich wegen ihrer Objektivität und Neutralität, verbunden mit einer über die Jahre erfolgreicher Zusammenarbeit entstandenen Vertrauensbasis gegenüber den Akteuren, positionieren kann.[142]

[142] Vgl. Richter, 2013, S. 30 ff

11 Kommunalaufsichtsbehörden

11.1 Grundsätze und Gliederung

Die einschlägigen Rechtsgrundlagen stellen hierfür die **§§ 108** und **109 ff. BbgKVerf** dar. Der Gesetzestext formuliert die Grundsätze der Kommunalaufsicht so, dass die Rechte der Gemeinden geschützt und die Erfüllung ihrer Pflichten gesichert werden sollen. Die Entschlusskraft und Verantwortungsbereitschaft auch im Rahmen der Selbstkontrolle der Gemeinden sollen gefördert werden, wobei die umfangreichen Erfahrungen der Aufsichtsbehörden eingesetzt werden, um kommunale Aufgaben zu lösen.
Die Kommunalaufsichtsbehörden führen dabei die formelle und materielle Prüfung der Haushalts-, Wirtschafts-, Finanz-, Investitions- und Stellenpläne sowie deren langfristige Finanzkraft in den Gemeinden aus. Sie haben darauf zu achten, dass das Handeln der Gemeinden im Einklang mit den geltenden Gesetzen erfolgt.
Sie stellen aus Sicht des Bundesverfassungsgerichts das verfassungsrechtlich gebotene Korrelat zur Selbstverwaltung dar. Kommunalaufsichtsbehörden sind also in ihrer Aufgabenwahrnehmung die der kommunalen Selbstverwaltung verfassungsrechtlich zugeordnete Ergänzung bzw. ergänzende Entsprechung.
Die Kommunalaufsichtsbehörden unterliegen umfassenden Handlungsprinzipien. Der verfassungsgegebenen Leitlinie der Selbstverwaltungsgarantie entsprechend, sind vorrangig sämtliche Möglichkeiten auszunutzen, die direkt den Gemeinden und ihren Organen selbst gesetzesseitig zur Verfügung stehen. Erst nach deren vollständigen Ausschöpfung entscheiden die Kommunalaufsichtsbehörden, ob und in welcher Art und Weise sie ihre Tätigkeit aufnehmen. Bei der Frage des Tätigwerdens hat die Kommunalaufsicht stets die verhältnismäßige Eignung ihrer Mittel abzuwägen und innerhalb ihres Eingriffes abzustufen. Die Praxis hat dabei gezeigt, dass sich die präventive bzw. prozessbegleitende Beratung der Entscheidungsträger durch die Kommunalaufsichtsbehörden als zielführender erweist als die gesetzlich definierten repressiven Mittel, die im Weiteren erläutert werden.
Den Kommunalaufsichtsbehörden obliegt auch der Auftrag der Rechtsaufsicht (Rechtsbewahrungsfunktion). Das heißt, sie haben darauf zu achten, dass das Handeln der Gemeinden im Einklang mit den geltenden Gesetzen erfolgt. Dies bedeutet, dass sämtliche Erwägungen zur fachlichen und zweckdienlichen Eignung getroffener Entscheidungen und Maßnahmen einer Gemeinde sich dem Urteil der Kommunalaufsicht in der Ausübung der Rechtsaufsicht entziehen, sofern diese den geltenden Rechtsvorschriften bzw. den eingeräumten Ermessenspielräumen entsprechen.
Die kommunalen Gemeindeorgane haben sich mit immer komplexeren Gesetzen und Rechtsprechungen auseinanderzusetzen. Ihre Entscheidungen haben unmittelbare Aus-

wirkung auf die Bevölkerung bzw. das Geschehen und die Entwicklungen im Gemeindegebiet. Das birgt jedoch auch das Risiko, dass diese Entscheidungen bedingt durch ihre direkte örtliche Nähe Interessen einzelner einseitig bevorzugt bzw. benachteiligt. Der Auftrag der Kommunalaufsicht ist es daher, sämtliche kommunale Entscheidungsträger dabei koordinierend zu unterstützen, diese Risiken zu erkennen und zu vermeiden. Der Aufsichtsauftrag ist dabei stets auf das öffentliche Interesse ausgerichtet und darf nicht dazu genutzt werden, die Interessen Einzelner durchzusetzen.
Zusammenfassend haben die Kommunalaufsichtsbehörden die kommunale Selbstverwaltungshoheit zu schützen, zu fördern und gleichzeitig die Einhaltung von Recht und Gesetz sicherzustellen.
Der **§ 110 BbgKVerf** regelt, wer jeweils die Aufgaben der zuständigen Kommunalaufsichtsbehörde ausübt, mithin wird hier die organisatorische Gliederung im Land Brandenburg definiert.
Das für Inneres zuständige Ministerium ist die oberste Kommunalaufsichtsbehörde.
Für die Landkreise und kreisfreien Städte ist das für Inneres zuständige Ministerium Kommunalaufsichtsbehörde. Dieses trägt derzeit die Bezeichnung „Ministerium für Inneres und Kommunales." Diese oberste Kommunalaufsichtsbehörde kann unter bestimmten rechtlichen Voraussetzungen gegenüber allen Kommunen im Land Brandenburg tätig werden.
Für die kreisangehörigen Städte, Gemeinden und Ämter ist der Landrat gemäß § 110 Abs.1 BbgKVerf die zuständige Kommunalaufsichtsbehörde. Er übt seine Aufgaben dabei als allgemeine untere Landesbehörde aus, was auch im verwendeten Briefkopf zum Ausdruck kommt, der die Bezeichnung *„Der Landrat (oder die Landrätin) als allgemeine untere Kommunalaufsichtsbehörde"* trägt.
Die unterschiedlichen Ebenen der Kommunalaufsicht im Land Brandenburg üben ihre Aufsicht im Einklang miteinander aus und stellen unberührt von politischer Einflussnahme die Einhaltung von Recht und Gesetz sicher.
Folgende Abbildung verdeutlich die Zuständigkeiten:

Kommunal-aufsichtsbehörde	Kreisangehörige Städte und Gemeinden sowie Ämter	Kreisfreie Städte* und Landkreise
untere	Landrat oder Landrätin als allgemeine untere Landesbehörde	Ministerium des Innern und für Kommunales
oberste	Ministerium des Innern und für Kommunales	Ministerium des Innern und für Kommunales

Abbildung 101: Zuständigkeiten Kommunalaufsicht

11.2 Aufgabenstellung

Einen erheblichen Teil der Tätigkeit der Kommunalaufsichtsbehörde stellt die vorbeugende und begleitende Beratung der Ämter, Städte, Gemeinden und Zweckverbände dar. Hier werden den Organen dieser Körperschaften Rechtsauskünfte erteilt, für diese Stellungnahmen erarbeitet, Vorschläge unterbreitet oder aber auch Lösungsmöglichkeiten für konkrete Problemstellungen aufgezeigt.
Dabei wird auch eine Vielzahl von kleineren Anfragen unterschiedlichster Akteure bearbeitet.
Ein weiterer Aspekt der Aufgabenerfüllung ist die Beratung der Beschäftigten in den Gemeindeverwaltungen, wie z.B. Hauptverwaltungsbeamtinnen, Hauptverwaltungsbeamten, Kämmerinnen und Kämmerer und der politischen Verantwortungsträger, wie beispielsweise dem Vorsitz der Gemeindevertretung, Ausschüssen oder einzelner Abgeordneten.
Im Rahmen der finanzpolitischen Begleitung der Kommunen ist vom Gesetzgeber die grundsätzliche Vorlagepflicht der Haushaltssatzung entsprechend § 67 Abs. 4 BbgKVerf normiert.
Diese Vorlagepflicht besteht unabhängig davon, ob in der Haushaltssatzung genehmigungspflichtige Teile enthalten sind. Auch die Vorlage der Hauptsatzung ist gemäß § 4 BbgKVerf für die Gemeinden verpflichtend, um diese rechtswirksam in Kraft treten lassen zu können.

11.2.1 Erteilung von Genehmigungen

Die Kommunalaufsichtsbehörde ist auf Grundlage des **§ 111 BbgKVerf** für die Erteilung von **Genehmigungen** zuständig.
Grundsätzlich gilt, dass für die Fälle, in denen gesetzlich ein Genehmigungsvorbehalt durch die Kommunalaufsichtsbehörden geregelt ist, ein Wirksamwerden der entsprechenden Satzungen, Beschlüsse oder anderer Maßnahmen erst nach erteilter Genehmigung erfolgen kann.
Besonderes Augenmerk soll hier auf die in Zusammenhang mit der Haushaltssatzung möglichen Genehmigungen durch die Kommunalaufsicht gelegt werden.
Unter diese in der Kommunalverfassung formulierten Genehmigungsvorbehalte fallen die folgenden drei Sachverhalte:

1. Kredite für Investitionen oder Investitionsförderungsmaßnahmen gemäß **§ 76 Abs. 2 BbgKVerf**
   „Der Gesamtbetrag der vorgesehenen Kreditaufnahmen bedarf im Rahmen der Haushaltssatzung der Genehmigung der Kommunalaufsichtsbehörde (Gesamtgenehmigung)."
2. Verpflichtungsermächtigungen in Zusammenhang mit einer Kreditaufnahme gemäß **§ 75 Abs. 4 BbgKVerf**
   „Der Gesamtbetrag der Verpflichtungsermächtigungen bedarf insoweit der Genehmigung der Kommunalaufsichtsbehörde, als in den Jahren, zu deren Lasten sie veranschlagt sind, insgesamt Kreditaufnahmen vorgesehen sind."
3. Haushaltssicherungskonzept gemäß **§ 68 Abs. 4 BbgKVerf**
   „Das Haushaltssicherungskonzept bedarf der Genehmigung der Kommunalaufsichtsbehörde."

Es besteht bei diesen Genehmigungsvorbehalten durch die Kommunalaufsichtsbehörde, die Eingriffe in die Finanzhoheit der Kommunen darstellen, das Ziel, die Gemeinde vor einer möglichen Überforderung in Bezug auf ihre Zahlungsfähigkeit zu schützen (Überschuldung), die dauerhafte Leistungsfähigkeit aufrecht zu erhalten und eine umfassende Gewährleistung der Daseinsvorsorge für deren Einwohner zu garantieren.
Aus der Schutzfunktion der Kommunalaufsichtsbehörden heraus unterliegen einige Rechtsgeschäfte der vorherigen Prüfung und Genehmigung durch die Kommunalaufsicht.

Dazu einige Beispiele aus der Praxis:
Beabsichtigt die Kommune Sicherheiten und Gewährleistungen für Dritte in Form von **Bürgschaften** *und Verpflichtungen aus Gewährverträgen zu übernehmen, unterliegt dies den Beschränkungen des* **§ 77 BbgKVerf**. *Die Gemeinde geht dabei ein wirtschaftliches Risiko ein, da die Möglichkeit einer späteren finanziellen Inanspruchnahme der Gemeinde besteht.*
Deshalb unterliegen diese Rechtsgeschäfte der vorherigen Prüfung und Genehmigung durch die Kommunalaufsichtsbehörde.
In Gemeinden kommt es immer wieder zur **Veräußerung von Vermögensgegenständen**. *Vielleicht wird ein ehemaliges Schulgebäude nicht mehr gebraucht oder Grundstücke sollen dem Wohnungsmarkt zur Verfügung gestellt werden. In Bezug auf den Genehmigungsvorbehalt der Kommunalaufsichtsbehörde (***§ 87 BbgKVerf***) ist dabei entscheidend, ob diese zur Aufgabenerfüllung weiterhin benötigt werden und/oder ob eine Veräußerung unter dem vollen Wert erfolgen soll.*
So wurden in der Vergangenheit beispielsweise Liegenschaften von Gemeinden verkauft und anschließend vom Käufer zurückgemietet. Diese Rechtsgeschäfte können aus Sicht der Gemeinde wirtschaftlich sein, müssen es aber nicht. Eine notwendige Begründung wird dann der Kommunalaufsichtsbehörde vorgelegt, die in diesen Fällen eine Genehmigung zur Durchführung der Rechtsgeschäfte erteilt oder verwehrt.

Die Kommunalaufsichtsbehörde kann alle Genehmigungen mit Bedingungen oder Auflagen erteilen. Sollten Bedingungen oder Auflagen in der jeweiligen Genehmigung vorhanden sein, hat sich die Gemeindevertretung mit einem Beschluss an diese zu binden.

11.2.2 Rechtliche Aufsichtsmittel

In den folgenden Ausführungen wird exemplarisch auf die den Kommunalaufsichtsbehörden durch den Gesetzgeber eingeräumten Befugnisse den Kommunen gegenüber eingegangen.
Die Ausführungen sollen einen Teil der umfangreichen Rechte im Rahmen der Ausübung der Kommunalaufsicht verdeutlichen, sind jedoch nicht abschließend.

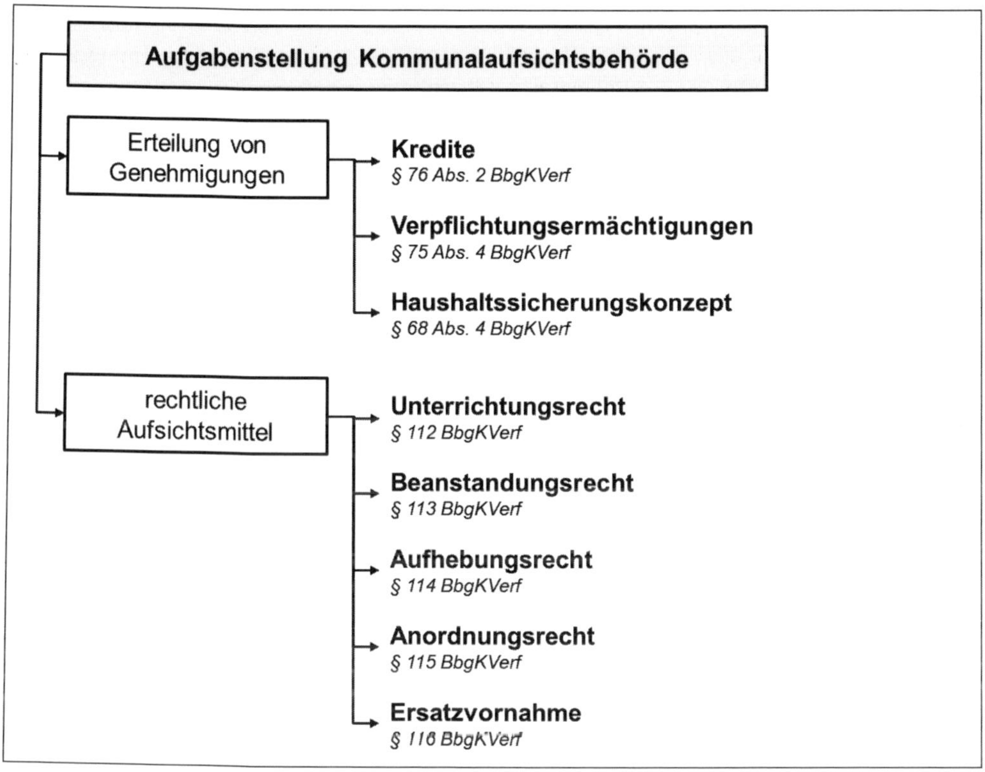

Abbildung 102: Aufgabenstellung Kommunalaufsichtsbehörde

Zu diesen Befugnissen gehört:

das Unterrichtungsrecht *(§ 112 BbgKVerf)*
Um ihre Aufgabe umfassend erfüllen zu können, müssen die Kommunalaufsichtsbehörden in die Lage versetzt sein, sich über alle Geschehnisse in den Gemeinden zu informieren. Dafür steht ihnen das sogenannte Unterrichtungsrecht zu. Damit können die Mitarbeiterinnen und Mitarbeiter der Kommunalaufsicht Vor-Ort-Besichtigungen durchführen und mündliche oder schriftliche Berichte abfordern, wozu auch die Niederschriften der Gemeindevertretersitzung und ihrer Ausschüsse gehören. Außerdem können sie an den öffentlichen und nichtöffentlichen Sitzungen dieser Gremien teilnehmen. Sie haben zudem ein umfangreiches Akteneinsichtsrecht gegenüber der Gemeinde.
Alle Maßnahmen sind jedoch an einen konkreten Einzelfall gebunden.
Bei der Ausübung des Unterrichtungsrechtes ist seitens der Aufsichtsbehörde, abgeleitet aus dem verwaltungsrechtlichen Grundsatz der Verhältnismäßigkeit, das für die Gemeinde am wenigsten belastende Mittel zu wählen. Einer schriftlichen Antwort auf eine Anfrage ist der Vorrang vor einer Vor-Ort-Terminierung zu geben.
Zum Unterrichtungsrecht der Kommunalaufsichtsbehörden tritt auch eine Unterrichtspflicht der Gemeinden hinzu. Diese haben also aktiv von sich aus bei für die Kommunalaufsichtsbehörde möglichen relevanten Themenstellungen Kontakt mit der kreislichen Behörde aufzunehmen.

<u>**das Beanstandungsrecht**</u> *(§ 113 BbgKVerf)*
Kommt die Kommunalaufsichtsbehörde zu dem Ergebnis, dass Beschlüsse der Gemeindevertretung oder Maßnahmen der Gemeinde rechtswidrig sind, kann sie diese beanstanden. Sie wird dann eine Frist setzen, innerhalb derer der rechtskonforme Zustand wieder herzustellen ist.
Das kann im Einzelfall bedeuten, dass ganze Sitzungen der Gemeindevertretung zu wiederholen sind, weil deren Beschlüsse als nicht rechtskonform gelten, wenn bei der Einladung der Gemeindevertreter erhebliche formale Fehler begangen wurden.
Ein Beanstandungsrecht von Beschlüssen kommt auch der Hauptverwaltungsbeamtin oder dem Hauptverwaltungsbeamten zu, wenn dieser der Auffassung ist, ein Beschluss der Gemeindevertretung ist rechtwidrig. Er wird dann eine Beanstandung bei der Kommunalaufsichtsbehörde durchführen, die dann prüft, ob sie diese rechtliche Einschätzung teilt.
Mit Vornahme der Beanstandung verfügt die Kommunalaufsichtsbehörde über folgende unterschiedliche Möglichkeiten, um wieder einen rechtskonformen Zustand herzustellen:

<u>**das Aufhebungsrecht**</u> *(§ 114 BbgKVerf)*
Kommt die Gemeinde einer Beanstandung durch die Kommunalaufsicht innerhalb einer gesetzten Frist nicht nach, so kann diese die beanstandeten Beschlüsse gem. § 114 BbgKVerf aufheben.
Diese Vorschrift stellt die Folgestufe nach der Beanstandung dar. Diese tritt nur ein, wenn die Gemeinde auf die Beanstandung durch die Kommunalaufsichtsbehörde keine Maßnahmen einleitet. Während bei der Beanstandung die Gemeinde zum Handeln verpflichtet wird, ist die Aufhebung das Recht der Kommunalaufsicht, eine Umsetzung der angeordneten Maßnahmen faktisch zu erzwingen.
Mit der Aufhebung werden die durch die Gemeindevertretung gefassten Beschlüsse als faktisch nicht beschlossen bzw. vorhanden deklariert. Beachtung verdient dabei auch die Tatsache, ob seitens der Gemeinde Verbindlichkeiten Dritten gegenüber eingegangen worden sind, die sich aus der Umsetzung des Beschlusses ergaben. Diese wären durch die Gemeinde infolgedessen rückabzuwickeln und mögliche Schadensersatzansprüche Dritter zu beachten.

<u>**das Anordnungsrecht**</u> *(§ 115 BbgKVerf)*
Sollte die Gemeinde ihren rechtlichen Verpflichtungen nicht nachkommen, so kann die Kommunalaufsicht gem. § 115 BbgKVerf das Erforderliche anordnen.
Infolgedessen würde eine Anordnungsverfügung in Gestalt eines belastenden Verwaltungsaktes erlassen werden. Dabei ist, abgeleitet aus dem Verwaltungsrecht, der Grundsatz der Verhältnismäßigkeit einzuhalten. Es ist also zu prüfen, ob ein milderes Mittel als die Anordnung zur Verfügung steht, um die beabsichtigte Zielsetzung zu erreichen. Auch eine vorherige Anhörung der Gemeinde hat grundsätzlich zu erfolgen. Nach Bekanntmachung der Anordnung steht der Gemeinde der Rechtsweg vor dem zuständigen Verwaltungsgericht offen, um Klage gegen den erlassenen Verwaltungsakt zu erheben.
Um eine verwaltungsrechtliche Auseinandersetzung mit der Gemeinde zu vermeiden, wird die Kommunalaufsichtsbehörde jedoch zuerst das individuelle Gespräch suchen, um die konkreten Gründe herauszuarbeiten, warum eine Nichterfüllung von rechtlichen Pflichten vorliegt.

Bei der Erarbeitung von Lösungen ist auch der Gestaltungsspielraum der Gemeinde zu berücksichtigen, sofern diese den Willen zeigt, eingeräumtes Ermessen auszuüben.
Sollte dies nicht zielführend sein, wird die Kommunalaufsichtsbehörde im Anordnungsbescheid eine Fristsetzung vornehmen, um den gesetzeswidrigen Zustand in angemessener Zeit abzustellen.
Diese Fristsetzung muss sich an der Dringlichkeit des konkreten Sachverhaltes und den praktischen Umsetzungsmöglichkeiten vor Ort orientieren.

die Ersatzvornahme *(§ 116 BbgKVerf)*
Nach § 116 BbgKVerf steht der Kommunalaufsichtsbehörde auch das Recht der Ersatzvornahme zu, sollte die Gemeinde einem Verlangen nach § 113 BbgKVerf oder einer Anordnung nach § 115 BbgKVerf nicht nachkommen. Dabei wird diese immer auch Fristen zur Umsetzung vorgeben, um die Herstellung von Gesetzeskonformität zu ermöglichen. Als letzte Möglichkeit zur Herstellung rechtlicher Konformität steht der Kommunalaufsichtsbehörde die Ersatzvornahme zur Verfügung. Dabei tritt diese dann im rechtlichen Verhältnis an die Stelle der Gemeinde. Bezogen auf den konkreten Einzelfall wird der Gemeinde dadurch ihr kommunalrechtliches Selbstverwaltungsrecht entzogen und dieses durch die Kommunalaufsicht ausgeübt.
Ein Beispiel für die Durchführung einer möglichen Ersatzvornahme ist der Erlass oder die Anpassung einer Satzung. Befindet sich die Gemeinde in einer haushalterisch schwierigen Situation (Haushaltssicherungskonzept), weigert sich jedoch, den niedrigen Grundsteuerhebesetz auf den landesdurchschnittlichen Satz anzuheben, kann hier ein möglicher Handlungsdruck der Kommunalaufsichtsbehörde entstehen, den diese dann entsprechend ausübt.

11.2.3 Personal in den Kommunalaufsichtsbehörden[143]

Die Ausführungen zeigen, dass die Kommunalaufsichtsbehörden und damit deren Bedienstete eine umfassende Verantwortung für die örtliche Gemeinschaft in einem Landkreis als Verbund einer „kreislichen Familie" von Städten, Ämtern und Gemeinden tragen. Dieser Verantwortung entsprechend wird ein Fachhochschulabschluss bzw. ein Bachelor in den Verwaltungs-, Wirtschafts- oder Rechtswissenschaften erwartet, wobei auch hier zusätzlich Wert auf Erfahrungen in der öffentlichen Verwaltung gelegt wird. Dazu kommt, dass ein grundlegendes Rechtsverständnis für die öffentliche Finanzwirtschaft und alle das Kommunalrecht tangierenden Themenfelder (Kommunalverfassungs-, Satzungs-, Gebühren- und Beitragsrecht) bestehen muss.
Um Entscheidungen der Behörde an die betreffenden Kommunen mitzuteilen, ist die Erstellung von rechtssicheren Bescheiden ebenfalls erforderlich, da die Kommunalaufsichtsbehörde eben auch eine Form der Eingriffsverwaltung darstellt. Dies ist deshalb

[143] Quellen: Dr. Grünewald, M. im Potsdamer Kommentar Kommunalrecht und kommunales Finanzrecht in Brandenburg zur Kommunalverfassung des Landes Brandenburg, 78. AL, zu §§ 108 und 109, Rn. 10.108.

von Bedeutung, da immer wieder die Wahrscheinlichkeit besteht, dass Gemeinden vor den Verwaltungsgerichten für sie belastende Verwaltungsakte anfechten.
In vielen Fällen werden deshalb auch Juristinnen und Juristen oder Bedienstete mit juristischem Grundstudium eingesetzt. Eine Ausbildung für den gehobenen Verwaltungsdienst ist aber in jedem Fall Voraussetzung für eine Tätigkeit in der Kommunalaufsichtsbehörde.
In der Zusammenarbeit mit politischen Entscheidungsträgern sind eine vertrauenswürdige Persönlichkeit und gute kommunikative Fähigkeiten eine Selbstverständlichkeit.
Wenn es notwendig ist, sich vor Ort einen Eindruck zu verschaffen, ist es für die Mitarbeiter erforderlich, persönliche Gespräche mit den Gemeindeleitungen zu führen und an den Beratungen von Gremien teilzunehmen. Für die Kommunikation müssen Bedienstete über die fachliche Kompetenz, aber auch rhetorischen Fähigkeiten verfügen, die Sichtweisen der Kommunalaufsichtsbehörde entsprechend argumentativ und überzeugend darzustellen.
Die persönliche Reife und Integrität der Beschäftigten ist ebenfalls Voraussetzung, um sich von gezielter politischer Einflussnahme beispielsweise durch Abgeordnete oder Hauptverwaltungsbeamtinnen und Hauptverwaltungsbeamte abzugrenzen, sich nicht instrumentalisieren zu lassen und die politisch unabhängige Ausübung der Aufsicht jederzeit zu bewahren.
Zunehmend zeigt sich in der Praxis die Erforderlichkeit, dass die Beschäftigten der Kommunalaufsichtsbehörden über den Beratungsbedarf hinausgehend sogar Streitschlichtungs- und Mediationsgespräche zwischen gemeindlichen Entscheidungsträgern initiieren müssen. Dazu sind neben expliziten Qualifikationen, bspw. als Mediator u. ä., auch persönliches Argumentations- und Verhandlungsgeschick notwendig.

Abkürzungsverzeichnis

Abs.	Absatz
AfA	Absetzung für Abnutzung
AHK	Anschaffungs- und Herstellungskosten
AK	Anschaffungskosten
allg.	allgemein
AO	Abgabenordnung
apl.	außerplanmäßig
ARAP	aktiver Rechnungsabgrenzungsposten
Art.	Artikel
BauGB	Baugesetzbuch
BbgKAG	Kommunalabgabengesetz des Landes Brandenburg
BbgKVerf	Brandenburgische Kommunalverfassung
BbgLV	Brandenburgische Landesverfassung
BekanntmV	Bekanntmachungsverordnung
Bes.	Besucher
BewertL	Bewertungsleitfaden des Landes Brandenburg
BGA	Betriebs- und Geschäftsausstattung
BGB	Bürgerliches Gesetzbuch
BGBl.	Bundesgesetzblatt
BiRiliG	Bilanzrichtliniengesetz
BV	Beschlussvorlage
bzw.	beziehungsweise
ca.	circa
d.h.	das heißt
d.J.	dieses Jahres
DIN	Deutsches Institut für Normung e.V./DIN-Norm
e.V.	eingetragener Verein
ebd.	ebenda
EG	Europäische Gemeinschaft
EigV	Eigenbetriebsverordnung
einschl.	einschließlich
EStG	Einkommensteuer-
etc.	et cetera
evtl.	eventuell
f., ff.	folgende
FAQ	Frequently Asked Questions *(häufig gestellte Fragen)*
gem.	gemäß
GewStG	Gewerbesteuergesetz
GG	Grundgesetz
ggf.	gegebenenfalls
GmbH	Gesellschaft mit beschränkter Haftung
GoB	Grundsätze ordnungsgemäßer Buchführung
GrStG	Grundsteuergesetz
GVBl.	Gesetz- und Verordnungsblatt
GWG	geringwertiges Wirtschaftsgut
HGB	Handelsgesetzbuch
HH	Haushalt
HHpl	Haushaltsplan
HK	Herstellungskosten
HKR	Haushalts- und Kassenrecht
HSK	Haushaltssicherungskonzept
HVB	Hauptverwaltungs-
i.d.F.	in der Fassung
i.d.R.	in der Regel
i.d.S.	in dem Sinne
i.e.S.	im engeren Sinne
i.H.v.	in Höhe von
i.S.d.	im Sinne des
i.S.v.	im Sinne von
i.V.m.	in Verbindung mit
i.W.	im Wesentlichen

ILV	interne Leistungsverrechnung
inkl.	inklusive
IT	Informationstechnologie
KAB	Kommunalaufsichts-
Kfz	Kraftfahrzeug
KGSt	Kommunale Gemeinschafts-stelle für Verwaltungs-management
KLR	Kosten- und Leistungs-rechnung
KomHKV	Kommunale Haushalts- und Kassenverordnung
Kto.	Konto
kurzfr.	kurzfristige
langfr.	langfristige
lfd.	laufend
lt.	laut
m.E.	meines Erachtens
max.	maximal
mgl.	möglich
MIK	Ministerium für Inneres und Kommunales
mind.	mindestens
Mio.	Millionen
MwSt.	Mehrwertsteuer
NKHR	Neues Kommunales Haus-halts- und Rechnungswesen
Nr.	Nummer
o.Ä.	oder Ähnliches
o.g.	oben genannt
p.a.	pro Jahr (per annum)
PC	Personal Computer
PPP	Public Private Partnership
PRAP	passiver Rechnungs-abgrenzungsposten

RBW	Restbuchwert
RdErl.	Runderlass
Rn.	Randnummer
RPA	Rechnungsprüfungsamt
S.	Seite
sog.	sogenannt
StWG	Stabilitäts- und Wachstumsgetz
SV	Sozialversicherung
TN	Teilnehmer
Tsd.	Tausend
TVöD	Tarifvertrag für den öffentlichen Dienst
tw.	teilweise
u.a.	unter anderem
u.Ä.	und Ähnliches
üpl.	überplanmäßig
usw.	und so weiter
v.a.	vor allem
v.H.	vom Hundert
VB aLuL	Verbindlichkeiten aus Lieferungen und Leistungen
VbE	Vollbeschäftigten-Einheiten
VE	Verpflichtungsermächtigungen
VG	Vermögensgegenstand
vgl.	vergleiche
VO	Verordnung
VV	Verwaltungsvorschrift
VZE	Vollzeiteinheit
z.B.	zum Beispiel
z.T.	zum Teil
ZPO	Zivilprozessordnung
zzgl.	zuzüglich

Literaturverzeichnis

Adam u. a., Doppik-Leitfaden, 1. Auflage, Wiesbaden, 2010

Albers/Rohloff, Finanzierung kommunaler Investitionen, 3. Auflage, Wiesbaden 2007

Bals, Neues kommunales Finanz- und Produktmanagement, 2. Auflage, Universität Potsdam, Heidelberg/München/Berlin 2008

Bals/Fischer, Finanzmanagement im öffentlichen Sektor, 3. Auflage, Heidelberg 2014

Corsten, Lexikon der Betriebswirtschaftslehre, 4. Auflage, München 2000

Düngen/Zeiler, Rechnungswesen in der öffentlichen Verwaltung, 6. Auflage, Braunschweig 2019

Erdmann/Adam/Gräf/Kahl/Liese, Kommunale Finanzwirtschaft im Land Brandenburg, 4. Auflage 2014, Wiesbaden

Fachverband der Kommunalkassenverwalter e.V., Handbuch für das Kassen- und Rechnungswesen, 29. Auflage, 2024

Grimberg, diverse Aufsätze und praktische Fälle zur Öffentlichen Finanzwirtschaft in: »afp«, Zeitschrift für die staatliche und kommunale Verwaltung, Boorberg-Verlag

Grimberg, Öffentliche Finanzwirtschaft Sachsen-Anhalt, 5. Auflage, Ostbevern 2009

Henkes, Der Jahresabschluss kommunaler Gebietskörperschaften, 1. Auflage, Berlin 2008

KGSt-Bericht Nr. 7/1997, Auf dem Weg zum Ressourcenverbrauchskonzept

Klomfaß, Kommunales Kassenwesen, 1. Auflage, Siegburg 2011

Klümper/Möllers/Zimmermann, Kommunale Kosten- und Wirtschaftlichkeitsrechnung, 15. Auflage, Witten 2008

Leitfaden des Ministeriums des Innern des Landes Brandenburg für die Erstellung von Wirtschaftlichkeitsuntersuchungen, Bearbeitungsstand: 15.05.2012

Leitfaden zur Bewertung und Bilanzierung des kommunalen Vermögens und der kommunalen Verbindlichkeiten (Stand: 23.09.2009)

Lubosch, Das Eigenbetriebsrecht im Land Brandenburg, Kommentar, 1. Auflage, Wiesbaden 2002

Lubosch/Vogelsang/Jakob, Rechnungswesen und Buchführung in den Kommunen des Landes Brandenburg, 3. Auflage: Maximilian Verlag, Hamburg 2024

Oelgeklaus/Bernhardt/Mutschler/Stockel-Veltmann, Kommunales Haushalts- und Rechnungswesen Doppik Brandenburg, 2. Auflage, Witten 2010

Richter, Gutachten - Leitbild einer modernen kommunalen Rechnungsprüfung, Potsdam 2013

Runderlass des Ministeriums des Innern des Landes Brandenburg in kommunalen Angelegenheiten vom 24.07.2013 über Maßnahmen und Verfahren der Haushaltssicherung und der vorläufigen Haushaltsführung

Runderlass des Ministeriums des Innern des Landes Brandenburg vom 27.04.2007 zur vorläufigen Haushaltsführung

Schmidt, Aus der Praxis für die Praxis, Von der Eröffnungsbilanz zum Jahresabschluss. Die buchhalterische Simulation eines Haushaltsjahres, 1. Auflage, Martinroda 2007

Schuster, Einführung in die Betriebswirtschaftslehre der Kommunalverwaltung, 2. Auflage, Hamburg 2006

Schwarting, Kommunales Kreditwesen, 3. Auflage, Berlin 2007

Siepmann/Siepmann, Verwaltungsorganisation, 6. Auflage, Stuttgart 2004

Truckenbrodt/Zähle, Der Kommunale Haushalt in Aufstellung, Ausführung und Abschluss, 3. Auflage, Hamburg 2014

Warth, Der doppische Kommunalhaushalt in Brandenburg, 1. Auflage, Recklinghausen 2011

Wiener, Kommunales Haushalts- und Kassenrecht Sachsen-Anhalt, 2. Auflage, Hamburg 2015

Wöhe, Einführung in die Allgemeine Betriebswirtschaftslehre, 28. Auflage, München 2023

Abbildungsverzeichnis

Stichwortverzeichnis

W

Z